순례, 세상을 꽃피우다

스님들과 함께하는 순례 이야기

순례, 세상을 꽃피우다

대한불교조계종 교육원 펴냄

조계종
출판사

책을 펴내며

순례(巡禮), 길과 희망 그리고 깨달음의 찬가(讚歌)

순례길의 화두는 길과 희망, 그리고 깨달음이라 할 수 있다. 조계종 해외순례 연수는 2013년부터 7년째 이어오며 2,000여 명이 넘는 스님네가 수희동참함으로써 새로운 이정표를 제시해왔다고 자부한다. 그 위대한 여정에 동참해주신 조계종 비구, 비구니 스님들께 깊은 감사의 말씀을 드린다.

순례를 기획하고 이끌어 온 데는 두 분과의 기연이 있었다. 한 분은 고청(古靑) 윤경렬 선생님이시고, 또 한 분은 인도 나란다대학에서 입적하신 이름 없는 천축구법승이시다. 두 분과의 만남의 인연으로 순례가 시작되었기에 새삼 존경과 감사를 표하지 않을 수 없다.

대학 시절 윤경렬 선생님과의 만남으로 인해 2012년 '경주 남산 불적답사'가 2박 3일의 일정으로 처음 시작되었다. 이 답사가 공전의 히트를 치며 성황을 이루면서 이듬해 2013년 '지안 스님과 함께하는 인도 · 네팔 부처님 8대 성지 순례'를 시작으로 중국, 일본 사찰 순례가 이어진 것이다.

특히 인도 순례는 예전에 홀로 나란다대학을 방문했을 때에 어느 기록에서 이곳에 온 신라 천축구법승이 고국에 돌아가지 못하고 이곳에서 사경을 하며 해가 뜨거나 질 적에 동쪽 하늘을 바라보며 눈물 흘리시다가 입적하셨다는 이야기를 들었다. 그때에 "지금은 저 홀로 왔지만 다음번에는 당신의 후학들과 함께 와서 추모제를 올려 드리겠다"는 서원을 세운 결과라 할 것이다.

나는 선방에서 정진하던 시절에 해제가 되면 만행 삼아 순례를 하였는데 10여 년에 걸쳐 130여 개국을 여행하는 행운을 누렸다. 그런 까닭에 순례를 기획하고 실행함으로써 이른바 '밥값'을 하고 싶었고, 일종의 '재능기부'를 하고 싶었다. 무엇보다 많은 스님네가 더 너른 세상을 보고, 듣고, 느낌으로써 사유의 시선을 높이고 새로운 경험을 통해 깨달음에 이르게 하고 싶었다.

그리하여 그중에 몇 사람만이라도 순례를 통해 신심과 원력을 가지고 새로운 길과 희망을 찾아가길 바랐다. 아니 누구도 가지 않은 길을 가고, 모두가 불가능하다는 꿈을 품게 하고 싶었다. 그리하여 마침내 그 순례의 여정에서 깨달음을 이룰 수 있기를 바라 마지않았다.

프랑스의 대문호인 빅토르 위고는 '황금률'이란 글에서 "고향을 감미롭게 느끼는 사람은 아직 허약한 미숙아이다. 모든 곳을 고향이라고 느끼는 사람은 이미 상당한 힘을 갖춘 사람이다. 그러나 전 세계를 타향이라고 느끼는 사람이야말로 완벽한 인간이다"라고 말했다. 우리 수행자는 전 세계를 타향으로 느낄 수 있는 그런 완벽한 인간이 되어야 한다고 생각한다.

우리 부처님도 예수와 마호메트나 공자조차도 처음에는 주변인 혹은 변방인에 지나지 않았다. 그들은 변방에서 중심으로 향하면서 여행과 수행을 통해 대오 각성함으로써 인류의 빛과 희망으로 자리 매김할 수가 있었다. 여행의 경험과 수행의 깨달음은 머리가 아닌 몸과 가슴으로 익히는 또 다른 순례이다.

애플의 CEO였던 스티브 잡스는 "여정(旅程), 그 자체로 보상이다"라고 말했다. 그 길 위에서 만나는 자연과 사람들, 그리고 경험과 깨달음이 모두 우리의 지표이자 스승이고 도반인 셈이다. 지금 우리가 걷는 노정이 곧 뒤에 오는 이의 이정표가 되는 것이다. 매 순간과 매일매일이 순례이고 수행이며 깨달음이자 기적이 아닌가 생각한다.

이 책은 지난 7년간 교육원이 주최한 해외순례 연수의 생생한 기록이자 순간의 꽃이며 또한 깨달음의 열매와 같다 할 것이다. 자신의 경험과 깨달음을 글로 남겨주신 필자님들에게 존경과 감사를 드린다. 또한 지도 법사를 맡아주신 큰스님들과 불교계 및 일반 방송사와 신문사의 기자님들께도 감사를 드린다. 아울러 여행을 주관해주신 여행사와 교육원 직원 분들께도 감사를 드린다. 특히 모든 해외순례 연수에 수희동참해주시고 격려와 응원을 해주신 스님네들께 깊은 경외와 감사를 드리고 싶다.

이 책을 통해 순례를 다녀온 스님들은 지난 추억을 되새기는 자리가 되고, 앞으로 함께할 스님들에게는 꿈과 희망으로 함께할 수 있기를 바란다. 그리고 여러 불자님들과 일반인들에게도 좋은 선연으로 함께하기를 바랄 따름이다. 아울러 책을 펴내주신 조계종출판사와 직원 여러분께도 감사드린다.

　다시 신발끈을 고쳐 맨 채 걸망을 둘러메고 길을 떠난다. 이번에는 '영진 스님과 함께하는 티베트 수미산 순례'이다. 수미산 카일라스 신산(神山)의 허공과 바람과 호수가 무슨 말을 전해줄지 온 몸과 마음을 기울여볼 생각이다. 그리고 초모랑마의 설연화(雪蓮花) 닮은 우리 케샹(凱尙)을 만나보리라!

2019년 9월 한가위 즈음에

진광 손모음

머무름 없는 보살도의 실천 _혜총 스님(전 포교원장)

한국불교의 중흥을 위해서는 시대를 선도해가는 승려들의 깨어 있는 의식과 대중을 두루 포섭할 수 있는 승려들의 자질이 우선되어야 한다고 생각합니다. 시대는 변화하고 있는데 승려들이 보수적인 생각에 멈추어 세상을 바라보면 어떻게 세상을 하나로 만드는 세계일화를 이룩할 수 있겠습니까?

우리 종단은 그동안 불교의 현대화와 교단의 발전을 위해 정진해오면서 승려의 자질 향상을 위한 다양한 방안도 강구해왔습니다. 수행자로서 보살도의 실천은 차별이 없어야 하고 머무름 없이 언제 어디서나 이루어져야 합니다. 스님들의 해외 순례 프로그램도 그 일환으로 추진되고 있는 줄 압니다.

특히 교육원장 현응 스님의 지혜로 그동안 불교권 지역을 대상으로 이루어지던 해외 순례지를 유럽, 중동 등 타 종교권으로까지 확대한 것은 대단한 발상의 전환이 아닌가 생각합니다.

해외 순례 탐방기 출간을 계기로 다 함께 그동안 해외 순례 프로그램의 전반적인 성과를 돌아보는 한편, 더욱 알찬 승려 교육의 밑거름이 되기를 바라 마지않습니다. 종단의 발전을 위해 함께 정진합시다.

"백 번 듣는 것이 한 번 보는 것만 못하다" _지안 스님(조계종 고시위원장)

근년에 와서 해마다 조계종 교육원에서 해외연수교육을 실시해왔습니다. 인도를 중심으로 한 불교 성지 순례와 그 밖에 문화 탐방 형식의 연수 프로그램도 있었습니다. 글로벌 시대의 견문을 넓혀 새로운 안목을 갖추어 시대에 맞는 포교의 활성화를 도모하는 데도 연수 교육의 필요성은 충분히 입증된 상태입니다.

교육원에서 그동안 실시되었던 연수 교육의 기록을 정리하여 자료를 남기고 또 연수 교육에서 체험했던 일들을 널리 소개하여 홍보도 하는 책을 간행하게 되었다 합니다. 인도와 몽골의 연수 일정에 여섯 번이나 참가했던 내게는 반가운 일이기도 합니다. 불교와 문화적 역사 현장은 굳이 말하지 아니해도 백 번 듣는 것이 한 번 보는 것만 못하다(百聞不如一見)라는 말을 상기하게 될 것입니다. 연수기를 읽음으로써 연수의 공덕을 함께 나누는 결과가 되리라 생각합니다.

옛사람의 자취를 찾아 나를 반조하다 _현봉 스님(전 송광사 주지)

옛사람이 경전을 보면서 마음을 반조하지 않으면 아무런 이익이 없다고 했듯이, 우리들이 성지 순례를 하는 것은 옛사람의 자취를 찾으면서 바로 자신을 반조하기 위함이니, 남순동자가 일백십성을 순례하는 것도 본래 자기에게 갖추어진 것을 깨닫기 위함이었다.

"출가한 장부는 스스로 하늘을 찌르는 기상이 있어야 하니, 성현들이 보여주었던 것을 따라다니지 말라"고 하였다. 수행자의 순례는 한 걸음도 옮기지 않고 부처님도 보여줄 수 없는 그 자리를 찾는 것이 참된 순례일 것이다.

온고지신의 향기가 묻어나는 이야기 _월암 스님(한산사 용성선원장)

부처님과 조사의 행적을 거울삼아 지금의 나를 성찰하고 향상의 길로 나아가는 것이 성지 순례의 참의미이다. 순례의 길에 함께한 인연과 불조의 자취에서 묻어나는 온고지신(溫故知新, 옛것을 더듬어 새것을 앎)의 향기가 묻어나는 이야기. 앞만 보고 치닫는 현대인들에게 돌아봄의 여유와 나아감의 활력을 북돋아주는 순례의 여정에 함께하시길 권합니다.

차례

제2부 깨달음의 길
— 중국 · 일본

제3부 위대한 발견의 길

— 몽골 · 티베트 · 부탄 · 우즈베키스탄 · 미얀마 · 캄보디아 · 라오스

제4부 종교와 문명 사이에서

— 이집트 · 이스라엘 · 요르단 · 그리스 · 터키 · 러시아 · 유럽 · 미국

제1부

부처님의 발자취를 따라서

— 인도 · 네팔

그리운 영축산의 저녁 예불

지안 스님(조계종 고시위원장)

영축산 향실에 올라간 것은 10월 25일 오후 늦은 시간이었다. 빔비
사라 길을 따라 비탈진 산길을 올라가야 하기 때문에 나란다 참관을
마치고 뜨거운 햇빛을 피해 일부러 오후 늦은 시간을 택해 올라갔
다. 우리는 산 밑에 설치된 미니 케이블카인 리프트를 타고 먼저 묘
법사(妙法寺, 묘호지)라는 일본의 일련종에서 지은 절이 있는 봉우리
쪽으로 올라갔다. 묘법사가 위치한 곳이 부처님 향실이 있는 곳보다
더 높다. 우리가 타고 간 리프트는 한 명밖에 타지 못하는데 원래 모
래, 자갈, 벽돌 등 자재를 운반하기 위하여 일본 사람들이 설치한 것
이다. 이 일본 절을 지을 때 절을 짓고 나서 이 로프웨이(rope way)를
인도 비하르 주정부에 기증해서 지금처럼 개조했다고 한다. 로프웨
이 종점에서 다시 동북쪽으로 산길을 타고 걸어 내려와 부처님에 향
실에 이르렀다. 여기도 길이 더 좋아졌다. 입구의 산 밑에서 향실까

지 붉은색이 나는 적사암 돌이 깔려 있었다.

원래 이 길은 부처님 현존 당시에 마가다국의 빔비사라왕이 부처님을 친견하기 위해 오르내렸던 길이라 하여 왕의 이름을 붙여 빔비사라 길(Bimbisara's road)이라 한다.

빔비사라왕은 한역에서는 병사왕(甁沙王)이라 한다. 그는 처음 사문이 된 고타마의 위의 거동을 보고 신하에게 명하여 어디에서 수행하는 사람인지 알아보도록 한다. 고타마가 석가족 출신의 왕족인 줄 알고 자기 나라 국토의 절반을 내어줄 테니 나라를 다스리는 임금이 되어보라고 권하기도 한다. 그러나 나중에 부처님께 귀의하여 최초의 외호자(外護者)가 되어 교단에 필요한 것을 전폭적으로 지원하였다. 영축산 밑에 있는 죽림정사도 빔비사라왕이 가란타(迦蘭陀) 장자에게 권하여 부처님과 제자들을 위하여 짓게 한 최초의 사원이었다. 그러나 그의 만년은 매우 쓸쓸하고 불우하였다. 아들 아자타사트루(Ajatasatru, 阿闍世王)가 왕위를 찬탈해 감옥에 갇히는 신세가 되어 쓸쓸히 죽었다. 불교 교단에 반역을 꾀했던 아난다의 형 데바닷타(Devadatta, 提婆達多, 한역으로는 調達)의 교사로 이 같은 패륜 행위를 저지른 것이었다. 아자타사트루는 아버지를 죽이고 왕위에 올랐으나 나중에 부처님께 귀의하여 참회를 한다.《장아함경》제17권에 아사세왕이 참회하는 장면이 나온다.

그때 아사세왕이 자리에서 일어나 머리를 숙여 부처님 발에 절을 하고 부처님께 말씀드렸다. "오직 원하옵건대 부처님이시여, 저의 잘못에 대한 참회를 받아주소서. 저는 미치고 어리석었습니다. 어리석기 짝이 없어 잘잘못을 알지 못했습니다. 저의 아버지 마갈국의 병사왕은 법으로 다스리고 교화하여 치우치거나 굽은 것이 없었으나 제가 오욕에 미혹하여 실로 부왕을 시해하였습니다. 오직 원하옵건대 부처님이시여! 불쌍히 여기시어 저의 잘못에 대한 참회를 받아주옵소서."

또《대승열반경》후반부에도 아사세왕의 참회의 장면이 나온다.

이때 마가다국의 군주 아사세왕은 부왕을 시해했던 일을 깊이 후회했다. 그의 몸에 심한 종기가 생겼다. 부처님 계신 곳을 찾아가 제발 자신을 불쌍히 여겨 달라 청하고 참회를 구했다. 세존께서 대비심을 내어 감로와 같은 미묘한 법약으로 온몸의 종기를 말끔히 없애주었다. 이리하여 중죄가 소멸되어 본궁으로 돌아갔다.

향실에 도착하니 태국 스님들과 신도들이 먼저 와서 자리를 잡고 있었다. 우리는 뒤쪽에 자리를 깔고 다 같이 예불을 드렸다. 이어서 《법화경》대의를 요약해 설하는 시간을 가졌다. 영축산은 부처님의 산상수훈(山上垂訓)이 있었던 곳이다. 이곳이 주로《법화경》을 설한 곳으로 알려져 있으나《법화경》뿐 아니라《무량수경》도 영축산에서 설했다. 또한 선의 기원이라고 말하는 삼처전심(三處傳心) 가운데 영산회상거염화(靈山會上擧拈華) 이야기의 발상지이다.

영축산은 범어 그리드라 쿠타(Grdhra-kuta)를 번역한 말로 한자 鷲

인도 영축산에서 지안 스님과 함께 예불을 올리다.

자를 축 또는 추, 취로도 읽어 영추산 또는 영취산이라고도 한다. 독수리를 뜻하는 글자인데 현대 음은 취이지만 고유명사는 본래 읽어온 본음의 관행에 따라 보통 영축산이라 한다. 범어 Gṛdhra는 독수리라는 뜻이고 kūṭa는 머리, 봉우리라는 뜻이다. 옛날에는 추봉이라고도 읽었다. 음사하여 읽을 때는 기사굴산(耆闍崛山)이라 한다. 우리나라의 야산에 해당할 정도로 높은 산이 아니다. 영축산을 줄여서 영산(靈山)이라고 하며, 부처님이 제자들과 이 산에 있던 때를 영산회상(靈山會上)이라 한다. 우리나라 예불문에도 영산당시(靈山當時)라는 말이 나온다.

한때 영산회상에 인간과 천상의 대중 100만 명이 모여 있었다. 부처님이 대중 앞에서 나와 설법을 하시려다 말씀을 하지 않으시고 연꽃을 들어 보이셨다. 대중이 어리둥절하여 무슨 영문인지 몰랐는데 가섭 존자만 혼자 빙그레 웃고 있었다. 이에 부처님이 내게 있는 정법안장(正法眼藏) 열반묘심(涅槃妙心)을 마하가섭에게 부촉한다고 하였다. 이러하여 부처님의 심인(心印)이 마하가섭에게 전해졌다고 하고·이것을 중국에서 선의 기원으로 삼았다.

이상의 이야기는 중국에서 찬술된 《대범천왕문불결의경(大梵天王問佛決疑經)》에 설해 있는 내용이다. 《법화경》의 무대가 된 영축산이 중국의 선불교에서는 삼처전심의 한 장소로 중요시된 것이다.

《법화경》은 대승경전의 실교 법문으로 인식되는 경전이지만 불교 신앙의 요람이 되는 경전이기도 하다. 근본 불교에서 설해지지 않던 신앙적인 요소가 《법화경》에서 일불승의 무한한 공덕 속에 설해진 것이다. 제불 세계의 신비한 상서와 구원겁 전의 성불 이야기가 나오며 누구나 성불할 수 있는 인연이 있다는 것도 밝혀놓았다. 수많은 이적과 기적에 대해서도 설하고 있다. '관음경'이라 불리기도 하는 〈관세음보살보문품〉에서는 어떤 사람이 일념으로 관세음보살을 부르면 불에 타지도 않고 물에 빠지지도 않는 삼재(三災)를 벗어나는 기적을 얻는다고도 하였다. 중생의 고난을 해결하고 안전을 보장해주는 관찰자가 세상의 소리를 관하는 관세음보살이라 하였다.

우리는 해가 서산으로 넘어가는 일몰을 보면서 예불과 법회를 마

인도 나란다대학에서 예경을 올리는 순례 대중의 모습.

치고 영축산을 내려왔다. 산 아래로 내려와 평지에 이르니 빔비사라 왕이 유폐되었던 감옥 터가 나왔다. 여러 가지 전설이 숨어 있는 이곳에 버스를 세워놓고 처음 온 사람들은 얼른 가서 야트막한 돌담이 남아 있는 터를 둘러보고 나왔다. 멀리 영축산 봉우리에서 영산회상의 법음이 시공을 뛰어넘어 들리는 듯했다.

영축산 밑에 있는 죽림정사 유적지에서 13킬로미터 떨어진 곳의 넓은 들판에 나란다대학 유적지가 있다. 들어가는 입구 양쪽으로 우람한 무우수(無憂樹)가 줄지어 서 있다. 와서 볼 때마다 예전보다 더 커 보인다.

이곳은 아직도 발굴이 다 되지 않아 현재까지 10분의 1 정도가 발굴되었다고 하는 곳이다. 부처님이 직접 머물었던 곳은 아니지만 이곳이 사리불과 목건련의 고향이었다고 하고 큰 대학촌이 형성되어 한때는 세계 최고의 명문 대학으로 그 이름을 떨쳤다 한다. 지금은 고고학 유적지로 발굴이 계속되고 있는 곳이다. 와서 보고 내력을 알고 보면 역사의 흥망성쇠에 대해 비애를 느끼게 하는 곳이다. 경내로 들어가면 먼저 웅장한 벽돌 더미가 눈에 들어온다. 이번에도 보니 전에 보이지 않던 새로 발굴된 것이 보인다.

나란다가 대학촌으로 발달하기 시작한 것은 5세기 무렵이었다고 한다. 일설에는 용수(龍樹, Nagarjuna)와 그의 제자 제바(提婆, Aryadeva)가 나란다에서 공부하였다는 설이 있다. 그렇다면 용수의 생존 기간이 기원후 150년에서 250년 사이이므로 2~3세기에 대학이 존재했다는 이야기가 된다. 그러나 5세기 초에 이곳에 왔던 법현의 불국기에는 나란다대학에 대한 언급이 전혀 없어 그때는 나란다 대학촌이 형성되지 않았을 것이라 보는 견해가 일반적이다. 법현은 불국기에서 "나라(那羅, 나란다)에 도착했다 이곳은 사리불이 태어난 곳이다"라는 말만 있을 뿐 대학에 관한 이야기가 없다. 그러나 대승불교의 유식사상 선구자로 알려진 무착(無着, Asanga)과 세친(世親, Vasubandu) 두 형제가 이곳에서 수학했다는 것은 널리 알려진 사실이다. 두 형제의 생몰 연대에 대해서 이설이 있지만 대체로 4세기 말에서 5세기 초에 활약한 것으로 알려져 있다.

현장(玄奘)이 이곳을 방문한 때는 631년이었다. 현장은 이곳에서

5년간을 수학했다. 특히 그는 계현(戒賢, Silabhadra)으로부터 유가사지론을 배우고 나중에 중국으로 돌아온 뒤 중국의 법상종을 탄생케 하였다. 현장의 《대당서역기大唐西域記》에 따르면 그가 수학할 당시 나란다에 재능과 학식을 갖춘 스님 수천 명이 공부하고 있었다. 드나드는 객승까지 합하면 만 명의 상주대중이 있었으며, 가르치는 교수들이 2,000명이었다 한다. 대승불교 연구를 하고, 소승불교 연구도 부분적으로 이루어졌다. 불교 외에도 베다, 우파니사드, 논리학, 음악, 의학, 공학, 산수, 서화, 주술 등에 관한 강의도 있었다. 매일 대학 내 100여 곳에서 강의가 열렸다. 학식이 출중하여 고금에 통달한 사람만이 입학할 수 있었다. 10명 가운데 2~3명만 입학했다고 하니 나란다의 명성이 대단했음을 알 수 있다. 7세기에 1만 명에 달하는 학생이 모여 100여 개의 강의를 들었다는 것은 세계 대학 역사상 대단한 일이 아닐 수 없다. 만약에 나란다대학이 지금까지 존속했다면 세계 최고의 역사를 가진 대학이 되었을 것이다.

1994년 폴란드 크라쿠프에 있는 코페르니쿠스의 모교 야기엘론스키대학교를 방문한 적이 있는데, 그때 그 학교의 역사가 600년이 넘었다고 자랑하는 것을 보았다. 지동설을 주장한 코페르니쿠스의 모교임을 자랑했지만 코페르니쿠스는 16세기 초에 활약했던 인물이다. 그는 1473년에 태어나 1543년에 죽었다.

나란다는 5~8세기가 전성기였다. 더구나 전성기의 나란다대학에서는 수업료가 없었으며 입학생은 학교에서 의식주를 모두 해결해

주었다는 것이다. 말하자면 모두가 장학금으로 공부한 것이다. 대학 근처에 있는 200여 개의 마을에서 왕명에 따라 대학에 필요한 식량과 일용품을 제공했다고 한다.

불교사에서 보면 나란다의 업적은 대승불교의 두 사상 축인 중관사상과 유식사상의 산실이었다. 인도에서 불교의 사상과 철학이 나란다에서 더욱 고차원적으로 발달한 것이다.

의정이 쓴《대당서역구법고승전(大唐西域求法高僧傳)》에는 우리나라 삼국시대 때 발마, 혜업 등 이곳 나란다에 유학하여 공부한 신라의 스님 등 9명의 이름이 나온다. 2013년 봄에 교육원 연수교육으로 불적지를 순례하러 왔을 때 우리는 나란다 잔디밭에서 우리나라 스님들의 위패를 모시고 천도재를 올리기도 하였다.

나란다 대학은 이와 같이 찬란한 역사를 지녔지만 13세기에 들어오면서 처절히 파괴되어 찬란하고 슬픈 역사의 막을 내린다. 이슬람의 대대적인 인도 침공 때 대학 전체가 화염에 휩싸여 잿더미가 되어버린 것이다. 아프카니스탄의 고르(Ghor) 왕조 때 무함마드가 군대를 이끌고 와서 나란다뿐만 아니라 대부분의 불교 성지를 파괴시켰다. 수많은 스님이 죽임을 당하고 쫓겨나 대학을 떠났고 학교는 6개월 동안이나 불타는 연기가 났다고 한다. 이후 나란다는 역사의 뒤안길로 사라졌다.

폐허가 된 지 600여 년이 지난 1861년 영국의 알렉산더 커닝햄(1814~1893)이 현장의《대당서역기》에 의지해 나란다 승원 터를 확인해냈고 1916년부터 인도 고고국과 영국 정부에서 체계적인 발굴을 시작하였다. 지금까지 발굴된 유적지는 전체의 10분의 1인 약 10만 평에 달한다. 지금도 발굴이 계속되고 있다. 이번에 가보니 발굴 면적이 더 넓어져 큰 벽돌 더미가 새로 보였다. 앞으로 전체가 발굴되려면 100년이 더 걸릴 것이라는 말도 있다.

경내를 둘러보며 전성기의 나란다에 대한 여러 가지를 상상해보니 가슴속에서 그리운 회포가 일어난다. 나무 그늘에 모여 나란다의 역사에 대하여 설명했더니 몇몇 스님은 설명을 듣고 매우 안타까운 표정을 지었다.

우리는 〈삼귀의〉와 〈반야심경〉을 봉독하고 경내를 천천히 둘러보았다. 그리고 웅장한 벽돌 더미로 이루어진 사리불 스투파를 살펴보면 벽면에 조각된 불상에 합장을 하고 예를 표했다. 사리불 스투파는 아쇼카왕이 세웠다고 알려져 있다. 그렇다면 이 스투파는 아쇼카 석주와 같은 역사의 연륜을 가지고 있는 것이다.

"나는 사는 것을 원하지 아니하며, 죽는 것을 원하지 아니한다. 품팔이가 품삯을 기다리듯이 나는 내게 올 인연을 기다릴 뿐이다."

어느 날 사리불이 독백한 말이다.

보리수 아래서 깨달음을 얻은 곳, 부다가야 대탑

부다가야의 아침은 설레었다. 문 여는 시간에 맞추어 호텔에서 릭샤를 여러 대 불러 모두가 나누어 타고 부다대탑으로 갔다. 아직 해가 뜨지 않은 시간인데도 탑은 하늘 높이 솟아 꼭대기를 선명히 드러내놓고 있었다. 부처님의 성도지, 불교 제1의 성지의 아침은 우리

가 경내에 진입하자 일출과 함께 찬란히 빛나고 있었다. 주위 시설
물들이 2년 전과 많이 달라져 있었다. 예전에는 동문으로 들어가게
했는데, 이번에는 남문으로 들어가도록 진입로가 바뀌었다.

우리는 감동스럽고 경건한 마음으로 탑을 향해 다가갔다. 높이 53
미터의 탑 꼭대기에서 황금색이 반짝였다. 이미 많은 사람들이 들어
와 경내는 매우 복잡했다. 곳곳에 자리 잡아 절하는 사람, 탑돌이를
하는 무리, 보리수 밑에 앉아 경을 읽고 있는 스님들, 언제나처럼 경
내는 붐볐다.

다행히 우리는 남쪽에 있는 보리수 밑에 자리 잡을 수 있었다. 준
비해간 자리를 깔고 먼저 예불을 드렸다. 조계사 노전을 보는 대우
스님이 목탁을 잡고 오분향을 송하는 목소리가 높아졌다. "지심귀명
례" 하고 칠정례를 올리는 창불의 음성이 온 경내를 꽉 덮는 것 같았
다. 이어 석가모니불 정근을 하였다. 그리고 내가 축원을 올리면서
모두의 이름을 거명하며 각각등보체(各各等保體)를 탑 안에 있는 법
당의 불상을 향해 고했다. 예불 기도를 마친 뒤에는 각자 경내를 두
루 살펴보고 개인적으로 참배하는 시간을 갖기로 했다. 한 시간 반
후 신발을 벗어놓은 곳에서 다시 모이기로 하고 이곳저곳 흩어져 살
펴보기로 한 것이다.

날씨가 매우 쾌청하였다. 햇살이 온 경내에 퍼져 내리고 하늘은
구름 한 점 없이 맑았다. 나는 몇몇 스님과 함께 탑 안에 있는 법당
으로 비집고 들어가 불상 앞에 가까스로 절을 하고 나왔다. 각국에

서 온 스님들과 신도들이 좁은 법당을 꽉 채워 헤집고 들어가 절을
하기도 어려웠다. 이곳에 봉안된 불상은 꼭 부처님 성체처럼 느껴졌
다. 법당 뒤 보리수 밑에는 금강좌가 있고 부처님 발바닥이 새겨져
있다. 남방 스님들이 이 보리수 밑에 진을 치고 앉아 독경하는 모습
을 올 때마다 볼 수 있다. 나는 혼자서 아쇼카 석주가 있는 남쪽 계
단으로 올라가 무찰린다 연못을 둘러보았다. 못에는 홍련이 피어 있
고 못 가운데 코브라가 부처님 머리 위를 덮고 있는 불상이 있다. 보
리대탑은 불교 제1의 성지답게 경내 전체가 웅장하게 느껴지고 위
엄이 있다. 이곳은 연중무휴로 기도하고 독경하고 참배하는 불자들
의 행렬이 끊어지지 않는 곳이다.

이곳에 지금의 형태로 대탑이 세워진 때가 언제였는가는 정확히
밝혀지지 않았다. 부다가야에 처음으로 절이 세워진 것이 아쇼카왕
때라는 설이 있다. 기원전 254년에 부다가야에 부처님 성도를 기념
하여 절이 세워졌다는 것이다. 그러나 그때는 지금과는 다른 매우
작은 규모였다. 기원전 2세기에 만들어진 바르후트(Bharhut) 탑의 울
타리와 산치(Sanci) 대탑의 문 기둥에 최초로 보리사의 모습이 조각
되어 있는데 지금과 같은 웅장한 모습이 아닌 작고 간단한 규모로
나타나 있다. 또 한 가지는 법현의 불국기에 기술된 부다가야에 대
한 것을 보면 탑 이야기는 없고 절이 세 개 있었다고만 언급되어 있
다. 법현이 인도를 순례한 것은 5세기 초였다. 200년 후 현장이 이곳
에 왔을 때는 지금의 형태처럼 되어 있었던 것으로 추정된다.

"보리수 동쪽에 정사가 있다. 여러 층으로 되어 있는 감실에는 금

빛 나는 불상이 들어 있다"라고 기술되어 있기 때문이다. 그러므로 지금의 탑이 법현 이후 현장이 오기 전에 조성되었을 것이라고 추측할 수 있다. 그래서 굽타왕조 시대에 만들어졌다고 말한다.

8세기에 이곳을 찾은 우리나라 혜초의 《왕오천축국전(往五天竺國傳)》에도 금동상 이야기가 나온다. 대보리사에 도착한 혜초는 감격에 겨워 시를 짓는다.

> 보리대탑 멀다지만 걱정 않고 왔으니
> 녹야원의 길인들 어찌 멀다 하리오.
> 길이 가파르고 험한 것은 걱정되지만
> 개의치 않고 업풍에 날리리라.
> 여덟 탑을 보기란 실로 어려운 일
> 세월에 타서 본래 그대로는 아니지만
> 어찌 이리 사람 소원 이루어졌는가?
> 오늘 아침 내 눈으로 보고 말았네.

시간이 가는 줄 모르게 빨리 지났다. 우리는 약속 장소에 모여 보리대탑을 나왔다. 아쉬운 작별을 하는 것 같았다. 버스가 대기하고 있는 곳까지 걸어 나와 버스에 올라 수자타 탑으로 향했다. 녹야원으로 출발하기 전에 수자타 탑과 3가섭을 조복하여 귀의시킨 곳, 니련선하 강변과 고행림 등을 둘러보았다. 건기가 되어 물이 없이 모래만 드러나 있는 강 건너 부처님이 정각을 이루기 전에 머물렀던

인도 바라나시의 건너편 백사장에서 항하사(恒河沙)를 직접 만지며 미소를 지으시는 지안 스님.

전정각산이 보였다.

　우리는 이번 순례 법회를 녹야원에서 회향했다. 11일 간의 일정으로 엘로라에서 시작한 성지 순례가 부다가야에서 녹야원으로 내려와 마친 것이다. 우리가 인도의 가장 오래된 도시 바라나시로 내려간 날은 10월 27일이었다. 바라나시에 가야만 인도를 알 수 있다는 말이 있듯이 바라나시는 인도의 모든 풍습과 종교, 문화, 예술이 응축되어 있는 곳이다. 부처님 당시에는 이곳이 카시왕국의 수도였으며 도시도 카시라고 불렀다. 지금은 힌두교의 중심지로 힌두의 고향으로 여겨지는 곳이다. 이 도시의 외곽 지대에 불교의 성지 녹야원이 위치하고 있다.

부처님이 보드가야 보리수 아래서 정각을 이룬 후 당신의 깨달음을 누구에게인가 전해 설해주고 싶었다. 처음에는 한때 같이 수행했던 수정주의 수행자였던 아라라 카마라와 욷다카 라마풋다의 두 사람이 생각나 그들에게 설해주고자 했으나 그들이 이미 세상을 떠나고 없었다. 그리하여 여러 해를 함께 고행을 했던 콘다나(교진여) 등 다섯 사람이 생각나 그들에게 설해주어야겠다고 생각하고 그들을 찾아 240여 킬로미터나 떨어진 600리의 길을 맨발로 걸어 녹야원까지 찾아온다.

다섯 사람은 석가모니가 다가오는 모습을 보고 고행을 견디지 못하고 수행에 실패한 자라고 여겨 거들떠보지 않으려 했으나 석가모니가 가까이 오자 자신들도 모르게 일어나 부처님을 맞이했다고 한다. 그것을 기념하여 만든 탑을 부처님을 맞이한 탑이라 하여 영불탑(迎佛塔)이라 한다. 우리는 영불탑을 먼저 참관하고 녹야원으로 갔다.

녹야원 입구에는 고고박물관이 있다. 녹야원 주위에서 발굴된 유물이 전시되어 있는 박물관이다. 녹야원 경내에 들어가 예불 기도를 드리기 전에 우리는 박물관부터 참관하였다. 들어가면 바로 정면에 인도의 국장(國章)으로 쓰이는 아쇼카왕 석주 위에 얹혀 있던 네 마리 사자상이 우뚝 서 있다. 정교하게 만들어져 있으며 매우 위엄 있어 보이는 사자상이다. 인도 지폐인 루피에도 이 사자상의 사진이 인쇄되어 있다. 안쪽으로 들어가면 우리나라 석굴암 불상과 더불어 세계에서 가장 아름다운 불상이라고 일컬어지는 초전법륜상 불상이 안치되어 있다. 볼 때마다 감탄이 우러나온다. 온화한 미소, 온 몸에 자비가 스며 있는 상호가 무척 부드럽게 다가오는 불상이다. 어느 불교미술 학자는 이곳에 와서 이 불상만 한 번 보아도 인도에 온 보람을 느끼게 된다고 하였다.

경내로 들어가면 부처님이 다섯 명의 비구와 앉아 사성제 법문을 설했다는 장소에 세워졌던 다르마라지카 탑 터가 있다. 스리랑카 절인 향적사도 있으며 동강난 아쇼카왕 석주가 있는 곳도 있다. 그리고 녹야원을 상징하는 다메크 스투파가 웅장한 모습으로 서 있다. 다메크 스투파 곁에는 벌써 중국 스님들과 남방 스님들이 자리를 차지하여 법회를 진행하고 있었다. 날씨가 더워져 그늘을 찾아 우리도 자리를 깔고 탑을 향하여 예불을 드린 뒤 법회를 가졌다. 여기가 초전법륜지이므로 먼저 사성제(四聖諦)에 관하여 이야기했다.

불교가 종교의 체계를 갖추기 위해서는 종교를 구성하는 세 가지 요소가 갖추어져야 한다. 먼저 교조인 부처님과 부처님의 가르침을 따르는 제자들이 있어야 한다. 그리고 가르치는 내용 곧 법이 있어야 한다. 말하자면 교조와 교법과 교단이 있어야 한다. 마치 국가를 구성하는 데 세 가지 요소인 국토와 국민과 주권이 있어야 하는 것과 같다. 녹야원은 불교가 교단으로서 첫출발한 곳이다. 삼보가 여기서 처음 탄생한 것이다.

부처님은 이곳에 와서 5비구에게 고(苦), 집(集), 멸(滅), 도(道)의 사성제를 설했다. 삼전십이행상(三轉十二行相)으로 설했다고 알려져 있다. 사성제에 대하여 세 번 거듭하여 가르쳐 시전(示轉), 권전(勸

轉), 증전(證轉)으로 안(眼), 지(智), 명(明), 각(覺)의 네 가지 지혜가 생겨나는 열두 가지 행상을 보이셨다는 것이다. 이는 불교 교리의 근본이 되는 것이다. 일반적으로 삼전법륜이라 하는데 "이것은 고(苦)이고 이것은 집(集)이며, 이것은 멸(滅)이고 이것은 도(道)이다"라고 사성제의 각각에 대하여 말씀하신 것을 시전(示轉)이라 하고 "고를 알아야 하고 집을 끊어야 하며, 멸을 깨달아야 하고 도를 닦아야한다"고 말씀하시며 수행을 권하는 것을 권전(勸轉)이라 한다. 그리고 "고는 이미 내가 알았고 집은 이미 내가 끊었으며, 멸은 내가 이미 깨달았고, 도는 내가 이미 닦았다" 하고 스스로 자신의 깨달음을 들어 보여 다른 이로 하여금 깨닫게 하는 것을 증전(證轉)이라 한다. 상근기는 시전에 의하여 깨닫고, 중근기는 권전에 의하여 깨달으며, 하근기는 증전에 의하여 깨닫는다고 한다. 또한 삼전을 견도(見道), 수도(修道), 무학도(無學道)에 짝을 지우기도 한다. 사성제의 법문을 들은 5비구는 그 자리에서 아라한과(阿羅漢果)를 얻었고, 부처님은 이제 이 세상에 여섯 아라한이 있게 되었다고 하신 말씀이 아함경 어딘가에 설해져 있다.

녹야원을 필두로 부처님은 45년간 설법을 하시고 쿠시나가라에서 마지막 열반경 법문을 설하고 일세의 생을 마치셨다.

우리는 녹야원 법회를 마치고 다시 어젯밤 묵었던 호텔로 돌아와 점심을 먹었다. 순례의 모든 일정은 끝났다. 이제 공항으로 가서 비행기를 타고 다시 델리로 갔다가 밤늦게 인천으로 향하는 비행기를 탈 것이다. 어제 입승을 맡았던 청원 스님이 뜻밖에도 케이크를

하나 구해 와 나의 스무 번째 인도 불적지 순례 회향을 축하해주었
다. 동행한 모든 스님이 박수를 쳐주었다. 개인적으로는 이것이 매
우 인상적인 장면으로 남을 것 같다. 인도 순례 인연을 감사하게 생
각하면서 기약 없는 다음을 기약하고 또 인도와 작별하게 되었다.
Farewell to India!

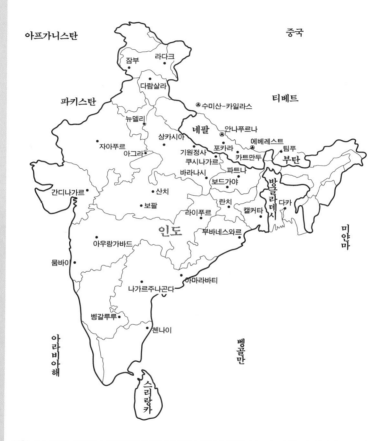

⊙ 지안 스님과 함께한 인도 · 네팔 성지 불교 순례(2014)

인천 ➡ 뉴델리 ➡ 바라나시(영불탑, 녹야원, 다메크 스투파, 금당, 사르나트 박물관, 향하사, 화장터) ➡
부다가야(마하보디 사원, 수자타 탑, 우루빌라촌, 보리대탑) ➡ 나란다(나란다 대학) ➡ 바이샬리(아쇼카
석주, 부처님 진신 사리 탑지) ➡ 케사리아(대불탑) ➡ 쿠시나가르(열반사원, 마지막 설법지, 라마브하르
대탑) ➡ 룸비니(마야 부인당, 싯다르타 연못, 아쇼카 석주, 카필라성) ➡ 사위성(기원정사, 앙굴리마라
스투파) ➡ 럭나우 ➡ 상카시아 ➡ 아그라(타지마할, 아그라성) ➡ 뉴델리(국립박물관)

▣ 인도

기원전 3000년에서 기원전 1500년경 인더스강 유역에서 인더스 문명이 성립되었다. 기원전 3세기 아쇼카왕이 최초로 인도를 통일한 뒤 불법을 통치 이념으로 확립하고 인도 전역에 불교를 전파했다. 12세기 말에서 13세기 말에 걸쳐 이슬람 군대가 동인도의 불교 사원을 철저히 파괴해, 승려들은 티베트·네팔·스리랑카 등지로 피난했으며, 이후 북인도에서 불교가 쇠퇴해 힌두 세계에 흡수되었다.

17세기 영국과 프랑스의 전쟁 등으로 인도의 식민지화가 가속화되어, 18세기 무굴 제국이 멸망하고, 영국의 빅토리아 여왕이 인도 황제를 겸임하면서 공식적인 식민통치가 이루어졌다. 1885년 국민의회당이 창당되어 독립 운동의 전진 기지 역할을 했다. 1911년 수도를 델리로 옮겼다. 1947년 8월 15일 영국의 지배에서 벗어나 힌두권인 인도와 이슬람권인 파키스탄으로 분리 독립했으며, 1950년 인도연방공화국을 수립했다. 수도는 뉴델리.

쿠시나가르(Kushinagar)

석존 당대의 쿠시나가르는 말라 왕국에 속하는 작은 도시 중 하나였다. 도시가 너무 작아, 아난 존자 등이 석존께 여래(如來)의 열반지로 삼기에 너무 작은 마을이니 큰 도회지로 나가시라고 소청할 정도였다.

바이샬리에서 마지막 하안거를 보낸 석존은 '가죽 끈에 의해 끌려가는 수레처럼' 겨우 몸을 이끌고 북쪽으로 올라오다가 사라수(沙羅樹)들이 있는 숲에 자리를 펴고 이 세상에서의 마지막을 준비하시니, 부다가야에서 위 없는 깨달음을 얻으신 지 45년이 지난 80세 때의 일이다. 평생 쉼 없이 법을 전하던 석존은 아무리 피로해도 법을 청하는 이에게 법을 전할 힘은 남아 있다고 하셨는데, 이 말씀을 실증이라도 하듯 이때 당도한 방랑 수행자 수바드라에게 마지막 힘을 다해 법을 전하셨다.

이 지역 유적지 니르바나 템플에는 붉은색 사암의 불상을 모신 열반당이 있다. 열반당 옆 열반탑이 서 있는 장소는 석존께서 열반하셨다는 두 사리수가 있던 곳으로 추정된다. 여기서 1.5킬로미터쯤 떨어진 곳에 열반하신 석존을 화장(火葬, 다비)한 장소로 추정되는 다비장이 있으며, 석존이 마지막으로 몸을 씻으셨다는 작은 강도 흐르고 있다.

아그라(Agra)

아그라는 아그라성과 이슬람 건축물의 걸작으로, 전 세계 여행객들을 불러모으는 타지마할로 유명한 곳이다. 타지마할은 1983년 유네스코 세계문화유산으로 등록된 인도의 대표적인 이슬람 건축이다. 등재 당시 '무슬림 예술의 보석'이라는 찬사를 받았다. 또한 2007년 스위스 소재 '신 7대 불가사의 재단'은 세계 7대 불가사의로 타지마할을 선정했다.
무굴 제국의 황제 샤 자한이 사랑하는 부인 아르주망 바누 베굼, 속칭 뭄타즈 마할(Mumtax Mahal)이 아이를 낳다 죽자 추모하기 위해 타지마할을 건립했다.
아그라성은 타지마할에서 서쪽으로 약 2킬로미터 떨어진 곳에 있다. 아그라성은 1565년 무굴제국 제3대 아크발 대제 때, 전쟁에 대비해 굴과 성벽을 견고하게 이중으로 만든 것이다. 하지만 외부와 대조적으로 내부의 궁전은 화려함의 극치를 자랑한다.

바라나시(Varanasi)

히말라야에서 비롯해 인도 북부를 길게 가로지른 뒤 벵골만에 이르러 바다와 만나는 강가강(갠지스강)은 인도 힌두교인들에게 가장 성스럽게 여겨지는 강 중 하나이다. 바라나시는 시바 신과 연관이 깊어 더욱 성스럽게 여겨지는 이 강가강을 끼고 3,000여 년 전에 형성된 이후 오늘날에 이르기까지, 순례자들이 붐비는 번잡한 도회지로 이어져오고 있다.
석존께서 '위 없는 깨달음'을 증득하신 뒤 처음으로 펼치신 사르나트(鹿野園)는 바라나시 시가지에서 12킬로미터 정도 떨어진 곳에 있다.

엘로라(Ellora)

인도 서북쪽 뭄바이가 속한 마하라슈트라주에 있는 엘로라 석굴은 불교와 힌두교, 자이나교의 세 종교가 공존하는 인도 최대 석굴사원군이다. 인도의 석굴사원 중에서 규모나 건축물의 정제미, 다양성 등에서 단연 돋보이는 유적이다.

바위산의 깎아지른 듯한 절벽에 만들어진 34개의 석굴사원은 남북 약 2킬로미터에 이르며 모두 서쪽 방향을 향하고 있다. 사원의 구조는 대부분 같은데, 굴 중앙 한쪽 벽에 법당을 조성하고 넓은 공간 주변으로 승방을 배치했다.

◼ 네팔

약 2000년 전부터 카트만두 분지에 네와르족이 정착해 살았다. 18세기 후반, 나라야니 1세가 구르카 왕조를 세우면서 오늘날 네팔 왕국의 모습을 갖추었다. 1814년 동인도 회사와의 전쟁에서 패해 시킴 지역을 빼앗겼다. 이후 라나 가문이 약 100년간 국정을 장악했으나, 1951년 절대 왕정이 막을 내렸다.

1990년 신헌법에 따라 입헌군주제와 다당제 민주주의가 도입됐으나 14년 동안 14차례 정부가 교체되는 등 정치적 혼란이 지속되었다. 1996년 이래 마오쩌둥을 추종하는 반정부군(마오이스트)이 정부와 대립하면서 세력을 확장하고 있으며, 2006년 11월 정부가 반정부군과 평화 협정을 체결해 내전이 종결되었지만 여전히 갈등 상태다. 2008년 네팔연방민주공화국이 선포되었다. 수도는 카트만두.

◉ 인도-네팔 국경

네팔 쪽 국경 지점은 벨라히야(Belahiya), 인도 쪽 국경 지점은 소나울리(Sonauli)이다.

소나울리 버스 종점에서 인도 쪽 입출국 사무실까지 도보나 자전거 릭샤로 5~10분 거리다. 인도(혹은 네팔) 입출국 관리소에서 여권과 비자 등을 확인한 뒤, 도보나 자전거 릭샤로 국경을 통과해 네팔(혹은 인도) 입출국 관리소에서 다시 여권과 비자 등을 확인한다.

네팔 쪽 입출국 사무실에서 룸비니 혹은 포카라행 버스 정류장까지 오토(오토바이) 릭샤 혹은 자전거 릭샤로 10~20분 정도 걸린다.

인도는 한국의 인도 대사관이 지정한 비자 대행 업체를 통해 비자를 미리 받지 않으면 안 되고, 네팔은 한국에서 비자를 받지 않았더라도 네팔 입국 시 입국 장소에서 최대 15일 체류 가능한 도착 비자를 발부 받을 수 있다.

룸비니(Lumbini)

마야 데비 부인이 첫아이를 낳기 위해 친정 데바다라로 향하던 중, 연못에서 목욕을 마친 후 갑자기 산기가 심해져 나무 밑에 자리를 편 곳이 바로 룸비니다. 샤카족의 왕자 싯다르타 고타마, 석존은 이렇게 세상에 나오셨다.

깨달음을 이룬 부다가야, 법을 처음으로 나누신 사르나트, 세상을 뜨신 쿠시나가르, 그리고 룸비니가 불교도의 4대 성지다. 그러나 룸비니는 석존이 탄생하신 장소라는 것 외엔 별다른 의미가 없는 듯하다. 1896년 발굴 당시 이곳이 룸비니임을 확인해준 것은 아쇼카왕이 세운 돌기둥뿐이었다. 아쇼카 돌기둥 옆에 있는 마하데비 사원은 불교 절과 탑의 자리였던 곳으로 석존이 태어난 자리로 추정되며, 석존의 모친 마야 부인을 기념하기 위해 세워진 것이다. 1997년 유네스코 세계문화유산으로 등재되었다. 룸비니에는 한국의 사찰 석가사도 있다.

길, 전생의 기억을 찾아

원행 스님(양산 보타암)

꿈이었던가! 아마도 '아득한 전생'이었으리라. 라다크(Ladakh)의 '레(Leh)' 순례는 출가 후 줄곧 꿈꾸었던 수행이었다. 기회가 여러 번 있었지만 번번이 연이 닿지 않았다가 조금 잊어갈 즈음, 교육원에서 기획한 순례 책자에서 설레는 지명을 또다시 접하였다. 날짜만 확인하고는 다른 것은 아무래도 좋았다. 무작정 신청부터 하였다. 어디론가 떠난다는 것은 그리 쉽지 않은 일이지만 그래도 기다리다 보니 그날이 다가왔고, 나는 어느새 해발 3,000미터 이상의 험준한 산들을 아슬아슬 넘고 있었다.

여행 둘째 날 만난 해발 3,530미터의 조질 라(Zoji la)는 인도에서 두 번째로 높은 고갯길로, 고도가 높고 험준하여 도로의 끝은 날씨가 맑고 반대쪽 끝은 비가 오는 기이한 현상도 볼 수 있다고 한다.

인도 라다크로 가는 길목에 형성된 도시, 알치.

언덕 서쪽으로는 소나마르그에서 스리나가르로 이어지는 이슬람권
이고, 동쪽으로는 드라스와 카르길을 지나 티베트 문화권으로 이어
진다. 서쪽의 이슬람권은 울창한 산림과 아름다운 절경으로 이루어
지지만 동쪽으로는 가파른 산악지대와 황량한 풍경이 펼쳐진다.

　가파른 산맥을 타고 지그재그로 넘어가는 비포장도로는 원래 군
사 목적으로 만들어졌는데 무너져 내린 산비탈을 따라 꼬불꼬불 이
어진 좁은 길은 차량 간 교차통행이 어려워 일방통행이라 정해진 시
간대에만 운행이 가능하다.

　인도의 알프스라 불리는 길, 단순히 아름답다고 규정할 수 없는

길, 그 길에 함께 있었음이 실감나지 않는다. 첫날의 강렬했던 산 넘이 길은 이후 순례가 끝날 때까지 어디라고 할 수 없이 신비하고 아름답고 아슬아슬하고 험준하였다.

다큐멘터리 프로그램 화면으로 보았을 때는 그곳에 갈 희망조차 없었던 길, 마냥 신비하고 즐거울 것만 같은 이상의 세계로 향하는 길. 정말 그 길이 있기나 할까 싶었다. 그 바람과 흙먼지와 무너져 내린 바위들, 그 사이로 만년설이 녹아 유유히 흐르는 계곡 강물과 설산 봉우리들과 바위색의 다양함과 푸른 풀밭들과 야생화와 야생마. 산비탈 새둥지 같은 집, 히말라야의 먼지 묻은 사람들의 팍팍해 보이지만 웃음이 끊이지 않는 삶이 생생히 기억되는, 헬레나 노르베리호지 여사의 《오래된 미래(Ancient Futures : Learning form Ladakh)》가 아니더라도 나는 꽤 오래전부터 이러한 라다크를 꿈꾸었고, 히말라야 산속의 깊디깊은 골짜기를 그리워했다.

셋째 날은 어제보다 더 험준하고 좁은 길을 아슬아슬하게 하루 종일 달리고 달려 카르길을 지나 라다크에서 가장 오래된 라마유르 불교 사원을 참배했다. 전설에 따르면 석가모니 부처 시대에 라마유르 계곡은 성스러운 뱀이 살고 있는 맑은 호수였는데, 한 아라한이 호수가 마르고 그곳에 사원이 들어설 것이라고 예언했다. 11세기 인도의 불교 학자인 나로파(Naropa)가 라마유르로 와서 여러 해 동안 동굴 속에서 명상한 뒤 깨달음을 얻고는 산허리를 갈라지게 했다. 그러자 호수의 물이 빠지고 죽은 사자가 발견되었다. 나로파는 죽은

다람살라의 남걀 사원.

사자가 발견된 지점에 '사자의 무덤'이라는 사원을 세웠는데, 이것이 라마유르 곰파에 들어선 최초의 건물이었다. 지금도 법당 안 한쪽 벽에 나로파가 수행했다는 동굴이 있으며, 빙하에 의해 만들어진 듯한 메마른 호수의 흔적이 마을 맞은편에 남아 있다.

다른 역사적인 설명에 따르면 10세기에 라다크왕의 명령으로 린첸 잔포(Rinchen Zanpo) 대사의 감독 아래 세워진 사원이라고 한다. 그 후 16세기에 라다크 왕이 티베트에서 온 승려의 도움으로 나병을 치료한 뒤 그 답례로 라마유루 곰파를 그 승려에게 주었다고 한다. 이때 왕은 면세특권을 주고 곰파 주변을 성역으로 지정해서 이곳에서는 아무도 잡아갈 수 없게 했다. 덕분에 범죄자라도 이곳에서 안식을 찾을 수 있었기에 라다크 사람들은 이곳을 '자유의 장소'라고 부른다. 지금은 건물 대부분이 무너지고 중앙 건물만 남아 있다.

알치를 지나 고산의 강렬한 태양이 어깨쯤을 넘볼 때 '레'에 도착하였다. 레가 속한 라다크 지방의 80퍼센트가량이 해발 3,000미터 이상의 고원 지대로, 사람들이 사는 도시로는 세계적으로 높은 곳에 속한다. 기후는 춥고 건조하며, 양과 야크를 방목하고 밀, 보리, 살구, 사과 등을 재배한다. 유적으로는 17세기에 지은 라다크 왕조의 왕궁과 산 카르 수도원 등이 있다. 중국과 인도의 국경 분쟁이 자주 일어나는 곳이기도 하다. 중국과 국경 분쟁이 일어나고 파키스탄과 인접한 카슈미르 지역의 복잡한 정치적 문제들이 얽혀 관광이 쉽지 않다. 라다크는 인도가 아니라 티베트의 문화를 고스란히 지니고 있고, 고대 왕국 레의 유적이 아직 보존되어 있는 것은 영국령으로 그나마 문화정책에 영향을 받았기 때문이다. 인도가 독립하자 영국령은 자연히 인도의 영토가 되었다.

셰이곰파는 원래 17세기에 건축된 아름다운 라다크 왕조의 여름 궁전으로 만든 것이지만, 후에 사원으로 바뀌었다. 남걀 왕조 최고의 영웅이었던 셍게 남걀(Sengge Namgyal) 왕이 1645년에 건설했지만 19세기에 카슈미르와의 전쟁으로 많은 부분이 파괴되어 한동안 아무도 살지 않아 지금도 폐허의 느낌이 남아 있다. 라다크 지방의 곰파들이 대부분 그렇듯이 셰이 곰파도 바위산 위에 우뚝 솟아 있다.

티베트 사원에서 마니차를 돌리는 스님들.

틱세곰파는 레 근교에서 가장 아름다운 사원으로 깎아지른 듯한 언덕 위에 요새처럼 우뚝 솟은 모습이 감상 포인트다. 사원 아래에서 바라보면 외관이 웅장하다. 설산과 황량한 고원 가운데로 인더스강이 흐르는데, 강가 주변에만 녹음이 우거져 있어 자못 신비로움을 더한다.

헤미스 곰파는 라다크 지방에서 가장 큰 불교 사원으로 17세기 남걀 왕조 때 세워졌다. 레에서 자동차로 1시간 정도 떨어진 남동쪽에 있는데 레에서 인더스강을 건너 가파른 계곡에 위치한다. 사원 이름을 따서 지역 이름이 헤미스가 되었을 정도로 이 지역 불교 사원 중 중요한 위치를 차지하고 있다. 라다크의 고대 도시 레에서 남동쪽으로 약 35킬로미터 떨어져 있으며 카루(Karu)라는 작은 마을과 인더스강을 사이에 두고 마주하고 있다. 라다크의 문명을 소개하는 책에서는 어김없이 언급되는 곳이다. 홍모파(紅帽派)의 중심 사원으로 이 종파를 지지했던 남걀 왕조하에서 번성했다. 예수가 부활한 뒤에 머물렀다는 기록이 전해 내려오며, 환생한 스님을 가리키는 린포체(Rinpoche)가 대대로 주지를 세습하는 사원이기도 하다. 큰 규모만큼이나 볼거리도 풍부해서 하루 종일 둘러봐도 못 볼 정도라고 알려져 있다. 가면 축제로 유명한 사원 내부에는 오래된 전각과 아름다운 벽화들이 즐비하다.

판공초(Pangong Tso, 판공 호수) 가는 길. 쉽지가 않다. 가는 길이 온통 신기하고 멋진 광경투성이라 중간중간에 정차를 할 수밖에 없다. 현재의 히말라야는 6,000만 년 전에 바다였는데, 인도와 아시아 대륙의 충돌로 인해 솟아올랐다. 판공초는 융기할 때 솟아나온 바닷물이 증발하지 않고 호수를 이루었기에, 실제로 물맛을 보면 약간 짠맛이 난다. 그 때문에 판공초에서는 히말라야의 고지대에서 진화한 갈매기와 과거 바닷물고기의 후손들, 그리고 작은 새우들이 서식한다고 한다. 호수는 겨울에는 식염수이지만 완전히 얼기도 하며, 시시각각 변화하는 하늘색에 따라 호수의 변하는 색감과 호수를 둘러싼 산맥들의 화려한 모습은 어디에서도 보기 힘든 장관이기에 호수는 습지대에 대한 중요한 국제적 협약인 람사르 협약에 의해서 보호 받고 있다.

이런 신비함만큼이나 여행자들을 더 매료시키는 부분은 바로 판

세계에서 세 번째로 높은 자동차 길인 창라 도로.

공초로 가는 길의 여정과 일대의 빼어난 풍경이다. 판공초를 가기 위해서 반드시 넘어야 하는 해발 5,320미터의 창라(Chang La) 고개의 압도적인 풍경이 대표적인 예이다. 참고로 창라에 있는 도로는 세계에서 세 번째로 높은 자동차 도로이다. 그 고개에서 나는 죽을 정도로 힘든 고산병을 경험하였다. 위 속의 모든 것을 높은 곳에 내려놓고도 파란 하늘에 다시 매혹되던 날, 이번에는 그 유명한 히말라야 마못이 우리를 멈추게 만들었다. 땅에서 속속 머리를 내밀던 그 귀여운 모습들과 호수에 비친 산과 구름의 그림자는 고산으로 인한 고통을 잊기에 충분하였다.

판공초를 다녀온 다음 날 한국에서 메시지가 왔다. 판공초에서 중국군과 인도군의 교전이 있었다는 뉴스가 보도되었단다. 걱정하는 한국과 달리 현지의 우리는 인터넷이 되지 않아 아무것도 모르고 즐겁게 다녀왔는데 시간을 보니 우리가 호수를 떠나온 뒤에 일어난 일이었다. 이후 판공초로 가는 길이 봉쇄되었다는 소식이었다.

아주 오랜 꿈을 이루는 길은 멀고 험준하고 힘들었지만 여행하는 내내 즐거웠고, 행복하였으며, 수승한 부처님의 복덕과 출가수행의 인연에 감사함을 새기는 길이었다.

순례에 함께했던 지도 법사 효담 큰스님과 교육원의 무일 스님을 비롯한 30여 명의 순례 도반들은 아마도 전생에 이곳 어딘가 토굴에서 수행한 인연으로 만나지 않았을까…….

　　나는 이번 순례에서 또 한 번의 죽음과 태어남을 경험하였다. 여러 고개를 넘고 넘어 다람살라의 남걀 사원 법당 앞에서 논강하는 어린 동자승들을 보는 순간, 나는 저 동자승으로 다시 태어남을 보았고, 이제부터 새로운 수행을 시작하려 한다. 아득한 윤회의 길에서 잠시 벗어나도 좋을, 들꽃 피는 고산에서…….

⊙ 효담 스님과 함께한 북인도 성지 순례(2016)

잠무카슈미르

카르길
라마유르
스리나가르
레
판공초

지스파
다람살라
마날리
암리차르
히마찰프라데시

강꼬뜨리
데라둔
리쉬케쉬
히르마나
우타란찰
델리

쉬리바스티
룸비니
아그라
카필라성
상카시아
럭나우
우타르 프라데시
바라나시
코삼비
알리하바드

인천 ➡ 뉴델리 ➡ 스리나가르(조질라 패스, 손마르그) ➡ 카르길 ➡ 라마유르(라마유르 사원) ➡ 알치 (판공초) ➡ 레(쉬 궁전, 틱세 곰파, 레 팰리스, 산티 스투파, 인더스강, 헤미스 곰파) ➡ 지스파 ➡ 마날 리(히말라야 명산 트레킹, 하담바 사원) ➡ 다람살라(티베트 임시정부, 노블링카, 규토 사원, 남갈 사원) ➡ 암리차르 ➡ 뉴델리(대통령궁) ➡ 인천

▣ 티베트 역사

629년 송첸감포왕이 티베트를 통일했으며, 인도 문화와 불교가 티베트에 유입되었다. 8세기에 티베트 불교 창시자 파드마삼바바가 삼예 사원을 건립했다. 1450년 초대 달라이 라마가 등장했으며, 현재 14대 달라이 라마가 현존해 있다.

라마유르(Lamayuru)

라마유르는 카르길과 107킬로미터, 레에서 스리나가르 방향 서쪽으로 125킬로미터 떨어진 곳에 위치한 작은 마을이다. 한때 400여 명을 헤아리는 승려가 5개의 곰파에 나뉘어 있었으나 현재는 오랜 역사를 지닌 한 개의 곰파와 새로 지은 작은 규모의 곰파 한 개만이 있을 뿐이다. 그러나 티베트 불교의 대표적인 주문인 '옴-마니-밧메-훔'을 새긴 갖가지 크기의 기원석들이 널려 있는 돌담이 마을에서 조금 떨어진 자리에 1킬로미터가량 펼쳐져 있어, 라마유르의 번성했던 과거를 말해준다.

라마유르 곰파(Lamayuru Gompa)

황량한 바위산 위에 우뚝 솟아 있는 새하얀 모습의 라마유르 곰파는 멋진 풍광으로 유명하다. 근처에 달 표면처럼 생긴 메마른 호수가 있어 여행자들 사이에서 '달나라(Moon Land)'라고 불리는 이곳은 탄생에 얽힌 신비로운 전설이 전해진다. 린첸 잔포(Rinchen Zanpo) 대사가 11세기에 이곳에 불당을 하나 세웠다는 이야기도 있고, 나로파(Naropa) 대사가 이곳에서 수행했다는 이야기도 전해진다. 매년 티베트력으로 2월과 5월(태양력으로는 3월과 7월)에 모든 승려가 모여 기도를 드리고 가면 춤을 추는 축전이 열린다.

레(Leh)

레는 티베트 고원과 이어지는 라다크 지방 최대 도시로 해발 3,520m에
위치해 있다. 원래 이 일대는 역사적으로 티베트에 속해 있었는데, 10세
기경 라다크 왕조가 독립하며 티베트의 제후국으로 발전했다. 티베트 고
원과 인도 대륙 사이에 있다는 지리적 이점 때문에 한때 남부 실크로드
의 중간 기지로 대상들이 북적대는 번화한 곳이었다.

셰이 곰파(Shey Gompa)

원래는 라다크 왕조의 여름 궁전으로 만든 것이지만, 후에 사원으로 바
뀐 셰이 곰파는 라다크 중심 도시 레에서 약 15킬로미터 떨어진 바위산
위에 우뚝 솟아 있다. 이곳에 라다크 지방에서 가장 큰 구리 불상과 거
대한 마애불이 있어 유명해졌다. 셰이 곰파 가는 길목에 있는 거대한 마
애불은 셰이 곰파가 가지고 있는 역사가 가장 오래된 미술품이다. 5가지
부처상이 제각기 다른 모습으로 조각되어 있으며, 제작 연대는 8세기 직
후로 추정된다. 중앙에 있는 가장 큰 부처는 비로자나불이다.
셰이 곰파 아래층에는 커다란 고서 도서관이 있다. 도서관 벽면에는 다
양한 수인을 하고 있는 부처 이미지를 담은 벽화가 그려져 있다.
그 외에도 레 근교에서 가장 아름다운 곰파로 손꼽히는, 깎아지른 듯한
언덕 위에 요새처럼 우뚝 솟은 틱세 곰파(Tikse Gompa)과 중세 티베
트 건축 예술의 걸작으로 라다크 왕조의 수도였던 레의 가파른 바위 언
덕 위에 위치한 레 팰리스(Leh palace), 일본 불교 종파 중 하나인 일련
정종(一連正宗)이 세계 평화를 기원한다는 목적하에 건립한 일종의 평화
기념비 샨티 스투파(Shanti Stupa), 17세기 남걀 왕조 때 세워진 라다
크 지방에서 가장 큰 불교 사원 헤미스 곰파(Hemis Gompa) 등 불교
사원이 많이 있다.
라다크 지역에서는 티베트 문화권 음력설인 로사르(Losar), 티베트 불
교 종파 중 하나인 겔룩파의 축제 구스토르(Gustor), 라다크에서 가장

규모가 큰 가면극 축전 체추(Tse Chu) 등의 불교 축전이 열리고, 잠무와 카슈미르 관광청에서 관광산업을 활성화하기 위한 라다크 페스티벌이 열린다.

다람살라(Dharamshala)

티베트 망명 정부가 들어선 히말라야산맥 고지대에 위치한 다람살라는 만년설을 이고 있는 히말라야의 장관을 볼 수 있다. 티베트 불교의 법왕 달라이 라마가 거주하고 있어 티베트 불교 문화의 중심지로 부상하고 있다.

히말라야 고산 지대인 이곳 다람살라까지 사람들을 불러들이는 가장 큰 흡인력은 바로 달라이 라마다. 수천 명의 외국인이 달라이 라마와 라마교를 접하기 위해 머물고 있으며, 하루에도 수백 명의 여행자가 이곳을 찾는다. 또한 목숨 걸고 중국을 탈출한 티베트인들의 발길도 끊이지 않고 있다.

제2부

깨달음의 길

— 중국 · 일본

인생이 순례라면, 어떻게 걸어갈 것인가?

진관 스님(조계종 교육아사리, 동국대 강사)

순례(巡禮)는 성지를 찾아 참배함이요, 연수(研修)란 참구하고 닦음이다. 당시는 '순례형 연수'라는 개념이 생소하였다. 많이들 하는 성지 순례처럼 여행의 성향이 짙을 것으로 생각했다. 이러한 나의 생각이 어리석음을 아는 데는 탄지경이면 충분했다. 첫 순례지, 산곡사(山谷寺)에서 지도 법사 스님의 법문을 체청할 때였다.

"적두찬(赤頭璨)이라 불릴 정도로 당시 승찬 스님 병의 증세는 가볍지 않았습니다……."

평소 몸이 불편했던 나에게는 남다른 감동을 주는 말씀이 이어졌다. 도신 선사를 만나기 위해 승찬 스님은 아픈 몸을 이끌고 험산유곡을 올랐다. 상상할 수조차 없는 고통을 감내하면서까지 걷게 한 힘은 무엇이었을까? 그리고 혜가 스님의 법문만으로 깨달으신 것일까? 사유하면 그렇지만은 않은 듯하다.

승찬 스님은 이와 같이 생각하셨다. '모든 것에 인과가 있다고 한다. 그렇다면 나는 어째서 이런 병을 타고난 것일까?' 바로 '어째서'였다. 이미 참구하고 계셨던 것이다. 즉 의정이 꽉 차 있는 상태에서 '죄를 가져오라'는 혜가 선사의 법문에 죄무자성을 깨달아 진참회가 이루어진 것이다. 사제간 의정과 법문의 기연이니, 결국 도신 선사를 향한 승찬 선사의 순례 자체가 바로 구법의 연수였다.

익숙했던 처소를 떠나 외지를 다니면 여기저기서 불평이 쏟아지기 마련, 조금이라도 더 편한 것을 추구한다. 휴양을 떠나놓고 순례라며 스스로를 속인다. 이미 여러 곳에 수차례 순례 경험이 있으신지도 법사 스님 말씀에 따르면, 함께 오신 연수국장 스님 덕분에 큰 위험이나 불편함 없이 순례하기 가장 좋은 환경이 갖추어진 것이라 한다. 뜬금없이 하신 이야기는 아닐 것이다. 이 정도면 연수하기 가장 좋은 환경이니 본분을 놓치지 말라는 뜻이라고 생각했다. '조사 스님들께서 이리 힘들게 전하고자 한 것이 도대체 무엇인가?' 순례가 연수일 수 있을까라는 의심 대신 의정을 채우기로 하였다. 마땅히 공부인이라면 스스로 들고 왔어야 하나, 그렇지 못했던 나는 이때가 되어서야 챙길 수 있었다. 순례가 '여행'에서 '연수'가 된 순간이다.

황매로 향해 도착한 사조사에서, 법사 스님께서는 달마에서 도신에 이르는 서사와 더불어 신라인으로서 그 법을 이은 법랑 스님을 언급하셨다. 도신 선사의 육신이 지금 우리 눈앞에 보이지 않을 뿐, 법랑 스님 오신 길과 우리의 길이 다르지 않다. 승찬 선사까지와는 달리 도신 선사에 이르러 중국 선종은 교단화를 이룬다. 최초 선종 교단 전각 벽면의 법맥도에 새겨진 법랑 선사를 보는 순례단의 눈동자는 조계종도의 자부심과 수행도의 대분지가 섞여 활활대고 있었다.

멀지 않은 호북성에 위치한 오조사에는 홍인 선사와 전법 제자 혜능 선사가 동주한다. 들어가는 길에 다리가 하나 있는데, '방하착(放下着)' 그리고 '막착거(莫錯去)'라는 글귀가 눈에 들어왔다. 인생을 순례라고 볼 때, 어떻게 걸어갈 것인가? 나는 당시 초기 선종을 연구하며 논문을 쓰고 있었다. 그 현장에 내 육신이 서 있다는 사실은 형언하기 힘든 느낌을 주었다. 잠을 자면서도 논문 쓰는 꿈을 꾸던 때였으니, 그 감격이 오죽했을까. 뜨겁게 맺히고 알알이 엮여서 경안(輕安)해지고 있었다.

"세세생생 날 적마다 정법문중에 발심 출가하고 신심이 견고하야 영겁에 물러나지 않겠습니다."

지도 법사 스님의 발원처럼 구도자의 열정과 다짐이 순례단의 찰나를 가득 채웠다. 마치 혜능 선사께서 전법을 받으셨다는 수법동벽이 허물어져 모두를 감싼 듯하였다.

순례 사흘날 우리가 처음 찾은 곳은 동림사와 서림사가 있는 여산(廬山)이다. 특히 동림사 참배는 이날부터 선종 사찰 순례의 의의가 배가되는 계기였다.

여산의 혜원이라고 불릴 정도로 백련결사(白蓮結社) 정토 사찰임

삼조사에서 설법을 해주시는 혜국 스님.

은 이미 익숙했다. 그런데 혜원 이후 100년이 지나고 또 다른 큰 인물이 이곳으로 향하였으니 바로 천태지의이다. 전란의 소용돌이가 내모는 통에 현재 남경(南京)인 금릉(金陵) 등지의 사찰에서 법화경을 강의하다가 이곳에 주석하게 된 것이었다. 전란 속에 동림사에서 더욱 깊은 연구에 매진하여 지금의 광활한 법화삼대부 강설, 즉 천태교관 탄생의 기틀이 마련되었다. 그래서 천태 교학을 공부하다 보면 지의의 깊은 정토사상을 느낄 수 있는 것이 아닐까? 머무는 곳과 함께하는 인연에 따라 이후 1,500년의 역사를 거쳐 지금까지 영향을 미치고 있는 것 같았다. 당시 심은 나무 한 그루가 그 세월을 육안으로 전해주었다.

이후 동림사에는 도신도 머물게 된다. 이때 지의를 이어 법화를 강설하던 지개와 교류하였을 것이다. 즉 동림사에는 정토종의 첫 교단을 이룬 혜원과 천태종조 지의, 그리고 선종 교단의 실질적인 첫 형성을 이룬 도신이 주석한 것이다. 이뿐 아니라 도가의 도연명, 유가의 육수정과 도담이 깊어진 혜원이 호랑이 계곡을 무심코 건너다 놀란 호계삼소(虎溪三笑)의 일화도 있다. 중국 불교의 대표 종조들의 원융, 나아가 유불도의 회통이 이미 이때부터 완성된 것일 수 있겠다는 생각이 들었다. 이후 논쟁은 정토·천태·선·유·불·도 간 사상 차이가 아닌 사람 차이 아니었을까? 다시 한 번 종도 화합과 전법 교화의 중요성을 실감했다.

우리는 다시 운거산으로 출발했다. 근대에 허운 대사 주석처인 진여 선사로 가기 위함이었다. 조동종 문하에서 수학한 신라 출신 진철이엄 선사가 운거도응 선사에게 법을 받은 곳이기도 하다. 이외에도 여엄·경유·형미 선사 등 신라와 고려의 여러 구법승이 도응 선사에게서 법을 받았다. 우리 선조이자 선배인 분들의 구도 현장에 함께하고 있음에 운거산의 여운처럼 깊은 울림을 받았다.

이어서 보봉사에 들렀다. 몸이 좀 어떠시냐는 원주 스님의 질문에 마조도일 선사가 '일면불 월면불(日面佛 月面佛)'이라 대답하시고 입적한 열반처. 일면불의 수명은 1,800세, 월면불의 수명은 하루 낮밤이다. 마조도일 선사는 우리에게 무슨 뜻을 전하고자 하신 것일까?

다음 날은 우리 선원청규의 효시, 《백장청규(百丈淸規)》(중국 선원의

오조사 대웅보전 앞에서 순례대중이 기념촬영을 하는 모습. 현수막의 글귀는 '선의 황금시대의 길에서 나를 찾다(尋我禪的黃金時代之路)이다'.

규칙을 서술한 원나라 때의 불서)의 근간인 백장사로 향했다. 여우로 환신한 수행자를 위해 법을 설하고 스님들처럼 다비식을 해주었다는 곳이다. 여기에도 한국 선문의 자취가 깊이 새겨져 있었다. '역대백장사주지표'에 명시된 안(安) 선사와 초(超) 선사다. 두 선사의 추모식을 예정하고 있었는데, 홀연 한국에서 비보가 당도했다. 법사 스님께서 말씀하셨다.

"순례단 스님들 모두가 스스로 유가족이라 생각하고 모든 힘을 모아주십시오. 앞으로 남은 일정은 모두 희생자들의 극락왕생을 위해……."

반야를 좇던 나의 구도기에서 우리의 순례가 되었는데, 이때부터는 모든 생명들과 함께 숨 쉬고 같이 걷는 일정이 되었다. 가는 곳마다 법사 스님께 빗발치던 순례단의 질문도 이미 각자의 직접 정진으로 바뀌었음이 몸으로 느껴질 정도였다. 개인의 깨달음보다 모두의 안녕을 바라는 한국 스님들의 대승적 사상이 구도심에도 크게 관여하는 것 같았다. 뒤이어 찾은 동산사와 황벽사는 모두 중창 공사 중이었다. 이루어지고 머물다 무너지고 사라짐을 반복하고 있었다.

뒷날 처음 발길이 닿은 곳은 보통 선사. 임제종 양기파의 연원이자 방회 선사가 주석하시던 곳이다. 우리 중흥조 태고보우 선사와 연결된다. 오래되어 외관이 낡았지만, 넓은 품속 같은 지형과 천년이 훨씬 지나 수명을 알 수 없는 당백나무의 기개는 오조법연 · 원오극근 · 대혜종고로 이어져 간화선이 직접적으로 체계화될 수밖에 없었던 이유를 말해주었다.

이후 3시간 정도 이동하여 앙산혜적 선사가 주석하던 위앙종찰 서은사에 도착했다. 앙산 선사는 부모님이 출가를 만류하자 정법을 닦아 부모님 은혜에 참된 보답을 하겠다고 대답하며 손가락 두 개를 잘랐다. 스스로는 출가수행의 의지를 세움이고, 밖으로는 세속 노릇 않겠다는 선언일 것이다. 지도 법사 스님의 연비한 손가락을 보니 그러한 절절함일까 상상되었다. 어떤 마음이셨는지 여쭈어본다 한들 그저 원 하나 그려주셨으리라. 우리는 하나 된 마음으로 추모와 왕생 발원을 이어갔다.

이어서 남창의 우민사로 향했다. 우리 종조 도의국사께서 서당지

월암 스님이 중국의 스님과 담소를 나누며 양국 불교도 간의 교류 협력을 논의하다.

장 선사로부터 전법을 받은 곳이다. 2008년에 조계종에서 세운 '조
계종 종조 도의 조사 입당 구법기념비'를 보며 우리 선맥의 자취를
확인했다. 서당지장뿐만 아니라 백장회해께서도 도의국사를 보며
강서의 선맥이 모두 동국(東國)의 승려에게 넘어갔다며 인정하셨다
고 한다.

　이후 일정은 원래 강서성 경덕진이라는 도자기 시장이었다. 이렇
다 할 취미가 없는 수행자들에게 차 한 잔은 수행 겸용이기도 하다.
그래서 출발 전부터 다구(茶具) 구경을 모두 기대했던 기억이 난다.
그러나 지도 법사 스님은 한국 사정에 따라 기도하는 우리 일정에
맞지 않다며 취소를 제안하셨고, 당연하다는 듯 모든 대중이 동의하

였다. 바다처럼 깊고 어두운 서호의 밤에 순례단은 각자 일념으로 앉아 일정을 대신하였다.

다음 날 서호 근처 비래봉 사이의 영은사는 소원 성취를 바라며 사르는 향내로 가득했고, 이어서 본 육화탑은 육화사 터를 지키고 있었다. 듣자 하니 바닷물의 역류와 높은 파도를 막으려고 세운 탑이란다. 먹먹함에 몸이 굳었다. 마음은 이미 한국이었다.

바삐 항주 공항을 출발해 인천으로 들어왔다. 집결하여 관계부처 스님 및 직원 분들과 지도 법사 스님께 감사 인사를 나누어야 했으나 그러지 못했다. 법사 스님은 "한국 상황이 정리되지 않은 만큼 우리 순례도 끝난 것이 아니다. 모두 마땅히 필요한 곳에 어서 가서 할 도리를 해야 한다. 인사 같은 의식은 전부 생략하도록 하자"고 하셨다. 교육원 분들의 동의와 배려로 모두 말없이 발길을 돌렸다.

어리석은 의심으로 시작해 나의 구도, 종국에는 모두의 안녕을 발원하는 순례가 되었다. 7일간 일정이 출가 인생의 일류 같았다. 번뇌가 다하고 배워 닦아 익혀, 모가 건널 때까지 회귀한 지금부터 가야 할 길이 보이기 시작했다. 책 펴고 앉지 않았으나 연수였다. 형식보다는 도반과 선지식, 그리고 스스로의 연수 의지가 중요한 것 같다. 동행하셨던 분들은 나와 달리 아직도 일상 자체를 순례이자 연수로 만들어 살고 계실 것이다. 돌이켜 생각함으로써 그러지 못하고 있음을 스스로 꾸짖어본다. 열심히 공부하고 복과 공덕을 갖추면 그러한 기회가 다시 올 것이라 생각하고 연수에 정진해야겠다.

⊙ 혜국 스님과 함께한 중국 선종 사찰 순례(2014)

인천 ➡ 강소성 남경 ➡ 안휘성 잠산(완공산, 삼조사, 산곡사) ➡ 호북성 황매(사조사, 오조사) ➡ 섬서성 여산(동림사, 서림사) ➡ 강서성 운거산(진여선사) ➡ 호남성 보봉(보봉사) ➡ 강서성 봉신(백장사, 동산사) ➡ 의풍(황벽사) ➡ 평향(보통사, 서은사) ➡ 남창(우민사) ➡ 절강성 항주(영은사, 악비묘, 고려사) ➡ 인천

천주산 삼조사(3조 승찬조사)

중국 안휘성(安徽省, 안후이성) 천주산(天柱山)에 위치한 3조 승찬 조사의 도량이다. 승찬은 '수박여(誰縛汝)'라는 화두를 남겼으며, 인간 해방을 불교의 출발점이며 종착역으로 제시했다.

해박석(解縛石)이라는 큰 글자가 새겨진, 평평하게 누운 모습의 어마어마하게 큰 바위와 연결된 3조동 안에는 승찬 조사의 진영(眞影)이 봉안되어 있다.

대웅전에서 북쪽 산문으로 올라가는 돌계단 옆의 큰 나무 밑에 있는 입화탑(立化塔)은 승찬 조사가 선 채로 입적한 곳이다. 3조 승찬은 606년 이 나무 밑에서 대중 설법을 마친 뒤 합장한 채 입화(立化)했다.

높이가 30미터나 되는 8면 5층의 웅장하고 화려한 승찬 조사의 묘탑인 3조탑에는 3조의 사리가 모셔져 있다. 3조는 원래 입멸 후 육신을 그대로 매장했는데, 다비 뒤 사리 100과를 사리함에 넣어 탑을 세우고 1층 남쪽 면의 3조 소상(塑像) 뒤에 모셨다. 현재의 3조탑은 1940년대 중흥 불사 때 보수한 것이다.

3조탑 북쪽에는 목조 2층 누각식 건축의 전각이 있는데, 아래층은 조사전이고 위층은 장경각이다. 조사전에는 가운데 달마상을 모시고 좌우로는 개산조인 보지상과 승찬 조사상을 봉안했다.

쌍봉산 사조사(4조 도신조사)

호북성(湖北省, 후베이성) 쌍봉산에 위치한 4조 도신 조사의 도량이다. 도신조사가 주석한 호북성 황매 현은 높은 법력과 유명한 의술로 말미암아 천하에 명성을 떨치면서 사찰이 많이 건립돼 '소천축(小天竺)'이라 불렸다.

당 태종이 네 번에 걸쳐 입궐을 간청했으나 거절했다는 얘기를 듣고 감동해 대장(大將) 울지공(蔚遲恭)을 파견해 직접 감독하면서 건립한 조사전은 매우 귀중한 역사문물이다.

현 건물은 명나라 때 중건된 것이지만 글자는 대들보를 바꿀 때 새겨 넣었던 것 같다. 단에는 4조 도신상만 모셨고 위에 '신주성사(神州聖事)'라는 목판 편액이 걸려 있다. 4조사의 중요 역사유물로는 북송 진종 황제가 하사한 사찰 보인(寶印)과 송대의 목판 금자(金字)편액, 청대의 청자 향로 두 개가 있다. 보인 외에는 모두 조사전에 소장돼 있다. 현재 보인은 호북성 박물관에 소장돼 있다.

자인탑(慈仁塔)·진신탑(眞身塔)·사방탑(四方塔)으로 불리는 비로탑은 4조사 선불교 유적의 하이라이트다. 단층 정방형의 당대(唐代) 전탑으로 높이 11미터, 기단 사방 11미터이고 탑이 자리한 터가 370평이나 된다. 탑 사방에 문이 있고 안이 비어 있는 독특한 양식의 공심탑(空心塔)으로 현존하는 중국 당나라 때 탑 중 가장 잘 보존된 것이다.

도신조사가 5조 홍인에게 강경전법(講經傳法)을 하고 그 앞마당에서 대중 법문도 했다는 천연동굴 접법동은 비로탑 북쪽 300미터 지점에 있다. 동굴 안은 두세 명이 앉을 만한 공간이고 동굴 입구 문 위에 맹호 모양의 천연암석이 있다.

동산 오조사(5조 홍인조사)

홍인은 허베이성 황메이현 사람으로, 23세 되던 어느 날 산보하던 중 파두산의 4조 도신 조사를 만나 선문에 출가했다. 도신 조사 문하에서 26년간 참선 정진을 한 후 651년 4조로부터 조사 자리를 승계받았다. 3년 후인 654년 동산으로 가서 산주풍무 노인한테 절터를 얻어 선정사(현 5조사의 전신)를 건립하고 법석을 폈다.

대웅전은 5조의 진신상을 모신 법우탑(法雨塔)이 있는 전각이다. 전각 앞쪽 좌우에는 각각 종각과 고루, 가운데에는 불당, 뒤쪽에는 법우탑이 봉안돼 있다.

5조 대만보탑은 강경대 아래에 있으며 탑과 탑원이 분리돼 있어 탑원은 탑의 보호각이 아니라 하나의 암자 역할을 하는 향화 공양처다. 1927년

병화로 5조의 진신이 훼멸되자 뼈(사리)를 수습해 매장하고 파괴된 진신탑 대신, 1932년에 건립되었다. 원주형 3층 석탑으로, 높이는 2.76미터이다. 탑 모양이 둥근 마늘 알처럼 생겼다.

수법동은 천연 동굴로, 기반석·도원동(일명 3불동)과 횡렬로 자리하고 있다. 6조전에서 700미터 떨어진 동쪽 산속의 수법동(授法洞)은 5조 홍인조사가 좌선하던 곳이라 한다.

대웅전 뒤 비로전 왼쪽에 있는 성모전은 홍인 조사의 생모상을 모신 전각이다. 불상이나 조사상들과 달리 여인상이다. 좌우에 5명씩 10명의 시녀(호법제자) 입상(立像)이 서 있다. 전각의 외벽은 돌벽돌이고 단층이지만 2층처럼 보이는 경산식(硬山式) 건축이다. 내부 면적은 3칸, 사방 10.4미터이다.

여산(廬山)

여산에는 혜원 스님의 동림사와 도범 스님이 창건한 서림사도 유명하다. 일반적으로 당나라 때의 대문장가 백거이가 시를 남긴 곳으로 유명한 화경공원, 봄이 되면 수백 가지 오색찬란한 꽃이 향연을 벌이고 초겨울이 될 때까지 녹음이 푸르름을 잃지 않으며 경관이 아름다운 금수곡, 중국 도교에서 8대 신선의 하나로 추앙받는 여동빈(呂洞賓)이 수련했다는 동굴인 선인동이 유명하다.

386년에 완성된 동림사는 1,600여 년의 역사를 가진 고찰이다. 동진의 고승 혜원 스님이 건축했다. 혜원 스님은 불교 종파로 '정토법문(淨土法門)'을 창건해 여산을 당시 중국 남방의 불교 중심지로 만들었다. 동림사는 진대에 세워졌고 당대에 번성했으며 가장 규모가 컸을 때는 300여 칸에 이르러 중국 불교 8대 도량의 하나로 꼽혔다. 정전(正殿)은 신운보전(神運寶殿)이며 내부에는 석가모니불과 문수, 보현 두 협시보살, 그리고 두 제자 아난과 가섭의 상을 모셨다. 정전 양쪽에 호법전과 십팔고현당, 삼소당, 문수각 등이 있고, 사찰 뒤쪽에 혜원 스님의 묘지가 있다.

서림사는 여산의 3대 사찰 중 하나로, 367년 감주자사 도범 스님이 혜영 법사를 위해 지었다. 혜원 대사도 처음엔 이 절에 머물렀는데, 혜영 대사와 혜원 대사는 도안 법사의 제자다. 서림사는 동림사 입구에 위치하며 대웅보전 뒤쪽에 전탑이 있고, 전탑 좌후 벽면에 소동파의 시가 새겨져 있다.

신심과 열정, 도반의 정으로

월암 스님(한산사 용성선원장)

조계종 선종 순례단에 동참한 스님 30여 분과 함께 먼저 문수보살의 상주처인 중국 오대산(우타이산)에 올랐다. 해발 3,000미터가 넘는 북대는 4월 말임에도 아직 겨울의 정취가 남아 있었다. 쌀쌀한 날씨에 정신을 바짝 차리고 북대 정상의 문수상에 예배하고 곧바로 그 아래 어디쯤이라 대략 추정되는 옛 태화지(太和池) 유지에 이르렀다.

태화지는 한국 불교 계율의 시원이 된 곳이다. 그 옛날 당조 시대에 우리의 자장율사께서 문수보살상 앞에서 7일간 기도를 올려 문수보살로부터 서상수계(瑞祥受戒)를 감응하고, 아울러 가사와 사리를 받은 성지 중의 성지이다. 자장율사에 의해 통도사의 금강계단이 수립되었으며 오대 적멸보궁을 이루게 되었으니, 이 오대산의 태화지야말로 한국 불교의 시원을 장식한 찬란한 법연의 성소임이 틀림없다.

순례단 일동은 경건한 자세로 합장하고 〈반야심경〉을 독송하며 당시 법연의 희유함 속으로 빠져들었다. 자장은 원래 왕족 출신으로 일찍이 출가하여 고골관을 닦았다. 조정에서 불러 재상으로 삼으려 하자, "내 차라리 하루라도 계를 지키고 살지언정, 백년을 산다 해도 파계하고 살지 않겠다"고 한 일성(一聲)은 한국 불교 지계청정의 서막을 알리는 벽력이었다.

자장은 636년 당나라 유학길에 올라 청량산 오대에 나아가 문수로부터 서상수계와 함께 "요지일체법(了知一切法), 자성무소유(自性無所有), 여시해법성(如是解法性), 즉견노사나(卽見盧舍那)"(일체의 법이 스스로 성품 없는 줄 알지니, 이와 같이 법의 성품 깨치면, 즉시 노사나불을 볼 것이다)라는 화엄 사구게송을 받았다.

우리나라에 정식으로 계단이 설립되어 수계가 이루어진 것은 자장율사에서 비롯된다. 자장이 중국 오대산에서 문수보살로부터 서상수계와 함께 화엄게송을 전해 받았다는 사실은, 훗날 한국의 선(禪)이 화엄(華嚴)과 늘 함께 병수(倂修)되어온 것처럼, 계율 또한 화엄교와 함께 겸수되고 있는 것이 한국 계율전승의 전통이라 할 수 있겠다. 한국 불교의 교율겸수(敎律兼修)의 성지인 태화지에서 문수보살을 부르며 자장율사의 성심을 기리는 순례 법회가 되기를 염원해보았다.

북대와 중대, 서대를 돌아 청량사에 이르러 '고청량(古淸凉)'을 참배하고, 자장의 계율 정신을 선양하는 마음가짐으로 약식 수계식을 거행하였다. 지금 중국에 살고 있는 교포인 조선족 대부분이 개신교로 흡수되고 있는 실정이다. 그럼에도 마침 우리 순례단을 안내한 가이드가 조선족 출신의 젊은 불자라 이곳 오대산 청량사 대웅전에 서 36명의 비구·비구니가 증명법사가 되어 삼귀의 오계 수계식을 정성스럽게 거행했다. 함께한 대중 스님들이 '문수향'이라는 불명으로 불교의 불모지인 조선족 사회에 굳건한 불법의 사자가 되기를 바라는 마음으로 축원했다.

오대산에서 버스로 몇 시간을 달려 하북성의 성도인 석가장에 도착하였다. 이곳에서 1시간 이내 거리에 임제사(臨濟寺)와 백림사(柏林寺)가 위치하고 있다. 다음 날 아침 일찍 정정현(正定縣)의 임제사에 당도하여 임제 가풍에 흠뻑 젖어보기로 했다.

'임제장군(臨濟將軍), 조동사민(曹洞士民)'이라는 말이 있다. 임제종의 가풍은 백만 대군을 호령하는 장군의 기질이며, 조동종의 가풍은 소박한 선비의 기질을 닮았다는 말이다. 임제는 조사선의 최고봉이다. 선문에 전해오기를, 조사선에 있어서 혜능은 그 뿌리가 되고, 마조는 꽃을 활짝 피게 하였으며, 임제에 와서 그 열매가 맺게 된 것이다. 한국의 선불교는 임제의 선맥으로 사승되고 있기에 우리 순례단은 한국선의 조정(祖庭)을 참배하고 있는 것이다. 가사장삼을 수하고 심기일전하여 임제 도량에 나아갔다.

임제사에 들어서니 "임제 이전에 임제 없고, 임제 이후에 임제 없다"는 말의 위용을 드러내듯 임제탑이 우뚝 솟아 있다. 이 탑은 임제 선사가 입멸하시자 제자들이 선사의 사리와 의발을 모아서 모신 의발탑으로서 높이 33미터의 8각 9층 전탑이다. 다 함께 임제의 법문을 새겨보기로 했다.

    온 우주가 온통 하나의 마음이다. 마음은 텅 비고 고요하여 모습이 없다. 모습에 있되 모습을 떠나는 것이 선(禪)이다. 하늘과 땅이 뒤바뀌어도 나는 다시 의심하지 않고, 시방의 모든 부처가 눈앞에 나타나도 한 생각 마음에 기쁨이 없으며, 삼악도의 지옥문이 문득 나타나도 한 생각 마음에 두려움이 없다. 왜 그러한가. 나는 모든 법이 공(空)한 모습이어서 변화하면 있고 변화하지 않으면 없음을 알기 때문이다. 그러니 꿈이요, 허깨비인 허망한 꽃을 무엇 때문에 애써 붙잡으려 생을 허비하고 있는가.

    본색 납자는 모름지기 밭을 가는 농부의 소를 빼앗고, 허기진 자의 밥을 빼앗는 솜씨가 있어야 한다. 만약 그렇지 못하면 흙장난이나 하는 아이에 불과하다. 부처가 가는 길을 나는 가지 않고, 부처가 머무는 곳에 나는 머물지 않는 기개가 있어야 임제의 그림자 정도는 보았다 할 것이다. 그래서 부처를 만나면 부처를 죽이고, 조사를 만나면 조사를 죽이라고 말한다.

    객당에 들어가 방장 화상으로부터 차담 대접을 받았다. 대중 가운데 한 스님이 방장 스님께 물었다. "지금 임제 스님은 어디에 계십니까?" 칠순의 노방장은 빙그레 웃으시며 임제의 진영을 가리킨다. 모습에서 모습 떠나고, 모습 떠남에서 모습을 보라는 것인가. 이르는 곳마다 주인이 되면(隨處作主), 서 있는 그 자리가 다 진실하다(立處皆眞)고 임제는 말하지 않았는가. 가는 곳마다 임제를 만나고, 만나

중국의 3대 석굴로 유명한 다퉁(大同)의 운강석굴 앞에서 기념 촬영하는 모습.

는 사람마다 임제 아닌 이 그 누구인가.

지금 임제사에는 30~40명의 스님들이 공부하고 있단다. 그중 선원 대중이 절반 정도 된다고 하였다. 이 젊은 납자들이 용맹정진으로 떨치고 일어나 임제를 능가하는 용상대덕(龍象大德)이 되기를 염원해본다. 그나마 중국 불교가 다시 살아나고 있는 것은 다행한 일이라 하겠다. 한국 불교에도 대기대용(大機大用)의 임제선풍이 다시 중흥되어 천하 사람들로 하여금 무사무위(無事無爲)의 선미(禪味)에 흠뻑 젖도록 하는 날이 오기를 기도한다.

오후에는 조주 선사가 80의 노구를 이끌고 당도하여 120세까지 40년을 행화한 백림사를 찾았다. 백림사는 지금 하북성 불교의 중심

허공에 걸린 듯 절벽에 자리한 아름다운 현공사.

도량이다. 불학원에서는 50여 명의 젊은 학인들이 공부하고 있고, 선당에서는 많은 젊은 납자들이 대개 '염불시수(念佛是誰)' 공안을 참구하고 있단다. 이 시대의 조주를 꿈꾸며 정진 중이라니 중국 불교의 긍정적인 면을 볼 수 있었다. 지금 중국 정부는 출가자 100만, 불교 인구 5억을 목표로 불교진흥 정책을 수립하고 있단다. 출가 연령 제한도 33세로 규정하고 있다니 한국 불교보다는 사정이 훨씬 좋은 것 같았다.

조주 종심 선사는 20세에 스승 남전을 만나 40년을 모시고 수행을 했다. 뒷날 조주는 이렇게 독려하고 있다.

삼조사에서 예불을 드리는 모습.

"그대들은 오직 이 도리만을 궁구하여 스무 해고 서른 해고 고요
히 앉아서 간해라. 만일 그래도 알지 못하겠거든 내 머리를 베어 가
라. 나는 마흔 해 동안 잡다한 생각을 하지 않았다. 다만 두 끼 죽과
밥을 먹을 때만큼은 예외였다."

　실로 40년을 한 생각도 다른 생각을 해본 일 없이 순일무잡(純一無
雜)한 경계로 향상일로(向上一路)하였음을 여실히 보여주었다.

　조주의 나이 60이 되어 스승 남전이 원적에 들자, 후사를 정리하
고 드디어 천하를 주유하며 행각의 길에 나섰다. 이때 남긴 말이 바
로 "열 살 먹은 사미에게도 기꺼이 배우고, 백 살 먹은 노장이라도

기꺼이 가르치겠다"는 명언이다.

한번 상상해보자. 요즘 어느 납자가 40년 동안 한결같이 스승을 받들고 오롯이 순일무잡한 공부를 지어갈 것이며, 환갑의 나이에 출발하여 20년 동안 천하를 행각하며 배우고 가르치는 보살행을 실천할 것인가. 이것이 조주의 정신이다. 한국 불교에서 배우고 익혀야 할 것이 바로 이러한 조주의 정신이다. 이 이야기 끝에 어느 스님이 "오히려 임제의 가풍이 아닌 조주의 문풍이 우리 한국 불교에 깊이 새겨졌더라면 어땠을까요?"라고 물어서 조사선에 대한 이야기를 오래 이어갔다.

나이 80에 조주의 관음원에 이르러 인생의 마지막 40년을 교화하며 회향하였으니, 그곳이 바로 오늘의 백림사이다. 고불도량 백림사는 한나라 헌제 건안 연간에 창건되었으며, 창건 당시에는 관음원이라 하였고, 남송 시기에는 영안원, 금나라 때에는 백림선원, 원나라 때부터 백림선사(栢林禪寺)라 불러 오늘에 이르고 있다. 조주 선사가 이곳에서 입적하시자 대중들은 사리와 의발을 수습하여 탑을 세웠는데 이것이 조주탑이다. 지객 스님이 지금도 가끔 탑이 발광하여 그 영험을 나타낸다고 들려주었다.

어떤 스님이 조주 스님에게 물었다.

"어떤 것이 조사가 서쪽에서 오신 뜻입니까?"

"뜰 앞의 잣나무니라(庭前栢樹子)."

"스님은 경계를 가지고 사람에게 보이지 마십시오."

"나는 경계를 가지고 사람에게 보이지 않노라."

"어떤 것이 조사가 서쪽에서 오신 뜻입니까?"

"뜰 앞의 잣나무니라."

　우주법계 두두물물이 서래밀지(西來密旨)를 설해주고 있다. 천년 전이나 지금이나 뜰 앞의 잣나무(실제로는 편백나무)는 말없이 무정설법을 하고 있다. 순례단은 조주탑 앞에서 한참이나 정근을 했다. 지금 현사의 맥을 잇고 있는 한국 불교의 정법안장이 역사에 길이 유전하기를 바라는 마음에서 봄 햇살이 내리쬐는 탑전에서 조주를 기리고 조주의 정신을 새기며 108배를 올렸다. 순례단 스님들의 신심과 열정, 그리고 도반의 정으로 함께한 중국 선종 순례는 재발심을 다짐하고, 수행과 교화의 발심을 충전한 소중한 시간이었다. 이 좋은 법연을 제공해준 교육원 관계자 여러분께 깊이 감사드린다.

⊙ 월암 스님과 함께한 중국 선종 사찰 순례(2015)

김포 ➡ 북경 ➡ 대동(운강석굴, 화엄사) ➡ 항산(현공사) ➡ 오대산(북대, 서대, 보살정, 현통사, 수상사, 라후사) ➡ 석가장(임제사, 백림선사) ➡ 북경(옹화궁, 판자위엔 시장) ➡ 승덕(피서산장, 보타종승지묘, 보녕사) ➡ 북경 ➡ 인천

◉ 대동(大同, 다퉁)

운강석굴(雲岡石窟)

다퉁시에서 서쪽으로 16킬로미터 거리에 있는 우저우산(武州山)의 절벽에 위치한 운강석굴은 둔황(敦煌)의 막고굴(莫高窟), 뤄양(洛陽)의 룽먼석굴(龍門石窟)과 더불어 중국의 3대 석굴로 꼽힌다. 운강석굴은 중국 남북조 시대(221~589) 국가 중 하나인 북위의 문성제(文成帝)가 고승 담요(曇曜)에게 석굴을 세우도록 한 이후, 60여 년에 걸쳐 동서 16킬로미터의 거대한 석굴군이 완성되었다. 현재는 1킬로미터 정도가 남아 있는데, 53개의 동굴에 5만 1,000여 개의 석상이 있으며, 유네스코 세계문화유산으로 지정되었다.

화엄사

1038년 요나라 때 건립된 화엄사는 요(遼), 금(金) 대의 융성했던 화엄종을 대표하는 사찰의 하나로, 2,400여 년의 긴 역사를 간직하고 있다. 상화엄사의 대웅보전은 목조 불전으로서 중국 최대 규모이며, 용이 가득 그려져 있는 천정화(天井畵)와 거대한 벽화의 색채로 매우 산뜻한 느낌을 준다. 하화엄사의 부가교장전(簿伽敎藏殿)은 요나라 중희(重熙) 7년(1038)에 건립되었는데, 그중에서 병화(兵火)를 면한 천궁루각(千宮樓閣)은 드물게 현존하는 요나라의 목조건물로서 역사적 가치가 높으며, 1만 8,000권의 경문을 보관하고 있는 중국 최고 경납고와 많은 불상이 보존되어 있다.

현공사(縣空寺)

중국 5대 명산의 하나인 항산(恒山)의 제일 아래쪽에 위치하는데, 깎아지른 절벽에 구멍을 파고 줄을 내려서 절을 지어 하늘에 매달려 있는 형상을 하고 있다. 누대와 전각 사이가 자리(잔교)로 연결되어 있다. 항산

18경 중에서 현공사를 제1경으로 친다.

북위 후반(471~523)에 처음 세워진 후 명, 청대에 이르기까지 끊임없이 중건하는 등 대략 1,500여 년의 역사를 가지고 있다. 특히 현공사에는 부처님, 노자, 공자를 함께 모시고 있는데, 남북조 시대 혼란스러움을 대변하고 이를 이겨내고자 하는 민중의 소망을 담은 유 · 불 · 선의 합일을 말해준다.

◉ 오대산(五台山, 우타이산)

보살정

오대산 오대선지(五臺禪地)의 한 곳으로, 중심부인 대회진의 꼭대기 봉우리에 있어 보살정이라고 한다. 오대산 전경을 한눈에 볼 수 있는 중심 사찰이다. 라마교 사찰인데, 이는 청대 황제들이 티베트 불교를 신봉한 연유이다.

북위(北魏) 효문제(孝文帝) 시대(471~449)에 창건되어 문수 보살이 살았다는 전설이 전해온다. 보살정 위에는 영벽(影壁) 중간쯤에 용 두 마리가 새겨져 있다. 그런데 그 형상이 생동감 있고 정밀하게 조각되어 있어, 햇빛 아래서 보면 색채가 더욱 선명해 그 용들이 벽을 깨뜨리고 날아갈 것 같은 느낌을 준다.

현통사

오대산의 오대선지의 한 곳이다. 명대에 건축된 무량전은 구조가 특이하고 장엄하다. 동전(銅殿)은 명나라 만력(萬歷) 37년(1609) 축조되었고, 높이가 5미터로 외관상으로는 2층이다.

동탑(銅塔)은 명나라 만력(萬歷) 34년(1606)에 축조되었다. 이 탑은 세밀하고 정교하며, 우뚝 솟은 모습이 준수하여 17세기에 축조된 예술품 중 대표라 할 수 있다. 동탑은 오좌(五座)인데, 이것은 오대(五臺)를 암

⊙ 석가장(石家莊, 스자좡)

헤이룽장성
지린성
닝샤후이족자치구
텐진
라오닝성
신장웨이우얼자치구
베이징
간쑤성
네이멍구자치구
허베이성
칭하이성
산시성
산둥성
시짱자치구
산서성
허난성
장쑤성
쓰촨성
후베이성
안후이성
저장성
후난성
장시성
구이저우성
푸젠성
대만
윈난성
광시장족자치구
광둥성
마카오
홍콩
하이난성

링수
싱탕
핑산
신러
루취안
정딩
우지
선쩌
신화
징싱꽝
창안
차오시
위화
가오청
진저우
차오둥
징싱
위안스
환청
신지
잔황
가오이
자오

석가장(임제사, 백림선사)

시하는 것이다. 현존하는 것은 이좌(二座)이며, 3좌는 복원된 것이다.

탑원사

현통사 남쪽에 위치한 탑원사는 원래 현통사의 탑원이었는데, 명나라 때 사리탑을 중수하면서 분리되었다. 이 사찰은 두 개의 탑이 있다. 하나는 오대산의 상징인 부처님 진신 사리탑으로 라마식 불탑이다. 부처님 사리탑은 대백탑(大白塔)으로 높이가 75.3미터, 둘레가 83미터로 우뚝 솟아 있어, 그 자태가 장엄하다. 탑의 내부가 꽉 차 있어 사람들이 올라갈 수 없게 되어 있다.

대백탑의 아래층은 전우(殿宇)로 속칭 탑전(塔殿)이라 불리며, 내부에는 문수, 관세음, 보현, 지장왕 보살과 불상이 새겨져 있다.

대웅전과 장경전이 있는데, 장경전 내에는 목재 윤장(輪藏)이 33벌 있고, 장경 내에는 전통 송경(誦經) 등 2만 권의 장서를 보관하고 있다.

◉ 석가장(石家莊, 스자좡)

임제사

허베이성 중심도 시 석가장에 있으며 경내 초입에 정정탑이 우뚝 서 있다. 임제사는 오늘날 우리 대한불교조계종을 있게 한 산실이다. 인도에서 중국으로 건너와 선종의 기풍을 시작한 초조 달마 대사 이후 많은 한국의 선승들이 조사 법맥을 이어받아 구산선문을 열었기 때문이다. 경내 한켠에는 선종의 초조인 달마 대사와 선종을 개화한 6조 혜능 대사, 그리고 임제 선사의 상을 나란히 모신 조사당이 있다.

◉ 북경(北京, 베이징)

옹화궁

베이징 둥청구(东城区) 한족지구 내의 라마교인 장전불교(藏传佛教) 최대

⊙ 북경(北京, 베이징)

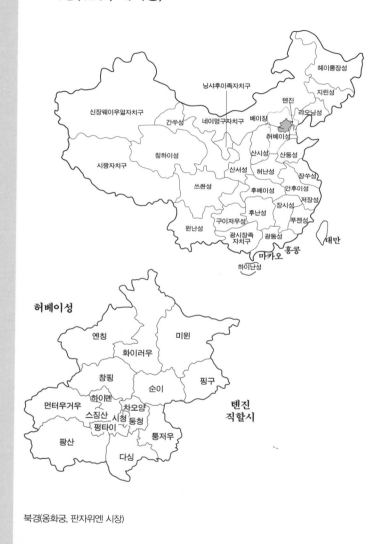

헤이룽장성
지린성
닝샤후이족자치구
신장웨이우얼자치구
텐진
간쑤성
네이멍구자치구
라오닝성
베이징
허베이성
칭하이성
산시성
산동성
시짱자치구
산서성
허난성
장쑤성
쓰촨성
후베이성
안후이성
저장성
후난성
장시성
윈난성
구이저우성
푸젠성
광시장족
자치구
광동성
대만
홍콩
마카오
하이난성

허베이성

옌칭
미윈
화이러우
창핑
순이
핑구
하이뎬
먼터우거우
차오양
스징산
시청 둥청
텐진
직할시
펑타이
팡산
퉁저우
다싱

북경(옹화궁, 판자위엔 시장)

사원 가운데 하나다. 옹화궁은 1694년 강희제의 넷째 아들 윤진(胤禛)이 내성(內城)의 동북 지역에 지은 것으로, 1723년 윤진이 옹정제(雍正帝)가 되어 쯔진청(紫禁城)으로 들어가며 옹화궁으로 칭해졌다. 평소 소수 민족 통합에 지대한 관심을 보였던 옹정제는 그 노력의 하나로 티베트 불교를 믿었다. 옹정제 사후에는 티베트 불교식으로 예불을 드린 것을 계기로 옹화궁은 1744년 정식 티베트 불교 사원이 됐다. 이후 불교에 심취했던 건륭제의 명령으로 확장하여 여러 불교 건축양식이 혼합된 지금의 모습을 갖추었다.

◉ 승덕(承德, 청더)

피서산장

허베이성 청더시(承德市)에 소재하는 피서산장은 현존하는 중국 최대 황가 정원으로, 청 황제의 여름 궁전이었던 곳이다. 다양한 건축 양식의 사원과 황제의 정원은 주변 호수와 목초지, 숲의 풍경과 조화를 이룬다. 이러한 미학적 관심 외에도 피서산장은 중국 봉건 사회의 마지막 발전상을 보여주는 진기한 역사적 자취이다. 1994년 유네스코 세계 문화유산으로 등재되었다.

보타종승지묘

티베트와 몽골 지역 종교와 정치의 수장인 달라이 라마와 판첸라마를 우대하고 라마교의 성지인 포탈라궁을 더 세워 종교의 힘을 분산시키고자 만주족과 소수 민족의 단합을 상징하는 사원으로 지은 것이다. 티베트의 포탈라궁(布達拉宮)을 모방하여 지었기 때문에 소포탈라궁이라고도 한다.

보녕사(대불사)

피서산장 동문에서 북쪽으로 1.5킬로미터 지점에 있으며, 1755년 청나

⊙ 승덕(承德, 청더)

승덕(피서산장, 보타종승지묘, 보녕사)

라 건륭황제 때 창건된 불교 사찰로 승덕의 외팔묘 중 하나이며, 일명 대불사라고 부른다. 중간에 위치한 주전(主殿)인 대웅보전(大雄寶殿)을 경계로, 전면부는 한족불교사묘(漢族佛敎寺庙) 양식이고, 후면부는 티베트 사원의 기본 특징을 갖고 있다. 보녕사를 더욱 돋보이게 하는 것은 바로 22.8미터 높이의 세계 최대 목조 불상인 천수천안관세음보살(千手千眼觀世音菩薩)이다. 허리둘레 15미터, 무게 110톤에 이르며, 3개의 눈과 42개의 팔이 있다. 1994년 세계 문화유산으로 등록되었다.

아름다운 부처님이 손잡아주실 듯
다정하게 서 계신 곳

서진 스님(하동 북천사)

한참이나 지나 2017년에 다녀왔던 순례에 대해 쓰려니, 이게 될지 모르겠습니다만, 여행은 떠나봐야 알듯 글도 써봐야 알겠지요.

　첫날 공항에서 여정을 함께할 스님들을 뵈었을 때 참 어려웠던 것 같습니다. 조계종 순례 연수는 처음 동참하는 데다가 비구 스님들과 여행을 가는 것도 처음이어서 사실 아닌 척하느라 애썼습니다만 실은 엄청 어색해서 죽는 줄 알았습니다.

　그러나 역시 외국 가면 애국자 된다고 비행기를 타고 더 낯선 외국인들 사이에 섞이자 회색 유니폼이 참 돋보이더이다. 눈에 잘 뜨이니 좋았고. 다니다가도 늘 둘러보며 회색만 찾게 되고 시야에 회색이 보이면 일단 안심이 되고 든든하니 회색이 그리 따뜻한 느낌을 주는 줄 처음 알았습니다. 또한 한국 승복이 얼마나 아름다운지 새삼스레 느껴졌습니다. 확실히 소속감을 채워주기에는 외국이 최고인 듯합니다.

처음 간 곳은 섬서성역사박물관(陝西省历史博物馆)이었습니다. 연대별로 무려 선사시대 돌멩이에서부터 주나라, 춘추전국시대와 진나라, 한에서부터 위·진 남 북조 시대, 그리고 수, 당, 송, 원, 명, 청대에 걸친 갖가지 유물들이 전시되어 있었습니다만, 솔직히 크게 흥미롭지는 않았습니다.

흥미로웠던 곳은 다음에 갔던 대자은사의 대안탑(大雁塔)이었습니다. 현장법사께서 인도에서 수학하시고 구해오신 불상과 경전을 봉안하기 위해 지은 탑으로 7층으로 지은 큰 대탑이었는데, 탑위에 올라가서 서안(西安, 시안) 시내를 내려다보며 일행 모두 모여 〈반야심경〉을 봉독하고 지도 법사이신 현자봉자 큰스님께서 이 여행의 무사회향을 바라며, 참가한 이들의 안녕을 위해 축원을 해주셨습니다. 그 순간이 참 뭉클했습니다. 강원 졸업여행으로 처음 인도성지 순례를 다녀와서도 그랬는데 해외성지 순례를 가서 그 현장에 가보면 참 좋은 게, 글로만 배운 경, 책으로 만나는 부처님이셨다가 여기가 부처님이 금강경을 설하신 자리이고, 쓰시던 방이고, 성도하신 자리이고 하니 왠지 진짜 부처님이랑 잘 아는 사이가 된 것 같고 부처님이랑 더 친한 사이가 된 것 같아서 좋았는데, 현장 삼장께서 〈반야심경〉을 번역하셨다는 이 대안탑에 서서 반야심경을 봉독하니 매번 하던 〈반야심경〉인데도 뭔가 참 뭉클하고 새로웠습니다.

다음 기억에 남는 것은 종남산(終南山, 중난산)에 오른 것입니다.

종남산은 장안의 상징이라던데 신라인들이 경주 남산을 흠모했듯 장안의 사람들에게도 종남산이 우러러 보는 대상이었다고 합니다. 중국 불교의 4대 종파가 이곳에서 발생되었고 화엄종의 법림(法林), 종밀(宗密), 계율종 남산파의 개조(開祖) 도선(道宣), 정토종의 대성자(大成者)인 선도(善導)등의 고승들이 이 산에서 수행하셨다는 명산인데 한참 오르다 뒤돌아보니 경관이 너무 아름다워 순간 넘이 끊어지는 듯했습니다. 옛 스님들이 이 산을 선택하셨던 이유를 알 것 같았습니다.

종남산에 올라가서 들른 곳은 '초당사'였습니다. 역시 그 말로만 듣던 구마라집(鳩摩羅什, Kumārajīva)께서 무려 경율론 전 94부, 425권을 번역하신 곳이라고 합니다. 금강경을 번역하신 분이라고. 그렇게 글로만 배웠던 분이 바로 이곳. 내가 서 있는 여기에서 역경 작업을 하셨다 하니, 그 시공간을 공유하는 느낌이 들며 구마라집도 《금강경》도 더 실감나게 느껴져서 왠지 몸이 간질간질해졌습니다. 수·당 시기 고승 길장은 구마라집이 번역한 '중론', '백론', '십이문' 3부 논전을 기초로 하여 삼론종을 창립하였고 구마라집을 삼론종의 시조로 모셨다고 하니 이곳 초당사를 중국 삼론종의 발생지라고 한답니다.

다음으로 들른 '정업사(淨業寺)'는 더 흥미로운 곳이었습니다. 중국 율종의 발원지라고 하는데, 옛날 이곳에서 수행하시던 도선 율사께서는 그 계율을 지킴이 청정하시어 이곳에서 천공을 받으며 지내셨다 합니다. 우리가 들렀을 때만 해도 정업사 도량 자체가 참 정갈하고 청량하게 느껴졌는데 이 도량의 메인은 따로 있었습니다. 원래는 외부인들에게 공개를 하지 않는다는데 한국에서 온 스님들이라 특별히 허락해주신 주지 스님의 아량으로 정업사 법당에서 위로 더 올라가니 돌로 된 단 위에 하얀 옥으로 조성된 부처님 입상(立像)이 눈부시게 빛나고 계셨습니다. 청정한 불국토에서 때라고는 묻은 적 없어 보이시는 부처님께서 종남산 아래를 굽어 살펴보시는 듯한 각으로 서 계셨습니다. 지도 법사 스님의 제안으로 일행은 그 자리에서 잠시 좌정에 들었는데, 눈 아래는 종남산의 절경이 펼쳐져 있고 옆에는 아름다운 부처님께서 손잡아 주실 듯 다정하게 서 계신 곳에서 여러 선배 스님들과 함께 앉고 보니 절로 그 자리가 극락이었습니다. 정말 내려오기 아까웠지만, 황홀경이 구경은 아니라고 하셨으니 아쉬운 마음 접고 다음 사찰로 향했습니다.

다음은 '지상사(至相寺)'. 지상사는 화엄종의 조정(祖庭)이자 발상지로서 실질적인 화엄종의 종찰로 손꼽히는 사찰입니다. 화엄종 초조 두순, 2조 지엄, 지엄의 두 제자 중 한 명인 3조 법장과, 또 한 명인 해동 화엄종 초조 의상 등 여러 고승들이 화엄종을 공부하던 곳입니다. 말로만 듣던 의상대사가 죽을 고비를 여러 번 넘겨가며 기어코 가셨다던 당나라 유학. 바로 여기가 거기랍니다. 지도 법사 스님께서는 의상대사께서 여기 지상사에서 수학을 마치시고 신라로 돌아와 지으신 사찰 중에 영주 부석사(浮石寺)와 도량이 많이 닮았다고, 아마도 이곳을 그리며 지으신 게 아니겠냐고 하시며 미리 준비해가신 부석사 석등 모양을 본뜬 기념품을 선물하셨습니다. 지상사 주지 스님께서도 많이 기뻐하시며 당신께서도 꼭 한번 부석사에 다녀가고 싶다고 하시며 안 그래도 영주 부석사와 교류를 추진 중이시라고 하시던 참으로 훈훈한 순간도 있었습니다. 그 와중에 철없는 이 중은 저 기념품 뒤집으면 바닥에 '메이드 인 차이나'라 써 있으면 어쩌나? 쓸데없는 걱정을 하고 서 있었더랬습니다.

그다음에 갔던 '흥교사(興教寺)'에는 현장법사와 그분의 두 제자셨던 원측(圓測) 법사와 규기(窺基, 632~682) 법사의 사리탑이 있었습니다. 돌에 원측 법사의 초상도 새겨져 있었는데 하도 인상적이어서 사진을 찍어왔습니다, 왜냐하면 인상이 참 험악하셨거든요. 아마도 늘 미간을 찌푸리고 다니시는 그런 인상이셨던가 봅니다. 설명을 듣기에도 많이 예민한 성격이셨다고 하던데, 너무 화내고 계시더라고요. 워낙 중국이 최고라는 중국인들이 신라인이었던 원측 법사를 중국인이었던 규기 대사에 비해 폄하하여 기록한 것일 수도 있고, 그런 환경 가운데서 혼자 버티자니 예민하실 수밖에 없었을 수도 있겠는데, 그래도 명색이 신라의 왕자셨는데 정말 험하게 생기셨을까요? 역사(歷史)라는 게 이래서 무서운 건가 봅니다. 기록되어 나 없는 세상에서도 유전(流轉)된다는 것. 변명의 여지도 허락되지 않는 시공간에. 지울 수 없는 흔적으로 남아 있는 것. 참으로 흔적 없이 가야겠다는 다짐을 괜히 해보며.

그다음에 간 곳은 '화엄사(華嚴寺)'입니다. 중국 화엄종의 조정(祖庭)으로 화엄종의 초조(初祖) 두순(杜順, 557~604) 대사, 2조 지엄(智

嚴, 602~668) 대사탑, 3조 현수(賢首, 643~712) 대사탑, 4조 청량국사 징관(澄觀, ?~839) 대사탑이 봉안되어 있었는데 청나라 건융 때 산사태로 다 무너지고 지금은 초조 두순 대사와 4조 청량국사 징관 스님의 탑. 두 개만 서 있습니다. 사실 개인적으로는 가장 기대하고 있던 사찰이었는데, 왜냐하면 국내 사찰 중에서도 가장 흠모하는 사찰이 구례 화엄사인 고로, 국내 화엄사의 규모를 상상하고 있었나 봅니다. 그런데 사실 탑 외에 법당은 그리 인상에 남을 만큼은 아니었고, 약간 인도 성지 순례지처럼 황량한 터만 남아 옛 영광을 되씹고 있는 느낌이랄까. 해서 좀 쓸쓸하고 씁쓸한 여운으로 남아 있습니다. 그리고 진짜 궁금했던 건 이렇게 화엄 화엄하다는 사찰의 입구에 가로막듯, 혹은 지키듯 홀로 서 계셨던 지장보살님 석상이었습니다. 글을 쓰며 그때 사진을 다시 확인해봤는데, 혹시 스님 상이었을까 싶어서. 하지만 육환장은 없으시나 분명 손에 여의주를 들고 계십니다. 그것도 불타는 여의주로. 지장보살님이 왜 여기에 계신 걸까요? 아직도 궁금하네요. 역시나 왜인지 모르게 자꾸 돌아봐지고 자꾸 뒤가 붙잡혀지는 사찰이었습니다.

서안에서 마지막으로 간 순례지는 '흥선사'로 중국 밀교의 발원지입니다. 일본 공해(空海) 대사가 당나라에 와 구법할 때 이곳에서 수학했고, 귀국해 법을 전했으니 이로 인해 흥선사는 일본 밀교 '진언종'의 조정이 되었다고 합니다. 대웅전 뒤쪽에 사방을 둘러 탑이 있었는데 동방에 아촉불탑, 남방에 보생불(寶生佛), 서방에 아미타불, 북방에 불공성취불이라 적혀 있었습니다. 북방 불공성취불탑에는 세계화평길상탑(世界和平吉祥塔)이라 적혀져 있었는데 중국이 생각하는 화평은 뭘까 싶었습니다. 자신들이 무력으로 짓밟은 나라가 그저 자신들에게 순종하는 것? 그것을 기원하는 걸까요? 여담입니다만, 중국은 속히 티베트에서 하고 있는 모든 무력행사를 멈추기를. 티베트에 독립을 주기를 발원합니다.

서안에서 정주(鄭州)로 옮겨 간 곳은 대관음사였습니다. 당나라식 회랑이라고 하는데 여기저기 한참 공사 중이었습니다. 강하고 박력 있는 느낌의 관세음보살님 석상, 비로자나부처님 석상 등 여러 가지 석상들을 한창 새로 조성 중이었습니다. 역시 세월과 신도들의 염원이 깃들이지 않은 성상은 아무리 훌륭한 실력으로, 엄청난 규모로 조성해도 그냥 작품 같기만 해 크게 와 닿지 않았습니다.

다음에 간 곳은 2조 혜가 대사가 계셨던 '이조암(二祖庵)'으로 소림사에서 도보로 두 시간 걸리는 산 능선에 위치하고 있습니다. 소림사(少林寺) 맞은편 서남쪽 숭산(소실산)의 발우봉(鉢盂奉) 아래 아담한 전각 하나를 중심으로 배치되어 있습니다. 이조암은 이 아담한 전각 하나가 전부인 작은 암자인데, 안에는 아무것도 없이 그저 텅 비어 있었습니다. 소림사를 중심으로 달마 대사가 계셨던 면벽굴과 그의 제자 혜가가 계셨던 이 토굴이 대칭적으로 마주하고 있는 형국이라고 합니다. 북조시대 무제의 불교 탄압에 맞아 2조 혜가 대사가 법을 펼친 사찰로 특히 3조 승찬 대사에게 법을 전해 법맥을 잇게 한 곳입니다. 지도 법사 스님께서 사실 달마 대사의 면벽굴은 반대쪽에 있으나 그곳은 복잡해서 이런 시간을 갖기 어려울 수 있으니 한가한 이 자리에서 잠시 면벽을 해보자고 제의하셔서, 그 두근거리는 공간에서 일행은 잠시 다 같이 면벽을 하고 좌정에 들었는데, 종남산 정업사 때와 마찬가지로 이 어린 새 중은 너무너무 감사하고 감사한 시간이었습니다. 옛 조사들의 정기가 서린 곳에서 여러 어른 스님, 선배 스님들과 교육원 직원 분들까지 함께 앉으니 쉽게 편안하게 쉬어지고 푸근해지는 느낌마저 들어서 선방에서도 이렇게 사부대중이 함께 앉아서 수행했으면 좋겠다는 생각을 했습니다.

그리고 다시 걸어 올라간 달마 대사의 면벽굴. 숭산의 달마동. 좁은 돌계단을 힘겹게 오르는데 옆에 다람쥐 같은 작은 아이들이 후다닥 뛰어 내려갔다 뛰어 올라갔다 했습니다. 소림사에서 훈련 받는 중이라는데 간간히 네 살, 다섯 살밖에 안 되어 보이는 아이라기보다도 아기 같은 아이들이 뭔가 중얼중얼거리면서 앉아 있기에 음료수나 과자 같은 걸 줘도 절대 안 받습니다. 그렇게 절대 받지 말라고 교육을 받는다는데, 아이들이 지금 뭐라 하는 걸까요? 하니 중국어를 좀 하시는 스님께서 "하기 싫어! 힘들어!" 하고 있다시네요. 아이고, 안쓰러워라 하고 있는데 그러면서도 선배 아이가 찾으러 오니 또 벌떡 일어나 다람쥐처럼 쪼르륵 뛰어 내려가네요. 이걸 기특하다 해야 할지. 역시 안쓰러운 게 맞네요. 아이들의 꿈일 수도 있으나 아이들을 상품화하고 있는 것도 사실일 테니.

달마동 꼭대기에 올라가니 커다란 달마 대사 석상이 앉아 계셨습니다. 힘겹게 올라간 만큼 그 앞에 공양금을 올리고 싶어 주머니에 손을 넣었다가 그냥 집히는 대로 꺼내 들고 잠시 기도를 올렸습니다. '이 물건이 제게 오기까지 인연 지어진 모든 시주 단월들에게 이 공덕 회향합니다. 이 공덕으로 그들이 속히 고통에서 벗어나 행복하여지이다.' 가기 힘든 순례지에 가면 늘 하는 기도인데, 이렇게라도 고마운 단월들께 보답해야 덜 미안할 것 같아서 그렇습니다. 그분들 돈으로, 그분들은 돈 버느라 시간 없어서 올 수 없는 곳에 제가 대신 온 것 같아 늘 다니면서 미안하거든요. 기도 마치고 나오는데 자리에 계시던 중국 비구니 스님이 자꾸 공양물로 올려진 중국 떡을 가져 가라고 권하셨습니다. 월병같이 생겼는데 얼굴만 하게 커서 부담스러워 거절해도 한사코 권하시기에 들고 내려왔습니다. 혼자 뒤처진 이 중을 기다려주시며 지켜보시던 지도 법사 스님께 이걸 받았다고 자랑하니 "당연하지, 스님이 지금 넣은 돈이 여기 사람들 한 달 월급만큼인데"라고 하시네요. 아, 정말요? 그렇구나. 몰랐어요. 눈감고 꺼내 들어서. 우아, 큰스님 눈 완전 밝으신데요?

내려오면서 달마 대사께서 면벽하셨던 동굴 앞 묵현처(黙玄處)라는 곳에서 인증샷을 찍고 완전 급하게 내려왔습니다. 가이드가 시간 없다고 얼마나 닦달을 하던지요.

그렇게 간 곳은 무려 '소림사'. 와, 어릴 때 영화 〈소림사〉를 보며 흉내 한번 안 내보고, 피 한번 끓어보지 않은 한국 사람이 얼마나 될까요. 상당히 기대하며 갔는데, 정말 사람이 많아서 실상 소림사는 그저 대웅전 찍고 돌아오는 느낌으로 올라갔다 오고, 소림사 공연 본다고 숨넘어가게 쫓겨 내려왔는데, 결론은 너무나 싫었습니다. 아까 만났던 어린아이들이 무술하는 것을 보며 처음에는 깜찍하고 귀엽다 했는데 공연이 무르익자 열 살도 안 되어 보이는 아이들, 많아야 열다섯 살 아래로 보이는 아이들이 차력 같은 걸 시작했습니다. 아이들 목에 가슴에 배에 칼과 창을 대고 찌르고 자르는 걸 보여주는데 경악스러워 더는 못 보고 관람석에서 뒤로 빠져나와 보니, 일행 중 저 말고도 여러 젊은 스님들이 고개를 저으며 이미 나와 계셨습니다. 안거를 마치고 바로 동참하신 수좌 스님들도 여러 분 계셨는데 청정해진 이목에 너무나 참혹한 광경을 보여주신 거 아닙니까. 롯데월드 가서 페스티벌 보듯 코스처럼 정해진 관광 일정인 것 같았는데, 저희 여행의 타이틀이 관광은 아니지 않습니까. 이거 보자고 가이드는 아까부터 그리도 빨리 가자고 성화를 했구나 싶어 좀 한심스러웠습니다.

오히려 시간에 쫓겨 걸어 내려오면서 스치듯 지나친 탑림(塔林)이 아쉬웠습니다. 당대부터 고승들의 탑이 많아 탑림이라 불린다는 데 옛 스님들의 자취를 여유 있게 느낄 수 있는 시간이 오히려 유익하지 않았을까. 물론 글 쓰는 이의 편향된 취향일 수 있습니다만.

그리고 홍석협이라는 계곡을 둘러본 뒤 일정에는 없었으나 갑자기 결정지어 '원융사(圓融寺)'에 들렀습니다. 갑자기 가게 되어 가이드도 준비되어 있지 않고 자료도 없어 궁금했는데 나중에 인터넷으로 검색해보니 1,600년 정도 된 절로, 국내 원융종이라는 종파와 자매결연을 맺고 있다고 하네요. 서기 231년부터 351년까지 무려 120년 동안 건설되었다고 하는데 어쩐지 사찰 규모가 작지도 않고 참 묵직한 느낌을 주었습니다. 도량 가운데 커다란 석가모니 부처님 상이 계시고 좌우에는 가섭존자와 아난존자 상이 계셨습니다. 좀 더 올라가니 동서남북 중앙에 상징물이 세워져 있는데, 서쪽에 백호, 남쪽에 주작, 동쪽에 청룡, 북쪽에 현무, 그리고 중앙엔 커다란 붉은 구슬이……. 중앙에 있는 건 무슨 의미인지는 모르겠으나 '원융무애선사'가 '원융사'의 정식 명칭이라는데 명칭에 걸맞게 도교까지 포용한 사찰이구나 싶었습니다.

끝까지 올라가니 동등피안(同登彼岸)이라고 쓰인 문이 있었는데 피안에 오르는 것이나 마찬가지라는 뜻 아닙니까. 이름이 재밌어서 끝까지 올라가보니 계단 끝에 법당이 있고, 문이 잠겨 들어가지는 못했으나 여러 개의 사리로 보이는 물건들이 봉안되어 있었습니다. 비도 추적추적 오고 여기저기 공사 중이어서 어수선한 분위기였으나 법당 문 앞에 서서 가만히 참배하며 있으니 몸이 개운해지며 편안해지는 희한한 경험을 했습니다. 사전 정보가 없어 아쉬웠지만 알고 느낄 때보다 모르고 느끼는 게 진짜일 테니까요.

법당에 봉안되어 있는 물건들이 뿜는 에너지 덕분에 종일 비 맞으며 돌아다닌 피곤이 깨끗하게 씻겨 내려가는 신기한 느낌이었습니다. 아마도 고승들의 사리가 봉안되어 있었던 것 같습니다. 진짜 피안(彼岸)과 동(同)한 듯했으니, 문에 걸어놓은 현판이 거짓은 아니었습니다. 다녀와서 알고 보니 '백마사'와 맞먹는 천년 고찰이었다는 놀라운 사실.

그러고 나서 중국 최초의 사찰이라는 백마사(白馬寺)에 갔습니다. 후한의 명제(明帝)가 어느 날 꿈을 꾸었는데 머리가 빛나고 몸이 황금빛인 사람이 날아와 궁전을 돌아다니다가 서쪽으로 날아갔답니다. 꿈이 이상해 황제가 사람들을 모아놓고 물었대요. 어느 사람이 말하길 서역에 '부처'라는 사람이 태어났다는데 그건가 보다고. 다른 나라에는 있는데 중국에는 없는 걸 못 견뎌하는 중국인들의 기질대로 당장 서역에 사신을 보내 불상과 경전을 얻어왔답니다. 후한 영평 11년 인도의 승려 가섭마등(迦葉摩騰), 축법란(竺法蘭) 등이 명제의 사신 채음(蔡愔)의 간청으로 불상과 경전을 흰 말에 싣고 낙양으로 들어왔으며 이듬해(67년) 사찰이 건립되어 이름을 '백마사'라 하였다는 절. 이곳에서 《사십이장경(四十二章經)》을 번역하였답니다.

축법란. 치문에서 배웠던가요. 도교 도사들과 도력 대결을 벌여서 불교를 인정받게 했다는 그 축법란. 그때 싣고 온 말을 기리며 지은 절. 백마사. 부처님 위신력이 최소 이 정도인 거죠. 경전 싣고만 와도 몇 천 년 그 공덕 기려준다고 그 이름으로 절도 짓고 돌로 상도 세워주고 사람들이 아직도 쓰다듬어주고 있네요.

도량이 작지 않은데, 재밌는 건 도량 안에 세계 각국의 명소 복제본을 만들어두었더라고요. 예를 들어 겉에서 보면 인도의 산치대탑처럼 만들었는데 안에 계신 부처님은 아잔타 석굴에서 뵌 부처님을 닮으셨더라구요. 저는 미얀마나 스리랑카는 가보지 않았지만 그런 풍의 건물들도 규모가 작지도 않고 공을 아주 많이 들인 것도 아니고 아주 허접하지도 않게 누가 봐도 그냥 복제품. 딱 그 정도 품질로. 실제보다는 약간 축소형으로 여러 군데 지어두었습니다.

중국은 참 재미있는 나라예요. 한국 현대자동차 로고를 카피해서 자동차 생산하면서 '중국현대'라 자기들끼리 부르면서 중국차라고 수출까지 한다던데……. 카피를 아주 당당하게 하더니 해외 성지까지 카피해두었네요. 백마사에서 자유 관람 시간이 주어져 각자 흩어져서 천천히 구경하고 있는데 뭐가 뭔지도 모르겠고 재미도 없고 해서 그냥 큰스님 뒤나 쫓아다니면서 설명해주시는 거 얻어들어야지 하고 있는데, 갑자기 지도 법사 큰스님과 몇몇 비구 스님들이 갑자기 저 안쪽으로 엄청 빨리 달려가시는 거예요. 어, 뭐지, 싶어서 저도 달려갔죠.

사실 그분들은 뛰고 계신 건 아니었고 엄청 빠르게 걸어가시는 거였는데 영문도 모르고 쫓아가는 저는 정말 전력 질주를 했습니다. 용케 놓치지 않고 헉헉 거리면서 끝까지 쫓아가보니 탑이 계셨는데 무려 부처님 진신사리 탑이었습니다. 큰스님께서는 탑이 너무 동떨어져 있어서 시간관계상 일행이 모두 오지는 못할 것 같아 조용히 다녀가시려고 했는데 왜 이렇게 많이 따라왔냐고 농담을 하셨습니다. 알고 보니 큰스님 뒤쫓아 온 비구스님들도 대부분 저와 같은 경우셨더라고요. 다들 큰스님께서 뛰시기에 얼결에 따라서 뜀. 그렇게 참배하게 된 사리탑 앞에서 사리탑원정대 스님들끼리 인증 사진까지 찍었습니다. 함께 가지 못하셨던 무릎이 안 좋으신 비구니 스님들께서는 스님들대로 좋은 구경하셨다며 서진 스님도 보여줘야 하는데 어디 갔는지 찾으셨다고 하시니 진짜 재미있는 건 이런 것 같아요. 같이 중국에 갔고 같은 시간대에 같은 공간 안에 있었는데 다른 경험이 쌓일 수도 있다는 거.

그리고 이 대단원의 마지막을 장식할 용문 석굴에 갔습니다. 약 1.5킬로미터 구간에 걸쳐 조성된 석회암 석굴인데, 산서성(山西省, 산시성) 대동(大同)의 운강 석굴과 둔황 막고굴(敦煌 莫高窟)과 더불어 중국의 3대 석굴로 꼽히는 곳이랍니다.

크고 작은 동굴이 엄청 많은데 동굴마다에 부처님, 보살님 상들이 들어 있기는 한데 거의 다 훼손된 상태였습니다. 사람들 정말 너무 한다 싶은 게, 한때 불상 머리를 소장하면 복이 온다는 미신 때문에 너도나도 파가는 바람에 대부분의 불두가 훼손되고, 수백 년 동안 도굴단으로 인해 훼손되고, 문화혁명 한다고 거의 다 훼손시켜 놓고는 이제 와서 문화유산이라며 이렇게 돈벌이로 써먹는 걸보면 참…… 그렇습니다.

거의 다 훼손된 가운데에서도, 측천무후(則天武后)가 자금을 대어 조성했다는 봉선사(奉先寺)의 대형 비로자나불, 노사나대불은 역시 돋보였습니다. 폭 35미터 석굴 안에 있는 대불은 전체 높이가 17.4미터에 이르며, 머리 길이가 4미터, 귀 길이가 1.9미터나 된다고 하는데 당시 막대한 건축 자금을 대면서 남다른 애정을 보였던 측천무후를 모델로 했다는 이야기가 전해진다고 합니다.

흥미로운 건 상호가 중국 몽골 이쪽 상호가 아니고 서구적인 이목구비랄까 당 태종이 그렇게 허우적댔던 양귀비도 실은 아프가니스탄계 혼혈이었다던데, 이목구비 뚜렷한 그쪽 외모가 당나라 시절엔 선호하는 미인형이었나 봅니다. 용문 석굴에서 강 건너편으로 멀찍이 돌아보니 용문대교를 사이에 두고 오른쪽엔 북위(494년)부터 당,

송대에 만들어진 석굴이, 왼쪽엔 2017년 현재 하늘 높이 치솟아 오르고 있는 아파트 건설 현장이 보여 그 대비가 매우 흥미로웠습니다. 마치 현재의 중국을 한눈에 보여주고 있는 듯했습니다.

다니는 동안 즐겁고 편안했습니다. 스님들께서도 서로서로 챙겨주시고 큰 소리 한 번 나지 않고 조용히 즐겁게 잘 다녀왔습니다. 일정 중 회계 소임을 맡게 되었는데, 제가 뭘 잘 몰라서 잘 챙겨드리지 못한 게 되돌아보니 아직도 죄송하네요.. 귀국하는 공항에서 일행분들께 호랑이 파스 선물로 돌려드리고 맥도날드에서 아이스크림과 커피까지 마셨는데도 회계 봉투에 몇 달러가 남았으니 제가 참 참새 심장이죠.

남은 몇 달러와 위안과 동전들은 일정 후 큰스님께 인사드리러 갔다가 송광사 대웅전 참배하면서 봉투째 시주함에 넣었습니다. 역시 그 기도와 함께요.

'이 물건이 여기에 오기까지 인연 지어진 모든 인연들에게 이 공덕 회향합니다. 그분들이 이 공덕으로 속히 고통에서 벗어나 행복하시기를 발원합니다.'

감사한 시간들이었습니다. 많이 보고, 배우고, 생각하고, 간직할 것, 소중한 것들이 많아졌습니다. 2년 지났다고 모두 잊었다 생각했는데 쥐어짜니 나오네요. 중국 사찰 순례에 함께 다녀오신 스님들과 교육원과 출판사, 여행사 직원 분들께 새삼 다시 감사드립니다.

⊙ 현봉 스님과 함께한 중국 불교 순례(2017)

인천 ➡ 서안(섬서역사박물관, 대자은사, 대안탑북광장, 초당사, 정업사, 지상사, 흥교사, 화엄사, 대흥선
사, 병마용, 진시황릉) ➡ 정주(대관음사, 소림사, 달마동, 이조암, 하남성 박물관, 운대산, 원융사) ➡ 낙
양(용문석굴, 향산사, 백거이 묘, 백마사) ➡ 정주 ➡ 인천

◉ 서안(西安, 시안)

대자은사(大慈恩寺)

당 태종의 태자 이치(李治)가 수(隋)나라 대흥성에 있던 무루사(無漏寺, 정각사라고도 함)의 폐사된 자리에 648년 모후인 문덕황후(文德皇后) 장손 씨의 명복을 위해 세운 절이다. 이후 당 영휘(永徽) 3년(652)에 현장 법사가 인도에서 가져온 불상이나 경전을 수장하기 위해 대안탑(大雁塔)이 건립되었다. 인도에서 불경을 가져온 현장은 대자은사의 상좌(上座)로 있으면서, 절 북서쪽에 지어진 번경원(飜經院)에서 불교 경전의 한역 사업에 힘썼고, 당 고종 현경(顯慶) 3년(658)까지 11년에 걸쳐 40여 부의 경전을 한역했다. 이 한역 사업에는 현장의 제자인 규기(窺基)와, 신라에서 온 유학승 원측(圓測)도 참여했다. 규기는 스승 현장으로부터 법상종(法相宗)을 전수받아 포교하며, 절의 이름을 따서 자은 대사(慈恩大師)로 불렸다.

초당사(草堂寺)

초당사는 중국 불교 삼론종(三論宗)의 발원지 중 하나이며 중국 국무원이 확인한 한족 지역 불교 전국 중점 사원이고 산시성의 중점 문물 보호 단위이다.

초당사는 5호 16국 시대에 건립된 사찰로, 삼론종의 조정(祖庭)이기도 하다. 후진 국왕 요흥은 불교를 흥성시키기 위하여 401년에 인도 국자국 출신 구마라집을 소요원에 모시고 불경을 번역하게 했다. 수·당 시기 고승 길장은 구마라집이 번역한 《중론》, 《백론》, 《십이문》 3부 논전을 기초로 하여 삼론종을 창립했고 구마라집을 삼론종의 시조로 모셨다.

초당사에 구마라집의 사리를 보관하기 위해 구마라집탑(鳩摩羅什塔)을 건립했으며, 현존하는 탑은 당나라 때 중건된 것이다. 정각식(亭閣式)의 8각형 탑으로, 높이는 2미터이다. 대좌(臺座)는 수미좌(須彌座) 형태로

파도 무늬가 장식되어 있다. 탑신에는 대문과 중간 문설주를 단 창문이 새겨져 있고, 그 위에 네모꼴의 지붕이 얹혀 있다. 처마 아래에는 불상과 비천상(飛天像)이 새겨져 있는데 생동감이 매우 탁월하다.

흥교사(興敎寺)

본래 중국에서 흥교사라고 하면 《서유기》에 나오는 현장 스님의 사리가 안치된 사찰로 이름난 곳이다. 현장이 입적하자, 사리는 장안성의 동쪽 교외에 있는 백록원에 매장되었으나, 3년 뒤 당 고종의 명에 따라 현재의 소릉원으로 옮겼다. 후에 당 숙종(711~762)이 이곳을 방문했을 때 절의 이름에 '흥교(興敎)'라는 두 자를 사용하면서 흥교사라는 이름이 시작되어 지금에 이르고 있다.

현장 사리탑 동쪽에는 원측(圓測) 법사 사리탑이 솟아 있고 서쪽에는 규기(窺基) 법사 사리탑이 자리 잡고 있다. 규기 법사의 영탑은 682년에 축조되었고 원측 법사의 영탑은 1115년에 축조되었다.

병마용(秦始皇陵兵馬俑坑)

1974년 중국 서안 외곽의 시골 마을에서 우물을 파기 위해 땅을 파던 농부에 의해 발견되었다. 현재까지 총면적 2만 5,380제곱미터에 달하는 4개의 갱이 발굴되었으나 그중 4호 갱은 완성되기 전에 폐기된 빈 갱도였다. 세계 8대 경이 중 하나로 꼽히기도 하는 이 병마용들은 하나하나가 모두 훌륭한 예술품으로 평가되고 있다. 또 이 병마용들은 진시황 친위군단의 강력한 위용을 과시하는 데 그치지 않고 진나라의 군사 편제·갑옷·무기 등의 연구에도 구체적인 자료를 제공하고 있다. 이와 아울러 일부 도용에서 확인되는 북방 민족의 두발 형식은 친위군단의 민족적 구성을 짐작하게 한다.

신장웨이우얼자치구

닝샤후이족자치구

헤이룽장성

지린성

간쑤성

베이징

텐진

라오닝성

네이멍구자치구

칭하이성

시짱자치구

산시성

허베이성

산시성

산둥성

산서성

쓰촨성

후베이성

안후이성

장쑤성

저장성

윈난성

후난성

장시성

구이저우성

광시장족자치구

광둥성

푸젠성

대만

홍콩

마카오

하이난성

허난성 정주(鄭州, 정저우)

후이지

궁이

삼제

싱양

중위안

진수이

관청후이족

중무

얼치

신미

신정

덩펑

허난성 낙양(洛陽, 뤄양)

시궁

뤄룽

젠시

신안

멍진

지리

라오청

찬허후이족
자치구

옌스

뤄닝

이양

이촨

쏭

뤄양

롼촨

104

소림사(少林寺)

464년 인도 승려 발타 선사(跋跎禪師)가 중국으로 와서 불법을 전파하기 시작했다. 소림사(少林寺)는 북위 효문제의 명으로 495년 공사를 시작하여 창건되었다.

소림사에서 인도의 불경들이 중국어로 번역되었으며, 중국 선종(禪宗)의 발원지로 선종 불교 교리가 완성되었다. 또한 선종 초조인 달마(達磨) 대사가 530년부터 9년간 여기서 좌선했다는 사실로도 유명하다.

이조암(二祖庵)

2조 혜가 대사가 계셨던 이조암은 소림사에서 도보로 두 시간 정도 거리의 산 능선에 자리해 있다. 이조암은 아담한 전각 하나가 전부인 작은 암자다. 절 안에는 단맛, 쓴맛, 신맛, 매운맛의 네 가지 맛이 나는 우물, 사미정(四昧井)이 있다. 혜가 스님이 이 터에서 수행할 때 물이 없어 고생하자 달마 대사가 찾아와서 짚고 있던 주장자로 땅을 치니 물이 솟아 우물을 만들었다는 이야기가 전한다.

이조암 앞쪽으로는 20여 미터 아래에 원나라 때 축조한 6각 전탑이 있고, 뒤쪽으로는 당나라 때 세운 4각 전탑이 있다. 이것이 발우봉 이조암에서 형상으로 볼 수 있는 전부다.

용문석굴(龍門石窟)

중국 허난성 뤄양(洛陽)에서 남쪽으로 14킬로미터 정도 이수(伊水)를 따라 내려가면 동서 양안의 용문산(龍門山)과 향산(香山)의 암벽을 따라 약 1.5킬로미터의 구간에 걸쳐 조성된 석회암 불교 석굴이 나온다.

커다란 굴은 서산(西山)에 28개, 동산(東山)에 7개, 그 외에 2,000개 정도의 작은 굴과 감실이 있다. 운강석굴에 비해 탑굴이 없는 불상 중심의 석굴뿐이지만, 불상은 중국식 복식을 한 상현좌(裳懸座)가 발달했다.

빈양중동이 용문 북위굴 중에서는 최대이다. 암벽을 따라 벌집처럼 늘어선 크고 작은 굴 안에 불상이나 불탑이 모셔져 있는데, 불상은 10여 미터 넘는 것부터 몇 센티미터에 불과한 작은 것까지 다양하다. 그러나 오랜 세월 방치되면서 훼손된 부분이 많다. 2000년 유네스코 세계 문화유산으로 지정되었다.

향산사(香山寺)

용문석굴 건너편 산중턱에 위치한 향산사는 시인 백거이(白去易)가 방문했던 것으로 유명하다. 그는 자신의 호를 향산거사(香山居士)로 지었을 만큼 향산사를 좋아했다. 만년에 불교에 심취한 그는 이 향산사에서 계곡의 아름다움을 칭송하며 글을 쓰다가 생애를 마감했다. 용문석굴의 강 건너편으로 용문교를 건너 산길을 조금 오르면 녹음이 우거진 백원(白園)에 백거이의 묘가 있다.

백마사(白馬寺)

불교가 중국에 전래되면서 건립된 첫 번째 사원이다. 후한 영평 11년(66년) 인도의 승려 가섭마등(迦葉摩騰), 축법란(竺法蘭) 등이 명제의 사신 채음(蔡愔)의 간청으로 불상과 경전을 흰 말에 싣고 낙양으로 들어왔으며 이듬해(67) 사찰을 짓고 백마사라고 했다.
사찰 입구 양쪽에는 송 대에 제작된 두 마리의 백마상이 있다. 정문은 세 개의 아치형 대문으로 이루어져 불교에서 고난을 벗어나는 세 겹의 문을 상징하는데, 한 대의 건축 기교를 보여준다. 대불전에는 무게 1.25톤의 대철종(大鐵鍾)이 있으며 대웅전에는 원 대에 조각된 18나한상이 안치되어 있다.

사막 위 낙타의 미소에서
'내려놓음'을 배우다

최우리(한겨레 기자)

지난 8월 27일 중국 시안(서안)으로 가는 비행기에 몸을 실었다. 69명의 비구·비구니 스님과 함께였다. 대한불교조계종 교육원이 마련한 7박 8일 일정의 '실크로드 불교 유적 순례'는 시안을 출발해 톈수이(천수), 란저우(난주), 둔황(돈황)을 거쳐 투르판과 우루무치까지 3,000킬로미터를 이동했다.

'모래가 소리를 낸다'는 뜻을 담은 명사산에서였다. 실크로드를 오간 수많은 이들이 걸었던 이 길에서 사람들은 어떤 꿈을 꾸었을까. 고운 모래가 발을 계속 잡아끌었다. 이글거리는 태양볕이 뜨거워 스카프로 칭칭 감은 얼굴에 땀방울이 맺혔다. 생각보다 힘들다는 생각을 하고 있는데, 쌍봉낙타 여러 마리가 평온한 미소를 띠며 한가롭게 지나갔다. 다시 한 번 힘을 내 걸었다. 마음의 여유를 찾자 오아시스(월아천)의 푸르름보다 사막 위에 떠 있는 하늘의 푸르름이 더 아름다웠다.

스님이 된 지 15년째인 한 스님이 모래산 위에서 말했다. "나를 돌아보러 이곳에 왔다. 사막을 걸으면서 내 욕심을 보았다." 또 다른 스님은 "단순한 모랫길이 아니라 앞으로 내가 걸어가야 할 길 같다"고 말했다.

시안을 떠나 첫번째 석굴이 있는 톈수이로 가는 고속도로 위, 검은 밤하늘에서 별이 반짝거렸다. 인도로 가던 유학승들은 석굴을 들러 기도를 하며 순례를 이어갔다. 우리도 혼자서는 가기 힘든 석굴들을 주로 찾았다. 톈수이의 맥적산 석굴, 란저우의 병령사 석굴, 둔황의 막고굴 등 석굴들은 깊은 산속에 있었다. 덜컹거리며 비포장도로 위를 한참을 달렸다. 보릿짚을 쌓아놓은 듯한 맥적산의 깎아지른 절벽 위 큰 불상이 순례객들을 압도했다. 황하의 누런 물과 맑은 물이 합쳐지는 유가협(류자샤)댐 안을 한 시간가량 보트로 건너야 도착할 수 있는 병령사에서도 대불이 스님들을 맞았다. 간다라 미술의 영향을 받아 만들어진 인도 옷을 입은 고행상도 봤다.

중국이 자랑하는 세계적인 불교문화재인 둔황 막고굴에 도착하자, 유근자 동국대 겸임교수(한국불교사연구소 책임연구원)가 설명했다. "257굴과 259굴은 북위시대 석굴로 중국 전통 집 모양으로 천장이 만들어져 있습니다. 특히 259굴은 입술에 살짝 미소를 띤 '동방의 비너스'가 모셔진 곳이에요. 미소를 잘 봐주세요."

북위시대 불상은 갸름했다. 당나라의 불상은 통통하고 풍만했다.

지난 8월 31일 중국 간쑤성 둔황의 모래산인 명사산을 올랐다. 발목까지 빠지는 모래사막을 걸을 때는 앞에 가는 사람의 발자국을 따라가면 힘이 덜 들었다.

이 지역을 오래 지켰을 유목민족의 모습을 닮았다. 돌도 나무도 없이 흙만으로 불상을 만들어낸 사람들의 신앙심에서 경외심이, 채색이 남아 있거나 변색된 벽화에서는 시간의 무상함이 느껴졌다. 많은 불교유적들을 강탈해 간 서양의 탐험가, 학자들의 흔적에 스님들은 아쉬움에 탄성을 질렀다.

　전에 둔황을 찾은 적 있는 성천 스님은 "신심이 깊지 않으면 이런 험한 사막에 아름다운 벽화를 남길 수 없다"고 했다. 문수 스님은 "불화를 보려면 둔황을 다녀와야 한다고 했는데 정말 아름답다"고 했다.

중국 간쑤성 유원역을 출발한 야간열차가 9월 1일 아침 7시30분 신장위구르자치구 투르판역에 내렸다. 6인실 침대칸에서 쪽잠을 자는 것도, 낯선 중국 남자와 바로 옆 침대에 누워 자는 것도 익숙해지면 괜찮다.

중국 간쑤성 유원역을 출발한 야간열차가 9월 1일 아침 7시30분 신장위구르자치구 투르판역에 내렸다. 6인실 침대칸에서 쪽잠을 자는 것도, 낯선 중국 남자와 바로 옆 침대에 누워 자는 것도 익숙해지면 괜찮다.

기나긴 실크로드 여정을 완수하려면 우리는 하루에 수백 킬로미터를 이동해야 했다. 고행의 정점은 야간열차에서였다. 란저우에서 가욕관, 둔황(유원역)에서 투르판까지 두 차례 야간열차를 탔다. 6인 1실의 침대칸 열차는 비좁고 시끄럽고 어두웠다. 겨우 한 뼘 떨어진 침대 위에는 러닝셔츠만 걸친 중국 남성이 누워 있었다. 일부 비구니 스님들은 '속인 남성과 함께 잘 수 없다'며 큰 소리를 낼 정도로 힘들어했다. 풀 한 포기 자라지 않는 사막 위로 떠오르는 아침 해가 그렇게 멋지지 않았다면, 아래층에서 잔 중국인 소녀가 날 보고 환하게 웃어주지 않았다면, 야간열차를 탄 사람들에게 화가 쌓였을지도 모르겠다. 예민해진 나를 보고 강원도와 경상도 지역에서 걸식을 하며 2개월 동안 순례를 해온 선우 스님은 "발로 걸으면서 만나는 사람, 자연에서 배우는 게 훨씬 많다"고 토닥여줬다.

후배 스님들의 교육에 함께한 수덕사 방장 설정 스님이 조언했다. "여행을 많이 다닐수록 남을 배려하는 방법을 고민하게 됩니다. 힘들수록 안 잊혀지는 법이고요. 구법승들이 걸었던 이 험난한 길 위에서 자신을 버리는 법을 배우고 종교인으로서의 자세를 고민한다면 수도자로서 더 성장할 수 있을 것"이라고 했다. 1997년부터 세계 120개국을 여행하며 참선해온 조계종 교육원의 진광 스님은 "이번 교육을 통해 젊은 스님들이 마음에 더 큰 이상을 꾸고 살 수 있을 것"이라고 했다.

순례자는 많은 선물을 받았다. 포도의 도시이자 서유기의 배경인 투르판에서 만난 위구르족 아이들의 맑은 눈, 사막의 주인인 낙타와 양, 허름한 가게에서 다 같이 나눠 먹은 사막의 과일, 우루무치 출신 가이드 한명호(38) 씨의 선량함과 진심에 위로받았다. 처음엔 공포스러울 만큼 적응하기 어려웠던 중국의 지저분한 화장실마저 너그럽게 받아들이기로 했다.

지난달 2일 우루무치 톈산(천산) 천지에서 세월호 참사로 희생된 영혼을 추도하며 긴 순례는 끝이 났다. 스님 중 누군가는 불교 미술과 문화재에 관심이 생겼다. 또다른 누군가는 종교의 사회적 역할에 대해 고민하기 시작했다. 나는 아직도 실크로드 순례길에서 느낀 밀도 높은 시간을 기억하고 있다. 일상으로 돌아오기 위한 '내려놓음'을 선물 받은 귀한 시간이었다.

⊙ 설정 스님과 함께한 실크로드 불교 유적 순례(2015)

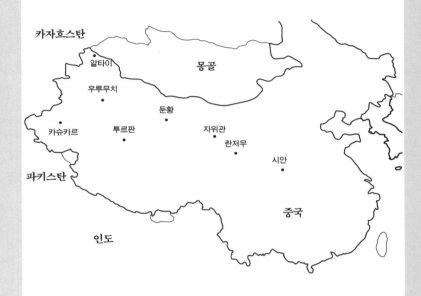

인천 ➡ 서안(법문사) ➡ 천수(맥적산 석굴) ➡ 난주(유가협 댐, 병령사 석굴, 황하 모친상 ➡ 가욕관(가욕관 성루, 유림석굴) ➡ 돈황(돈황 막고굴, 명사산, 월아천) ➡ 투루판(고창고성, 아스타나 고분군, 천불동, 염산, 카레즈, 교하고성) ➡ 우루무치(천산천지 유람선) ➡ 인천

▣ 실크로드의 역사

비단길(Silk Road)이라고 일컫는 실크로드는 고대 중국과 서역 각국 간에 비단을 비롯한 여러 가지 무역을 하면서 정치·경제·문화를 이어준 교통로의 총칭이다. 총길이 6,400킬로미터에 달하는 실크로드라는 이름은 독일인 지리학자 리히트호펜(Richthofen, 1833~1905)이 처음 사용했다. 중국 중원(中原) 지방에서 시작해 허시후이랑(河西回廊)을 가로질러 타클라마칸 사막의 남북 가장자리를 따라 파미르 고원, 중앙아시아 초원, 이란 고원을 지나 지중해 동안과 북안에 이르는 길이다.

옛날 로마인들은 동쪽 어딘가에 황금 섬(중국)이 있다고 믿었고, 중국 또한 서역에 대해 항상 궁금해했다. 그러나 정작 동양과 서양은 기원전 100년까지도 서로 간에 교류가 없었다. 교류가 가로막혔던 가장 큰 이유는 타클라마칸 사막과 파미르 고원과 같은 자연 장애물과 이슬람인들의 방해 때문이었다.

그러므로 실크로드는 상업적인 면뿐만 아니라 동서 문화의 교류라는 면에서 역사적으로 큰 의의를 지니고 있다. 한편 많은 스님이 경전을 구하러 실크로드를 따라 인도로 들어갔고, 인도의 승려들도 경전을 가지고 중국에 많이 들어왔다. 그러므로 중국 불교가 발전하게 된 데에는 인도와 중국을 연결시켜준 실크로드의 역할을 무시할 수 없다. 실크로드가 가장 활발했던 시기는 당대(唐代, 618~907)였는데, 현재는 파키스탄과 중국의 신장웨이우얼자치구(新疆維吾爾自治區)를 잇는 포장도로로 일부 남아 있다고 한다.

◉ 시안(西安, 서안)

법문사(法門寺)

법문사는 중국 산시성(陝西省) 푸펑현(扶風縣)에서 북쪽으로 약 110킬로미터 지점에 있다. 이 지역은 산시성 남부의 관중 분지를 흐르는 웨이

허강 중류에 해당한다. 웨이허강 유역은 오래전부터 중국 역사의 중심지가 되어왔다.

법문사는 후한(147~189)의 환제 · 영제 시대에 창건된 사찰로 1,800여 년의 역사를 지니고 있다. 8각 13층 47미터의 벽돌탑 지하 궁전에 부처님의 지골사리가 안치되어 있어 유명해졌다. 본래 이름은 아육왕사(아쇼카왕사)였다. 당시에는 5,000여 명의 승려가 수행했으며, 30년에 한 번씩 모두 7차례에 걸쳐 탑을 개방했는데 그때마다 풍년이 들고 사람들이 화목했다고 한다. 법문사는 그 후 7 · 8세기에 극심한 변화와 함께 쇠락하기 시작했고, 명대에 와서 여러 차례 정비했다. 1472년에 주조된 큰 철종이 지금도 남아 있다.

1579년에 현지 사람들이 정성으로 성금을 모아 진신보탑(眞身寶塔)을 중건했으며, 이때 건축된 것이 8각 13층의 벽돌탑이다. 1987년 4월 2일 무너진 탑을 수리하는 과정에서 지하 궁전을 발견했는데, 이 지하 궁전에서 8중으로 된 보물함이 봉납된 채 발견되었고, 그 속에서 부처님의 지골사리로 판명된 손가락뼈 4점이 발견되었다.

맥적산(麥積山) 석굴

간쑤성(甘肅省) 톈수이시(天水市) 동남쪽으로 45킬로미터 떨어진 숭산(崇山)의 맥적산 봉우리에 자리하고 있는 맥적산 석굴은 중국의 석굴 중 네 번째로 크다. 암석으로 이루어져 있으며 마치 보릿단을 쌓아놓은 것처럼 보인다고 하여 맥적산이라 불리게 되었다. 당나라 개원 22년(734) 진주(秦州) 대지진으로 절벽이 갈라지면서 서쪽 절벽과 동쪽 절벽으로 나뉘었는데, 비교적 오랜 시기의 석굴은 서쪽에, 연대가 내려오는 석굴은 동쪽에 있어 석굴이 서쪽에서 동쪽으로 형성되었음을 알 수 있다.

석굴은 산의 서남, 남, 동, 세 곳의 낭떠러지에 개착되어 있다. 높은 곳의 석굴은 지면에서 60~70미터에 이른다. 위아래 석굴 사이에 목재로 만든 다리가 설치되어 서로 통하며 상하로 10여 층을 이루는 아주 험준한 석굴이다. 맥적산 석굴은 요진 시기(384~417)에 개착되었으나 대부분의 초기 불상들은 북위 시기(386~534)에 조상되었다.

◉ 란저우(兰州)

병령사(炳靈寺) 석굴

병령사 석굴은 간쑤성(甘肅省) 용정현에서 서북쪽으로 약 40킬로미터 떨어진 소맥적산(小麥積山)에 위치한다. 당대에는 용흥사(龍興寺)라 부르고 북송대에는 영암사(靈巖寺)라고 했다. 183개의 석굴이 있는데 그 안에 크고 작은 불교상들이 776체나 봉안되어 있다. 서진(西秦, 385~431년)에서 청대(淸代, 1662~1911)에 걸치는 1,500여 년의 장구한 세월 동안 조성된 것들이다.

병령사 석굴은 상사(上寺), 하사(下寺), 그리고 동구(洞溝) 세 곳에 분포되어 있다. 이 중 석굴은 하사 대사구(大寺溝)의 서쪽 암벽면에 집중되어 있으며, 모두 184개 번호의 석굴과 감상(龕像)이 있다. 굴은 40개, 감(龕)은 144개이다.

병령사 석굴을 대표하는 굴은 171굴이다. 높이가 27미터에 달하는 이곳의 암좌불(巖座佛)은 731년에 개착을 시작해 803년에 완공된 불상으로, 상반신은 천연 석주(石柱)를 이용했으며 하반신은 진흙으로 만든 것이다. 그러나 현재는 진흙층 대부분이 탈각되었으며, 본래 대불을 보호했던 7층의 누각 역시 청말에 전화(戰火)로 훼손되어 흔적을 찾아볼 수 없다.

171굴 아래에 놓인 천교(天橋) 건너편에 있는 수불전(睡佛殿)의 열반상이 인상적이다. 이곳의 열반상은 길이 8.6미터의 소상(塑像)으로 북위 연창 연간(512~515)의 것인데, 이 시기의 열반상은 매우 드물어 역사적 가치가 높다.

유림굴(榆林窟)

간쑤성 안시현(安西縣) 서남쪽 75킬로미터 지점의 남산 계곡에 있는 유림굴은 둔황의 막고굴(莫高窟), 서천불동(西千佛洞)과 함께 이 지역 불교 예술의 진수를 보여주는 대표적인 석굴이다. 기련산맥의 만년설이 녹아내린 물이 하천을 이루는 위린허(榆林河) 계곡에 위치한 유림굴이 언제부터 개착되었는지는 정확하게 밝혀지지 않았으나, 현존하는 석굴 중에서 가장 오래된 것은 당대에 만들어진 것으로 알려져 있다. 뒤를 이어 오대 · 송 · 위구르 · 서하 시대에도 계속 조성 · 중수되었으며, 원대에 이르러 조성 사업은 끝났으나, 청대에 많은 소조불상을 보수하는 과정에서 원형이 훼손되었다.

천산천지(天山天池)

우루무치(烏魯木齊)시 동북쪽의 천산산맥의 봉우리인 박격달봉(博格達峰)에 위치한 고산 호수로, 해발 1,910미터이다. 길이는 3.3킬로미터이고, 넓이는 평균 1킬로미터이며, 최고 깊이는 10미터이다.

전설에 따르면, 천지는 하늘나라 서왕모가 목욕하던 연못이었다고도 하며, 또한 다른 전설에 따르면, 3,000년 전에 천지는 유목 부락 서왕모가 살던 선경이었다고 한다. 천산산맥의 눈이 녹으면서 만들어진 천지 주변에는 침엽수림이 자란다. 이러한 침엽수림은 박격달봉의 만년설과 어우러져 장관을 이룬다.

欲窮千里目
更上一層樓

천리 밖까지 바라보고 싶어,
다시 한 층 누각을 더 오르네!

— 왕지환, 〈등관작루登鸛雀樓〉 중에서

실크로드, 절망과 희망의 길

성전 스님(남해 염불암 감원)

이 길에서 부처의 미소를 보았다

9월 4일 오전 9시 15분, 서안을 향해 날아가는 비행기를 탔다. 조계종 교육원에서 시행하는 실크로드 해외 연수에 참석한 나는 비행기 안에서 하늘을 내려다보았다. 구름이 양떼처럼 모여 있기도 하고 새의 깃털처럼 가볍게 흩어져 사라져버리기도 했다. 하늘을 난다는 것은 내려다보거나 동등한 눈높이에서 마주 보는 것을 의미한다는 것을 비행기를 탈 때마다 깨닫게 된다. 인간이 하늘을 날고 싶어 하는 욕망을 21세기에 비행기를 타고서야 경험하게 된 것이다.

비행기에 앉아 나는 실크로드를 걸어가는 현장 스님을 떠올렸다. 모래바람 부는 사막과 뜨거운 화염산 그리고 길게 이어진 황톳길을 걸으며 그가 가장 부러워했던 것은 무엇일까. 새였을 거란 생각이 들었다. 사막에서도 그리고 황토바람 부는 곳에서도 새들의 비행은

사막을 걷는 한국 불교 실크로드 해외 연수단 모습은 현장 스님을 떠올리게 한다.

얼마나 자유로운가. 현장은 허공을 자유롭게 나는 새들을 보며 날개를 다는 꿈을 꾸었을 것이다. 날개가 있어 하늘을 자유롭게 날 수만 있다면 얼마나 빨리 서천축에 닿을 수 있을까. 원전을 보고 싶었던 꿈에 날개를 달지 못했던 현장은 때로 좌절하고 때로 스스로를 일으켜 세우며 목숨을 바쳐 서역 길을 걸어갔을 것이다.

비행기가 서안 공항에 도착했다. 나도 상상의 날개를 접었다. 이제 실크로드에 '현장'은 없다. 나는 이 길 위에 주인공으로 다가서고 싶었다. 나는 이 길 위에서 절망과 희망의 모든 질감을 스스로 느껴보고만 싶었다. 서안은 내 고유한 질감을 찾아가는 그 시작이었다.

몇 해 전 서안에서 나는 진시황의 병마총을 보았다. 무력적 제국의 웅대함. 그것은 무덤으로나 남는 한때의 환상과도 같은 것이었다. 나는 그때 무력에 대한 환상을 버렸다. 우리가 무력으로 무엇을 남길 수 있단 말인가. 무력은 대답 없는 메아리에 지나지 않는다는 것을 허망한 역사 유적 속에서 분명히 보았다.

내 기억의 대치점에 법문사가 있었다. 부처님의 지골 사리가 봉안된 곳이다. 그것은 영욕의 세월을 견디어온 조용한 힘이었다. 북위(北魏)에서 당(唐)에 이르기까지 황제가 부처님 사리를 친견한 것은 9번이었다. 그중 7번이 당대의 일이었다. 그러나 당나라 의종은 지골 사리를 지하 궁전에 봉안하고 그 입구를 막아버렸다. 그 후 사리는 전설이 되었다. 의종의 뜻은 무엇이었을까. 최근에 와서야 사리의 존재가 드러났지만 의종의 뜻은 여전히 밀봉된 채 알 수가 없다.

나는 전시된 지골 사리를 향해 절을 했다. 가이드는 전시되지 않는 사리가 전시되어 있는 것이 놀랍기만 하다고 너스레를 떨었다. 투명한 유리 사리함에 모셔진 사리를 눈으로 볼 수는 없었다. 하지만 어떠랴. 아주 오랫동안 전설이었던 사리를 이렇게 먼발치에서라도 친견할 수 있다는 것이 내게는 일종의 경이였다. 전설이 현실이 되는 순간이었다. 안개 같던 전설이 생생한 사리로 내게 다가오는 순간, 나는 계·정·혜 삼학의 영롱한 빛을 본 것만 같았다.

실크로드를 따라 얼마나 많은 스님들이 걸어갔을까. 740명이 이 길을 걸어갔고 살아서 돌아 온 구법승들은 63명에 지나지 않았다고 한다. 8퍼센트가 좀 넘는 스님들만이 살아서 돌아왔을 뿐이다. 그 작은 생존 확률을 안고도 그 길을 향해 떠난 것은 법을 위해 신명을 바치는 위대한 정신이 있었기 때문이다. "육신은 죽어도 정신은 죽지 않는다"는 말을 나는 이 길 위에서 목숨을 바친 구법의 스님들께 마치 조사처럼 올렸다. 그리고 그 위대한 정신의 구현자가 나이기를 발원했다.

몸이 사는 것이 아니라 정신이 사는 삶은 얼마나 아름다운가. 언제나 새벽처럼 깨어 내게 주어진 매일을 살 수만 있다면 그것은 얼마나 눈부신 삶이겠는가.

실크로드의 옛 길은 두 가지가 있다. 하나는 서안에서 위수·진주·농서·난주를 지나 병령사를 통과해 하서주랑에 이르는 길이고, 다른 하나는 서안을 출발해 빈현·경천·평량·정원·홍산협으로 가는 것이다. 위수에서 난주로 가는 길에서 가장 중요한 관문 하나가 진주다. 진주는 천수의 옛 이름이다. 한 무제 때 장건에 의해 개

맥적산 대불. 이곳 석굴은 운강, 용문, 돈황 석굴과 함께 중국의 4대 석굴로 꼽힌다.

발되기 시작한 이곳에 구법승들이 모여들었다. 이곳에서 스님들을 모셔다가 법회를 열고 불경을 한역했다. 천수에 불심을 보여주는 유적들이 존재하는 이유이기도 하다. 그 절정이 바로 맥적산(麥積山, 마이지산) 석굴이다.

맥적산 석굴은 운강(雲崗, 윈강), 용문(龙门, 룽먼), 돈황(敦煌, 둔황) 석굴과 함께 중국의 4대 석굴로 꼽힌다. 맥적산 석굴은 여러 왕조에 걸쳐 이루어졌다. 그만큼 다양하고 아름다운 석굴과 소조 불상이 존재하고 있다. 나는 방충망 같은 철사 망 속 감실에 안치된 불상을 찍었다. 그리고 바위에 일렬로 새겨진 불상도 촬영했다. 철망 속에 안치된 부처님은 마치 작품처럼 내게 사진으로 남아 있다.

오랜 세월에도 불구하고 불상은 원형을 보존하고 있었다. 항온기나 항습기가 없어도 불상은 부식되거나 곰팡이가 슬지 않았다. 건조한 기후 때문이었다. 건조한 기후는 사람이 살기에는 척박하지만 불상의 원형을 보존하기에는 더없이 좋은 기후였다. 건조한 기후가 가장 자연에 가까운 것이라는 것을 나는 맥적산 석굴에서 알았다. 자연에 가까이 가고 싶다면 기꺼이 건조한 기후의 어려움을 견디어내어야만 한다. 자연은 편리를 용인하지 않는다. 자연은 불편과 인내를 감당하는 자연의 법칙에 순응하는 사람들만을 자연으로 받아들이고 있는 것이다.

10만의 부처가 안치돼 있다고 해서 병령사(炳靈寺)라는 이름을 가진 절을 찾았다. 유가협 댐에서 배를 타고 한 시간을 달려가면 병령사를 만날 수가 있다. 작은 보트를 타고 달리는 뱃길은 시원했다. 창

지하궁전에 부처님 지골 사리가 봉안돼 있는 법문사 입구.

십만의 부처가 안치돼 있다고 해서 이름 붙여진 '병령사'의 석불.

문 사이로 들어오는 바람을 맞으니 마치 오래된 미래로 향해 가는
것 만 같았다. 병령사 앞에서 우리는 기념 촬영을 했다. 혜총 큰스님
이 웃으시고 우리도 따라 웃었다. 카메라 셔터가 눌러졌다. 한 장의
사진에 우리의 웃음과 모습이 담겼다. 가끔 이 사진을 보며 우리는
이 사진 속의 스님들을 기억하게 될 것이다. 사진은 이렇게 기억을
남긴다.

  햇살이 따가웠다. 햇살이 쏟아지는 바위에 부처님이 빛났다. 병령
사 대불 앞에서 우리는 지극한 마음으로 예불을 올렸다. 우리의 이
지극한 마음의 소리가 아득한 시간을 넘어 저 대불님께도 전해질까.

  "저는 한국에서 온 비구 성전입니다. 부처의 꿈을 안고 살고 있지
만 부처는 너무나 멉니다. 이 아득한 거리가 절망이 되지 않도록 굽

어 살펴주시옵소서."

부처님이 웃으시는 것만 같았다. 시간과 공간을 뛰어넘는 저 미소. 진리는 그런 것이 아닐까. 나는 그날 분명 부처의 미소를 보았다.

5일째 되는 날 우리는 그 유명한 둔황 막고굴에 도착했다. 서안에서 막고굴까지 걸어서 얼마일까. 둔황 이후는 서역이라고 했다. 나는 그 거리의 아득함에 눈을 감았다. 헤아릴 수 없는 거리의 고행을 그려보기 위해서였다. 그러고 보면 구법은 얼마나 놀라운 가치인가. 삶은 가치를 추구하는 것이라고 둔황은 말하고 있었다.

막고굴이 만들어진 시기는 355년경으로 추정되며 승려 낙준이 석굴을 파고 불상을 조각한 것을 시작으로 1,000여 년에 걸쳐 조성되었다고 한다. 우리는 그중 8개의 굴만 볼 수 있었다. 안내자의 통역과 불빛을 따라 만나는 둔황 석굴의 전경들. 그 불빛이 마치 시간의 저편을 비추는 것만 같았다.

채색의 아름다움과 사라짐. 보존은 아름다움을 간직하는 것이고 훼손은 잊혀가는 것이라고 석굴은 말해주는 것만 같았다. 우리는 얼마나 많이 자신을 훼손하고 사는가. 탐욕과 분노와 어리석음으로 날마다 자신을 훼손하고 사는 것이 우리들의 삶이다. 왜 자신의 진정한 가치를 보존하지 못하는가. 본래 맑고 본래 청정한 그 마음의 자리를 이탈하고 있는 이 삶은 진정 누구를 위한 것인가. 훼손된 내 모습이 어두운 천장 한편에서 글썽이고 있는 것만 같았다.

명사산 모래 언덕을 맨발로 올랐다. 모래가 우는 산. 햇볕이 따가

중국 위구르자치구 우루무치 천지에서 바라다보이는 천산산맥의 설산 영봉들.

웠다. 맨발로 모래 산을 오르며 하늘을 보았다. 하늘이 눈부시게 푸르렀다. 구름 한 점 없는 하늘. 그것은 사막과 대조를 이루는 또 다른 푸른색의 사막이었다. 쉬어갈 구름 한 점 없는 하늘. 저런 하늘이라면 새들도 목마를 것만 같았다.

　명사산에 오르면 하늘과 땅의 경계를 확실하게 알게 된다. 명사산의 선을 따라 하늘을 배경으로 사진을 찍으면 하늘과 사막은 분명한 선의 경계를 갖게 된다. 나는 그 경계에 맨발로 서고 싶었다. 그러나 다가갈수록 선은 자꾸만 사라졌다. 경계를 찾아가는 나는 목이 말랐다. 인생을 산다는 것은 그런 것이 아닌가. 사막을 걸어가는 낙타와 무엇이 다른가. 우리는 언제나 목말라하지 않는가. 그 마른 목의 아픔을 부여잡고 뚜벅뚜벅 걸어가는 것이 우리들 존재의 모습이기도 하다.

투르판 고창 고성 유적지에서 설명을 듣고 있는 순례단.

　투루판에 가기 위해 야간열차를 탔다. 6인실 기차 침대칸 통로에서 자그마하게 음악을 틀었다. 작은 랜턴을 전등 삼아 듣는 음악. 기차 바퀴가 레일을 달리는 소리가 음악 소리보다 컸다. 귀를 기울이며 듣는 음악이 감미로웠다. 모두가 잠드는 시간, 나는 음악을 들으며 내 영혼의 잠을 청했다. 번거로웠던 영혼의 리듬이 음악 소리를 따라 잦아들었다. 음악은 천상의 소리라는 말이 그 순간은 진실이었다.

　새벽 투루판 역사에는 비가 내렸다. 어둠 속에서 비구니 스님이 우산을 건네주었다. 착한 마음이 역사의 흐린 불빛만큼이나 고왔다. 나는 가볍게 목례하고 비를 맞으며 버스를 향해 걸었다. 이국의 새벽 비는 내게 새로운 것이었다. 이 비를 여기가 아니면 어디서 맞으리. 비를 맞으며 나는 참 운 좋은 사람이라는 생각이 들었다. 이렇게

생의 모든 순간과 만날 수 있다는 것이 축복 아니고 무엇이겠는가.

"살아 있음이여. 그래서 아름다움이여. 여기 내가 있다."

투루판은 사막 지대다. 거의 비가 없다고 한다. 그런데 우리가 기차에서 내리는 새벽에 비가 오고 있었던 것이다. 감로비였다. 스님들은 가이드의 설명에 즐거워했다.

물을 찾아 투루판 사람들은 땅을 파고 또 파야만 했다. 5미터 간격으로 땅굴을 파나가 천산의 만년설이 녹은 자리까지 올라갔던 사람들. 카레즈라 불리는 지하수로가 그들의 생명줄이었다. 물은 그들의 생존을 위한 피와 땀의 결실이었다. 투루판은 오늘날 가장 유명한 포도 경작지가 되었다. 나는 투루판의 포도를 맛보았다. 오직 태양의 열기로만 익힌 탓인지 그 당도가 혀끝에 오래 남았다. 나무 그 자체에서 건포도가 되어버린 포도의 맛이란.

그날 우리는 화염산을 찾아갔다. 화염산은 아직도 불길이 식지 않은 듯 붉었다. 손오공이 불을 끈 지도 오랜 시간이 지났건만 화염산은 여전히 그 불길을 안에 품고 있는 것만 같았다. 삼장 법사의 발이 데일까 봐 손오공이 파초선을 불어 불을 끄는 모습이 귀엽게 그려졌다. 서유기 세트장을 지나 화염산 아래 천불동에 도착했다.

베제클리크 천불동에서 나는 한 악사를 보았다. 악사는 회교도였다. 그는 악기를 연주하며 함께 사진을 찍고 받은 그 돈으로 연명하는 사람이었다. 나는 그에게 1달러를 건네고 그의 악기와 모자를 빌려 쓰고 사진을 찍었다. 그의 음악은 경쾌했으나 애잔했다. 마치 그의 삶을 닮은 것만 같았다. 타클라마칸 사막 경계에 위치한 이곳에서 그 누구의 삶인들 낙타를 닮지 않을 수 있겠는가. 나는 적어도 그보다는 환하게 웃었다. 나는 곧 이곳을 떠날 사람이고 그는 남아 있어야만 하는 사람이었다. 그 차이가 웃음에서 드러나는 것만 같았다. 언제나 떠날 사람으로 남는다는 것이 이렇게 좋은 일임을 나는 악사를 통해서 느꼈다.

인생에서도 우리는 떠날 사람이기에 훠이훠이 살아가는지도 모른다. 떠날 기약이 없다면 인생이란 얼마나 불모의 사막이겠는가. 육신의 영생을 바라던 진시황은 떠남의 미학을 모르는 우매한 사람일 뿐이었다.

우루무치의 천산은 내 이번 여행의 종착지였다. 북경이 남았으나 북경은 이번 여행의 돌아가기 위한 플랫폼일 뿐이었다. 천산에 들어 나는 천산의 만년설을 보았다. 5,445미터의 눈 덮인 보거타봉의 웅대함. 산은 만년설로 눈부셨다. 만년설은 뜨거운 태양 아래서도 결코 겉에서부터 녹아내리는 추함을 보이지 않는다. 만년설은 속으로부터 녹아 내려 투루판의 포도를 키우고 사막에 오아시스를 이루었다. 만년설의 녹아내리는 물은 만년설의 자비였다. 그 물길이 있어 사람들은 실크로드를 향해 걸어갔고 돌아왔고 머물렀다.

얇은 승복을 파고드는 바람이 찼지만 그곳을 내려오고 싶지 않았다. 그곳의 태양과 바람과 먼 산의 만년설이 내 손목을 잡는 것만 같았기 때문이다. 내 모든 세포들이 일제히 천산을 향해 경배를 올리는 것만 같았다. 천산의 눈부신 반짝임 앞에서 우리는 합동으로 실크로드에서 사라져간 구법승들을 위한 위령재를 모셨다.

투르판 베제크릭 천불동의 모습. 서역의 도굴범들에게 수많은 벽화가 도굴되어 양들의 처소 구실까지 해야 했다.

"원왕생 원왕생 왕생극락 견미타……. 나무아미타불, 나무아미타불."

맑은 영혼들이 햇살의 눈부심이 되어 하늘로 올라가는 것만 같았다.

"잘 가소서, 잘 쉬소서. 세상의 한 길만을 걸었던 이들이여! 그 발길을 되밟으며 진리는 돌아왔고 마침내 연꽃으로 피어났으니 이제 환하게 웃으소서."

천산의 만년설이 하늘로 날아오르는 것만 같았다.

여행은 풍경을 따라 엷어지고 깊어지는 마음을 보는 일이다. 나는 얼마나 넓어지고 깊어졌을까. 나는 나만의 실크로드를 꿈꾸며 떠났다. 그리고 이제 돌아왔다. 실크로드는 지금 내게 있는가, 없는가? 살아가면서 나는 절망과 희망 속에서 나만의 실크로드를 만날 것만 같은 예감이 든다. 그것은 있으나 있는 길이 아니고 없으나 없는 길 또한 아니다. 나 역시 그 길과 궤적을 같이한다. 아, 무한정 떠났던 그 길의 자유가 투루판 포도의 단맛처럼, 천산의 만년설처럼 내 영혼의 한구석을 맴돌고 있다.

길은 사라지지 않는다.
나라와 민족이 사라져도 잠시 숨고르기를 할 뿐,
다시 일어선다.
소통과 나눔을 갈구하는 뜨거운 기운이 언제나 길 위에
넘치기 때문이다.
과거와 현재를 통틀어, 그런 기운이 끊임없이 타오르는 곳!
그곳이 바로 실크로드다.
우리는 흔히 실크로드를 과거의 길로 생각한다.
사막 속의 오아시스
줄지어 선 낙타의 행렬
폐허뿐인 도시의 유적들
때문에 사람들은 실크로드를 그저 낭만적인 동경의 대상으로
여기고
역사의 뒤안길로 사라진 유적인 양 생각한다.
하지만 실크로드는 지금도 살아 있다.
과거의 길이 아니라,
지금도 미래를 향해 역동적으로 움직이고 있다.

대상무역로를 넘어 불교 동전(東傳)의 길, 실크로드

어현경(불교신문 기자)

불교가 전래된 이래 많은 스님들이 불교의 원류를 찾아 서역으로 떠났다. 목숨을 걸고 구법 순례에 나섰던 스님들 가운데 중국의 현장 스님을 비롯해 신라의 혜초 스님 외에도 이름 모를 숱한 스님들이 낯선 서역 땅에서 생을 마감했다. 조계종 교육원(원장 현응 스님)은 지난 9월 20일부터 28일까지 7박 9일간 '철산 스님과 함께하는 실크로드 불교 유적 순례'를 진행했다. 30여 명의 스님들은 중국 우루무치를 출발해 서역북로인 쿠얼러, 쿠차 지역 외에도 타클라마칸사막을 횡단해 호탄과 서역남로와 북로가 만나는 카스를 순례하며 그 옛날 선배 스님들의 신심과 열정을 떠올렸다.

인도 및 페르시아 영향 속 조성된 벽화 눈길 사로잡아

우루무치에 도착한 스님들이 처음으로 찾은 곳은 쿠얼러(庫爾勒)

로, 이곳에는 실크로드 천산남로의 중요한 요충지였던 철문관(鐵門關)이 있다. 철문관은 신장 지역을 남북으로 잇는 길이다. 629년 천축으로 떠나 16년 만에 장안으로 돌아와 《대당서역기》를 쓴 현장 스님이나 《왕오천축국전》을 쓴 혜초 스님도 이곳을 거쳐 안국(安國)으로 갔다는 기록이 있다. 이곳에는 현장 스님과 서역정벌의 공을 세웠던 장건, 반초 등의 조각상이 세워져 있다. 멀리 험준한 계곡을 보니 이 길을 걸었던 이들의 고행이 눈앞에 그려진다.

이튿날, 해발 1,800미터 고개를 넘고 7시간 이상 메마른 땅을 달려 도착한 곳은 쿠차(庫車)이다. 이곳은 수많은 경전을 한역해 우리에게도 익숙한 구마라집 스님의 고향이기도 하다. 《대당서역기》에 따르면 "동서 1,000여 리, 남북이 600여 리, 땅은 수수·보리를 심기에 알맞고 포도 석류가 나며, 배·사과·복숭아·살구가 많다. 절은 100여 군데, 스님은 5,000여 명으로 설일체유부를 학습하고 있다. 대성 서문 바깥 길 좌우에는 높이 90여 척되는 입불이 있는데 이 상 앞에서 5년마다 승속과 귀천을 가리지 않고 대중을 공양하는 재회가 열린다. 왕부터 서민에 이르기까지 이 시기에는 세속의 일을 그만두고 계를 지키며 경을 받고 설법을 듣는다. 또 많은 가람의 불상을 진귀한 보석과 비단으로 장식하고 가마에 싣고 다닌다"고 한다. 지금은 대다수 위구르인들이 이슬람교를 믿지만, 현장 스님이 찾아 갔을 때만 해도 불교가 성행했음을 알 수 있다.

척박한 사막 지형인 이곳에는 석굴 사원이 유독 많다. 키질 석굴 외에 키질가하, 쿰트라 석굴 등이 전해진다. 순례단이 찾아간 곳은

쿠처 키질 석굴 입구의 대역경승 구라마집 동상.

무자라트강 북쪽 바위산에 조성된 키질 석굴이다. 2킬로미터에 걸쳐 조성된 석굴은 236개가 현존하지만, 보존 상태가 양호한 곳은 70개 미만이고, 관람객들이 하루에 볼 수 있는 석굴은 5～6개에 불과하다. 우루무치에 도착해 장장 이틀을 달려 쿠차에 도착한 스님들은 설렘을 안고 석굴로 향했다.

순례단을 가장 먼저 맞이한 것은 바위 위에 앉아 사유하는 듯한 모습을 취한 구마라집 스님의 조각상이다. 천축국 사람인 스님의 오똑한 코와 날카로운 눈매는 인도인의 형상과 비슷하다. 그 곁에서 순례단 스님들은 〈삼귀의〉와 〈반야심경〉을 독송했다. 가사 장삼을 수하고 목탁 소리와 함께 스님들의 목소리가 석굴 주변으로 퍼져 나갔다.

그 옛날 실크로드가 번성했을 당시 서역과 중국을 오가는 대상들이 이곳에 사원을 조성하고, 헤아릴 수 없이 많은 스님들이 이곳에서 정진하는 모습을 상상해봤다. 척박한 바위산에 동굴을 개착하고, 그 안에 회칠을 한 뒤 그림을 그리는 데 드는 비용이 오늘날 서울의 아파트 한 채 값과 맞먹었다고 하니, 그들의 신심을 어렴풋이나마 짐작해본다.

특히 벽화를 채색하는 데 주로 사용된 라피스라줄리는 청아한 청색빛 암석으로, 금보다 몇 배나 비싼 안료였다. 아프가니스탄 인근에서 출토됐는데, 이 시기 활발했던 대상무역을 보여주는 예이기도 하다. 1,000년이 넘은 지금도 선명한 청색이 눈길을 사로잡는다. 키질 석굴 벽화는 중국 본토보다는 인도나 페르시아의 영향이 더 강하다. 돈황 석굴의 벽화를 본 적 있다면 그 차이를 확연히 알 수 있다. 인도에서 탄생한 불교가 중앙아시아를 거쳐 중국으로 전해지는 길목에 위치한 쿠차의 지형적 위치 때문이라 볼 수 있다.

석굴이 처음 만들어진 시기는 명확하지 않은데 3세기 말부터 5세기 말이라는 설까지 다양하다. 그리고 석굴이 집중적으로 조성된 것은 6~7세기라는 견해가 일반적이다. 독일의 발트슈미트는 키질 석굴 벽화를 크게 3기로 구분했는데, 1기는 따뜻한 색 계열의 채색이 두드러지며 2기는 라피스라줄리가 사용된 차가운 계열의 채색이 주를 이룬다. 3기는 당나라의 영향을 받은 시기이다.

가는 성지마다 반야심경을 봉독하는 순례단.

이날 순례단이 참배한 굴은 27굴, 32굴, 34굴, 8굴, 10굴, 17굴이
다. 굴 내부에는 벽화 보존을 위해 CCTV가 설치돼 있으며, 한꺼번에
많은 인원이 들어가지 않도록 관리하고 있다. 석굴의 내부 구조를
보면 내부에 탑과 같이 기둥이 세워진 중심 주굴과 스님들이 거주하
는 승방굴, 방형굴로 구분된다. 참배한 굴 대부분은 중심 주굴의 형
태로 주실, 중심주, 회랑, 후실로 구분된다.

동굴에 들어서면 주실 좌우와 측면에 석가모니부처님의 전생담을
그린 본생도와 부처님 생애를 그린 불전도, 부처님께서 설법하는 인
연을 표현한 그림들을 볼 수 있다. 돈황 석굴 벽화가 본생담이나 부
처님 일대기를 파노라마 형태로 상세하게 묘사했다면 키질 석굴의

벽화는 산악 무늬로 구분된 마름모꼴 안에 결정적인 한 장면만 표현한 것이 특징이다. 중심주 정면에는 감실을 만들고 흙으로 빚은 불상을 봉안했던 흔적만 남아 있다. 회랑을 지나 후실로 가면 부처님 열반의 모습이 벽화나 불상으로 조성돼 있다. 회랑을 돌아 다시 주실로 나오면 동굴 입구 상부에 미륵보살의 설법도가 그려져 있는 것이 키질 석굴의 일반적인 구성이다.

그러나 모든 벽화가 완벽하게 남아 있는 굴은 거의 없다. 오랜 세월이 흐른 탓도 있지만, 20세기 들어 서구 열강이 중앙아시아 지역에서 좋게 말하면 탐험, 나쁘게 말하면 약탈을 벌였다. 특히 독일 베를린민족박물관 무급 연구자였던 르콕은 선원 출신의 바르투스와 함께 키질 석굴의 벽화를 절취해 베를린으로 옮겨갔다. 독일이 석굴 벽화를 절취한 뒤 각종 보고서를 통해 정리함으로써 키질 석굴 연구에 긍정적인 영향을 미친 것은 사실이다. 키질 석굴은 한국과도 밀접한 인연이 있는데, 바로 조선인 화가 한낙연이 여기 머물며 굴 번호를 매기고 일일이 모사도를 그리며 자료를 남겼으나 귀국길에 비행기 추락 사고로 세상을 떠났다. 그의 노력이 10굴 벽에 글자로 새겨져 있으며, 사진 액자가 남아 있다.

순례단 지도 법사 철산 스님은 "구법승들의 발자취를 따라 실크로드를 순례한 적이 있는데 여러 스님들과 함께 천산남로를 함께 돌아보니 감회가 새롭다"며 "융성했던 불교가 흔적만 남아 안타깝기도 하지만, 과거 스님들이 목숨을 걸고 법을 구하려 했던 그 의지와 신심을 잊지 말아야 할 것"이라고 말했다.

오아시스 속 빛나던 불교 유적 모래 바람에 흩어지고

철산 스님을 지도 법사로 모신 이번 실크로드 순례의 특징은 서역북로와 남로를 아우르는 대장정이라는 점이다. 스님들은 중국 신장위구르자치구 내 우루무치, 쿠얼러, 쿠차를 거쳐 타클라마칸사막을 횡단한 뒤 호탄을 지나 파미르고원 동쪽에 위치한 타슈쿠르간을 거쳐 다시 카스, 우루무치로 돌아오는 여정을 진행했다. 이동 거리만 산술해도 우루무치에서 쿠얼러까지 400킬로미터, 쿠얼러에서 쿠차까지 500킬로미터, 쿠차에서 타클라마칸사막을 횡단해 호탄까지 770킬로미터, 호탄에서 카스까지 550킬로미터, 카스에서 타슈쿠르간까지 300킬로미터 등 총 2,900여 킬로미터에 달한다. 하루 평균 이동거리 500킬로미터, 하루에 절반 이상을 달리는 버스에서 보내야 하는 고된 순례길이지만, 그 옛날 목숨을 내걸고 사막을 건넜을 구법승들의 노고를 떠올리니 절로 고개가 숙여졌다.

위로는 천산산맥, 아래로는 곤륜산맥, 왼쪽으로는 파미르고원이 펼쳐진 타림분지에 자리 잡은 타클라마칸사막은 위구르어로 '돌아올 수 없는 사막'이란 뜻을 담고 있다. 회오리처럼 일어나는 모래바람이 사구의 형태를 바꿔놔 한번 들어가면 살아나오기 어려웠음을 내포한다. 지금은 중국 정부가 신장위구르자치구 내 석유와 천연가스 등 지하자원 운송을 위한 횡단도로를 건설해 오가는 차량들이 늘었다. 도로 주변에는 갈대를 그물처럼 엮어 흙을 결집시키고, 그 위로 초목을 심어 모래가 길을 덮지 않도록 했다. 끝없이 이어지는 사막 위 도로를 달리는 것도 쉽지 않은데 수천 마리의 낙타를 이끌고

키질 석굴 17굴 입구 상단의 미륵보살 설법도.

망망한 모래사막을 건넜을 상인과 스님들이 겪었을 고난은 짐작조
차 어렵다.

14시간을 달려 광활한 사막의 끝자락 호탄에 도착했다. 과거에 호
탄은 대승불교를 신앙하는 나라로 가람은 100여 곳이 있으며 5,000
여 명 스님이 있었다고 한다. 왕은 스스로를 가리켜 비사문천(毘沙門
天)의 후손이라고 말할 정도였다. 호탄 시내에서 40킬로미터가량 떨

어진 이곳은 사방이 모래사막으로 뒤덮인 가운데 벽돌로 세워진 탑이 전해진다. 탑의 규모로 짐작하건대 과거 사원도 적지 않았음을 추정할 수 있다.

이곳을 처음 발견한 이는 영국의 고고학자 마크 아우렐 스타인(Sir Mark Aurel Stein, 1862~1943)이다. 1901년 라왁 사원에 도착한 그는 유적을 실측해 도면을 그리고, 사진을 찍어 보고서를 작성했다. 보고서에 따르면 이 탑은 십자형 기단 위에 산치대탑과 같이 밥그릇을 엎어놓은 둥그런 탑신을 얹은 형태로, 3차원의 만다라 형태로 본다. 3~4세기 건립된 것으로 추정되는 이 탑은 바깥 면에 흙으로 불상을 빚어 장엄하고 독특한 양식을 띠고 있다. 또 사찰의 외벽에는 부조로 된 불상과 벽화 등이 그려져 있었다고 한다. 안타깝게도 지금은 소조불의 흔적은 찾을 수 없다. 사찰 터에서 발견된 불상과 벽화 편은 호탄박물관과 대영박물관에 보관돼 있다.

옛 불탑을 찾는 순례객들의 발길이 늘면서 중국 정부는 이곳에 탐방 길을 새롭게 만들어 탑을 한 바퀴 돌 수 있게 해놓았다. 가사 장삼을 수한 스님들은 좁은 탐방 길에도 아랑곳하지 않고 이곳에서 아침 예불을 올렸다. 모래가 버석거리는 바닥에 이마를 대고 예경하는 스님들의 모습을 보니 1,000년 이상 사막에 묻혔던 사원이 생명을 되찾는 것 같다. 유적을 지키는 위구르족 관리인도 그 장엄함에 눈을 떼지 못했다.

여독을 풀 사이도 없이 스님들이 찾아간 곳은 중국과 파키스탄의 접경 지역인 해발 3,200미터에 위치한 타슈쿠르간이다. 현장 스님이 넘었다던 총령(蔥嶺)이 바로 파미르고원인데, 타슈쿠르간은 파미르고원 동쪽에 위치해 있다. 과거 파키스탄에서 우루무치까지 실크로드 답사를 여러 차례 진행한 바 있는 유근자 동국대 겸임교수는 "현장 스님이 장안을 출발해 인도 나란다대학(學)에 도착하기까지 여정의 절반이 이곳 타슈쿠르간 지역"이라며 "현장 스님이 죽을 고비를 넘기며 걸었던 길을 따라 가는 것만으로도 의미 있음"을 피력했다.

타슈쿠르간을 가기 위해서는 카라코룸하이웨이를 지나야 한다. 여기서 하이웨이(highway)는 고속도로가 아니라 말 그대로 높은 길이다. 도로 공사 때문에 비포장도로를 달려 해발 4,200미터 고개를 넘어야 비로소 타슈쿠르간에 도착할 수 있다. 3,200미터 인근에서 댐 때문에 만들어진 거대한 호수 외에도 카라쿨호수가 있다. 설산을 배경으로 푸른빛의 호수를 보면 감탄이 절로 나온다. 만년설로 덮인 해발 7,546미터 무스타거봉과 7,800미터 궁거얼봉을 마주하고 있으니 위압감으로 말을 잇기 어려웠다. 타슈쿠르간의 하루는 고산증 때문에 쉽지 않았지만, 파미르고원이 간직한 있는 그대로의 아름다움을 마주할 수 있어 특별한 시간이었다.

이른 새벽 쏟아지는 별을 뒤로하고 카스로 출발했다. 《대당서역기》 제12권 '카샤국' 편을 보면 과거 카스는 파란 눈을 가진 사람들이 살았고, 스님은 1만여 명, 설일체유부를 학습한다고 전해진다. 지금은 시내 외곽에 남아 있는 모르불탑만이 불교가 신앙됐던 과거를 보여준다. 모르불탑이 남아 있는 사찰 터는 평원에 넓게 펼쳐져 있는데, 과거 1만여 스님이 정진했던 곳이라 알려져 있다. 지금은 불탑

모르불탑을 돌며 정근하는 스님들.

1기와 방형의 사원 유적이 남아 있을 뿐이다. 불탑은 인도의 산치대
탑과 유사한 형식이지만 나머지 유적은 용도가 확실치 않다. 유근자
교수는 "사방이 트인 이곳에 사찰이 건립된 것은 군사 요충지로서
역할을 했을 것으로 추정된다"며 "기단 위에 단의 하나 더 있고, 사
각형의 불단 위에 탑신부가 얹힌 이 모습은 간다라 영향을 받은 중
앙아시아 특징이라고 볼 수 있다"고 설명했다.

구법승들이 걸었던 중앙아시아 사막 길을 순례한 스님들은 거친
사막에 굴하지 않고 구법의 여정을 나선 선배 스님들을 기억하고 추
모하는 시간을 가졌다. 혜오 스님(경주 보성사)은 "죽음을 두려워하지

않고 구법 길에 오른 스님들의 열정을 떠올리며 스스로를 되돌아보
는 시간을 가졌다"며 "척박한 자연환경을 극복하고 찬란하게 꽃피웠
을 불교문화의 흔적을 지금은 찾아보기 어려워 아쉽다"고 전했다.

⊙ 철산 스님과 함께한 실크로드 불교 유적 순례(2016)

신장위구르자치구

카나스
알타이
커러마이
우루무치
선선
버러
아커수
이닝
투루판
쿠차
카스
낙강
섬서성
호텐
민풍
감숙성
청해성
서녕
난주
사천성

인천 ➡ 우루무치 ➡ 쿠얼러(버스텅호/철문관) ➡ 쿠처(스바시고성/천산심비대협곡/천산대협곡/키질석굴) ➡ 호탄(타클라마칸사막/호양림 사막/라와크사원 유적지) ➡ 카스(마리커와터 고성/아클라스 실크 수작업 공장/무화과나무왕/요트칸 유적지/백옥하) ➡ 탁쑤쿠 ➡ 르칸(카라쿨호/석두성) ➡ 카스(무스타거봉/궁거얼봉/향비묘/이드카 모스크) ➡ 우루무치(모르불탑/카스 옛 성)

▣ 중국

중국은 하나의 국가라고 말하기엔 너무나 큰 다양성을 지닌 나라이다. 중국인이라는 하나의 이름으로 56개의 서로 다른 문화를 가진 민족이 생활하고 있으며, 5,000년 넘는 장구한 역사 속에는 수많은 나라가 거쳐 갔다. 세계적으로 유명한 만리장성이나 자금성, 병마용 등은 이러한 유서 깊은 역사가 남긴 빛나는 인류의 유산이다. 러시아와 캐나다에 이어 세계 3위의 광대한 국토를 보유해 풍부한 자원을 자랑하며 다양한 기후와 자연의 모습들을 지니고 있다.

중국은 56개 민족으로 이루어져 있는데, 한족(漢族)이 94퍼센트 정도를 차지하고, 그 외 장족, 회족, 묘족, 만주족 등 55개의 소수 민족이 있다. 조선족은 약 200만 명이며, 이들은 대부분 연변조선족자치주에 살고 있다. 중국 정부는 소수 민족의 지역 자치를 시행토록 하며 민족 고유의 문화를 존중하고 그들의 언어와 문자를 사용하는 것을 권장한다. 또한 소수 민족의 종교적 자유를 보장해주고 그들의 사회적 환경과 삶의 질 개선과 발전을 도모함으로써 수많은 소수 민족의 지지를 얻고 있다.

버스텅호(博斯騰湖)

중국에서 가장 아름다운 호수 중 하나로 뽑힌 버스텅호는 중국에서 가장 넓은 내륙 담수호이다. 천산 산발의 눈 녹은 물이 모여 1,200킬로미터의 넓은 호수가 되었다. 고대에 버스텅호는 '서쪽의 바다'로 불렸다. 누구든 맨발로 호숫가의 금빛 백사장을 밟으면 눈앞에 보이는 물이 바로 바닷물이라고 해도 믿을 것 같다. 버스텅호는 '신강(新疆, Xinjiang)의 하와이'라는 미명을 가지고, 이곳의 백사장은 '금사탄(金沙灘)'이라고도 불린다. 버스텅호의 백사장은 특히 여름철에는 많은 피서객들로 붐빈다. 주변에 다양한 명소들이 개발되어 있는데, 호수의 남쪽 기슭에는 '연화호'와 '백로의 물'이라는 명소가, 북쪽에는 '서해어촌'과 '갈대의 항만'이라는 명소가 있다.

철문관(鐵門關)

서(西)투르키스탄 중앙에 있는 소그디아나와 남쪽 박트리아의 경계에 있는 협도(峽道)이다. 철문관은 비단길에서 톈산남로(天山南路)의 중요한 요충지로, 흉노족의 침입을 막기 위해 진나라 때 처음 설치되었다. 지금은 남아 있는 유적이 거의 없고 성벽의 흔적만 있다.

철문관에 대해서는, 흉노가 서역을 다스리던 기원전 174년에 동복도위(僮僕都尉)가 수비를 했다는 첫 기록이 있다. 또 기원전 138~119년, 장건(張騫)이 서역을 정벌하러 갈 때 두 번 지나갔다는 기록이 있다. 현재의 것은 위진남북조시대에 건설되었고, 당나라 때는 이곳에 관리들을 상주시켰다고 한다.

7세기 중엽 당나라의 고승 현장(玄奘)의 여행기인 《대당서역기(大唐西域記)》와 8세기 혜초의 《왕오천축국전(往五天竺國傳)》의 행로에서도 철문관을 거쳐 안국(安國)으로 갔다는 기록이 있다. 13세기 전진파의 도사 장춘진인(長春眞人) 구처기(丘處機)도 1220년 제자 18인과 함께 산동성에서 출발하여 철문관 등지를 거쳤다는 기록이 나오는데, 이 내용은 그의 제자 이지상(李志常)에 의해 단편 《장춘진인서유기(長春眞人西游記)》로 편찬되었다.

불교왕국 구자왕국(쿠처庫車, Kuche)

쿠처는 중국 신장 웨이우얼 자치구 아커쑤 지구에 있는 오아시스 지대이다. 비단길에 위치하며 타클라마칸사막의 북쪽 가장자리 무자트강의 남쪽에 있다. 한나라 때 서역 36개국 중 가장 강하고 컸던 구자왕국의 수도였다. 쿠처는 위구르어 발음으로 '쿠차', '쿠샤', '쿠자르' 등으로도 읽힌다.

쿠처는 4세기 후반 중국불교에 큰 공을 세운 곳이다. 이 왕국에는 기원전 1세기에 이미 불교가 전파되었고 서역의 여러 나라 중 불교가 가장 융성했으며, 중국에 불교를 전하는 데 큰 역할을 했다. 산스크리트어로 된 불경을 최초로 번역한 구라마집(鳩摩羅什)의 고향이 바로 쿠처이다.

구라마습의 불경 번역은, 이후 불교가 중국을 거쳐 한국과 일본으로 동진하게 되는 중요한 계기가 된다. 또한 서역 음악과 춤의 본산으로도 유명하며 중국의 음악과 춤에 많은 영향을 주었다고 한다. 쿠처는 고구려 유민의 후손인 고선지(高仙芝, ?~755)의 주 활동 무대였고, 신라 시대의 혜초 스님도 당나라 때 이곳을 지나면서《왕오천축국전》에 이곳에 대한 기록을 남겼다.

현재 쿠처의 거리는 위구르만의 지역색이 뚜렷하다. 시내에서는 옛 거리와 박물관이 통합된 쿠처왕부(庫車王府), 신강 최대의 모스크 사원인 쿠처대사(庫車大寺)가 500미터 이내의 인접한 거리에 있다. 차를 타고 돌아다니면 한나절 만에 다 볼 수 있다. 천산대협곡, 홍산대협곡, 소포탈라궁, 키질 석굴, 키질야승경은 110킬로미터 이내의 거리에 모두 한 도로를 따라 늘어서 있다.

키질 석굴(The Kizil caves, Qizil caves)

키질 석굴은 현존 중국의 불교 석굴 중 가장 오랜 역사를 지닌 4대 불교 석굴 중의 하나로, 중국불교 초기의 천불동 석굴이다. 쿠처에서 서쪽으로 65킬로미터쯤 떨어진 무자트강 왼쪽, 밍우타거산 중턱에 자리하고 있다. 이미 확인된 키질 석굴은 236개로 미발굴된 것까지 합치면 300개가 넘을 것이라고 한다. 그중 벽화가 있는 석굴은 모두 75개다. 기원 전후 쿠처에 도착된 불교는 서역의 많은 오아시스 국가들에 석굴을 남겼지만, 그중 키질 석굴은 동 투르키스탄(중국 신강성 일대) 지역 최고의 석굴로 평가된다.

3~9세기 기간 여러 시대에 걸쳐 조성된 다양한 형식의 석굴들로 구성되어 있으며, 그 안에 부처의 본생과 본행, 교화와 공양을 주제로 한 벽화가 핵심이다. 서역 기법에 중원 기법을 가미해 특유의 쿠처풍 벽화를 그렸다. 그러나 소승 신앙에서 시작된 불교가 7~8세기에 이르러 대승에 치우치면서 벽화미술은 점차 사양길에 접어든다. 미술 기법에서는 쿠처

식 '마름모꼴' 무늬 벽화나 '조의출수(曹衣出水)' 기법이 돋보인다.

'키질'은 위구르어로 '붉은색'이란 뜻이다. 하지만 석굴은 세월에 빛바랜 채, 저만치 시신 빛깔의 낭떠러지에 숭숭 뚫린 구멍으로 있다. 오랜 고행이나 금식으로 핏기를 잃은 수척한 수도승의 모습이다. 한때는 만 명이 넘는 승려가 이곳에서 수행을 했을 것으로 추측된다.

타클라마칸사막(Taklimakan Desert)

타클라마칸사막은 약 37만 제곱킬로미터 면적의 모래사막이다. 현재 중국 신장 위구르 자치구에 속해 있으며 뤄부포호(羅布泊湖)를 기준으로 서쪽은 사구로 이루어진 사막이, 동쪽은 자갈로 이루어진 사막이 있다. 사막의 서쪽으로는 '세계의 지붕'이라 불리는 파미르고원이, 남쪽에는 쿤룬산맥, 북쪽에는 톈산산맥을 끼고 있어 분지 형태를 띤다. 산맥 주변에서는 산 정상부에 형성된 만년설이 녹아 땅속에 흐르는 것을 지상으로 끌어올려 쓰는 '카얼징'이라는 관개시설을 이용해 농사를 짓기도 한다.

'타클라마칸'은 '들어가면 절대로 빠져나올 수 없는'이라는 뜻이다. 실제로 겨울에는 혹한이, 여름에는 혹서가 이어지는 등 환경이 가혹하다. 사구가 바람에 밀려 이동하기에, 과거는 물론 현대에 이르러서도 교통이 험악한 편이다. 과거에는 이곳이 실크로드를 잇는 동서 간 교통로의 중심지였다. 실크로드를 타고 온 바람에 번영을 누리기도 했지만 이후 동서 교통로가 단절되어가면서 서서히 몰락하였다. 중국, 유목민, 아랍, 티베트 등의 영향을 받으며 수많은 문화가 융화된 곳이기도 하며, 폐허뿐인 여러 유적들이 과거의 영광을 뒤로하고 버려져 있다.

물이 많지만 먹을 수 있는 물은 없어 이 사막을 건너는 것은 위험하다. 주요 오아시스 도시는 산맥에 내린 비로부터 물이 공급되며 남쪽에는 카스, 미란, 니야, 야르칸드, 호탄, 북쪽에는 쿠처, 투루판, 동쪽에는 누란, 둔황이 있다. 나중에 타클라마칸에는 튀르크족이 거주하였다. 당 왕조가 시작되며 중국인들은 주기적으로 타클라마칸의 오아시스 도시로 그들의 지배권을 확장하였는데, 중앙아시아를 가로지르는 중요한 비단길을 지배하기 위해서였다. 중국 지배 시대는 튀르크와 몽골, 그리고 티베트인들에 의한 지배가 혼재하였다. 현재 이곳의 인구는 주로 튀르크인과 위구르인으로 구성되어 있다.

백옥하(白玉河)

"백옥과 흑옥이 많이 난다"라는 《대당서역기(大唐西域記)》의 기록처럼, 웨이우얼 자치구의 타림 분지 남쪽 끝에 있는 오아시스 도시 호탄(Khotan)을 대표하는 산물은 옥이다. 호탄에서는 특히 백옥하를 따라 내려온 옥을 '수옥'이라 하여 최고로 삼았다. 옥은 쿤룬산 만년설이 녹아 흘러드는 백옥하와 흑옥하(黑玉河)의 돌덩어리 중에서 발견되며, 실크로드의 중심지인 카슈카르(Kashgar)에서는 근래에도 비싼 가격으로 옥석이 거래된다. 중국 고대 문헌에는 옥을 "달빛이 정화되어 만든 결정체"라고 했다. 그래서 옥은 하늘에서 떨어진 것으로 간주했고, 금보다 값이 비쌌다. 중국 황제의 옥새도 금이 아닌 옥으로 만들었다.

카라쿨호(Karakul湖)

'카라쿨'은 키르기스어로 '검은 호수'를 뜻한다. 중국 신장 웨이우얼 자치구의 카스(Kashi, 喀什)에서 약 200킬로미터쯤 떨어진 곳에 있으며, 카라코람 고속도로를 따라 타스코르간으로 가는 길에 있다. 타스코르간은 중국과 파키스탄의 국경인 쿤자랍 고개를 지나기 전의 마지막 도시이다. 이 호수의 고도는 해발 3,600미터에 이르며, 파미르고원 내 있는 가장 높은 호수이다. 이 호수는 마즈타가타 산(7,545미터), 콩구르타그산(7,649미터), 콩구르튜베산(7,530미터)과 같이 세 개의 높은 산으로 둘러싸여 있다. 이 산들의 꼭대기는 일 년 내내 만년설로 덮여 있다. 카라쿨호의 물은 검푸른 색에서부터 하늘색에 이르는 다양한 색을 띠며 더없이 아름답다.

⊙ 보광 스님과 함께한 일본 고찰 순례(2013)

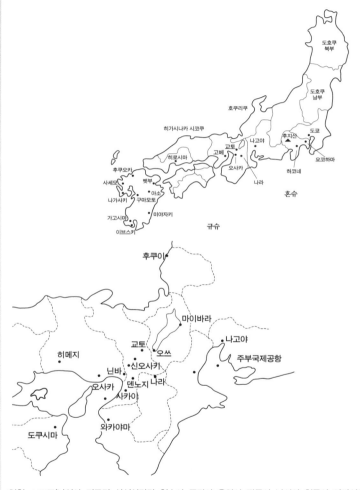

인천 ➔ 교토(남선사, 귀무덤, 삼십삼간당, 청수사, 금각사, 용안사, 광륭사, 낙시사, 천룡사, 아라시야마)
➔ 오사카(오사카성) ➔ 나라(법륭사, 약사사, 동대사, 조사당) ➔ 오사카(신사이바시, 도톰보리, 사천왕
사) ➔ 고야산(금강봉사, 근본대탑) ➔ 오사카 ➔ 인천

▣ 일본

기원전 3세기경 한반도에서 벼농사가 전래되어 야요이 시대가 시작되었다. 백제를 통해 4세기 말에는 한자와 유교가, 6세기에는 불교가 일본에 전래되었다. 794년에는 수도를 교토로 옮기고, 헤이안 시대를 열었다.

1192년 쇼군(장군)에 의한 세습 군사 정권인 가마쿠라 막부가 열렸으나, 두 차례에 걸친 원나라의 침공으로 쇠퇴해 무너졌다. 이후 서로 다른 왕을 내세운 남북조의 대립이 이어졌으나, 북조의 승리로 무로마치 막부 시대가 시작되었다.

1590년에 도요토미 히데요시는 전국을 통일했다. 1603년, 도쿠가와 이에야스가 에도(현재 도쿄)에 막부를 설치해, 이때부터 강력한 중앙 집권 체제를 바탕으로 약 260년 동안 에도 시대가 이어졌다.

1867년 개혁파의 주도로 메이지 유신이 일어나 막부가 무너지자, 개혁파는 새로운 정부를 세워 정부 주도하에 산업 근대화를 추진해 서양의 기술과 제도를 받아들이는 한편, 왕을 신격화하였다. 또 청일 전쟁과 러일 전쟁을 일으켜 대만 · 한국 · 사할린을 식민지로 삼고, 제국주의 국가로 변신하였다. 제1차 세계 대전 때는 연합국 측에 가담해 큰 이득을 얻어 세계 열강과 어깨를 겨루는 나라가 되었으나, '대동아 공영권(제2차 세계 대전 당시 아시아 대륙 침략을 합리화하기 위해 일본이 내세운 슬로건)'이라는 명목으로 동부 아시아를 지배하려 했으나 미국 · 영국 등과 대립하다 태평양 전쟁을 일으켰고, 미국의 원자폭탄 투하로 1945년 8월 15일 연합국에 항복하였다. 수도는 도쿄.

◉ 교토(京都)

난젠지(南禪寺, 남선사)

1289년 이궁선림산전으로 출가한 가메야마 법황이 1291년 무칸후몬선사를 통해 개산한 사원으로, 현재 임제종 남선사파의 대본산이다. 1264

년 황실의 별장으로 지어졌으나, 1291년부터 절로 사용되었다. 황실의 발원에 의한 선사로서는 일본에서 처음 생긴 것으로 일본 선사에서 가장 높은 격식을 자랑하는 곳이다. 높이 22미터의 2층 문인 삼문과 소방장과 대방장의 고산수정원 그리고 남선원의 지천회유식정원으로 유명하다. 주요 건물인 청량전(세이료덴)은 아름다운 가레산스이 양식의 호조(방장) 정원과 가노파의 그림으로 총 124장에 이르는 화려한 후스마에(미닫이문, 맹장지에 그린 그림)가 있어 사람들의 눈길을 모으고 있다. 남선사는 고려 초조대장경 판본을 가장 많이 소장한 사찰이었다.

고류지(廣隆寺, 광륭사)

교토에서 가장 오래된 절로서, 신라에서 건너온 하다노 가와카쓰(秦河勝)가 창건했다고 전한다. 한국의 국보 제83호 금동미륵보살반가상과 똑같이 생긴 일본 국보 제1호인 미륵보살상이 있는데, 이 불상을 만든 재료가 한국에서 나는 적송임이 밝혀지면서 한반도의 장인이 만든 것으로 확인되었다. 또 우는 아이의 모습 같아 '우는 상투미륵상'으로 불리는 미륵보살반가사유상은 616년 신라에서 일본에 사신을 보내며 전해준 것이라고 한다.

이 보살상은 왼쪽 무릎 위에 오른쪽 다리를 얹은 반가좌 형태를 취하고 있으며, 오른쪽 손끝을 오른쪽 뺨에 댄 사유의 자세를 보인다. 머리에는 간단한 형태의 삼산관을 착용했고 상체는 별다른 장식이 없는 나형(裸形)이다. 하반신의 치마는 대좌에 풍성하게 드리워져 있는데, 오른쪽 무릎 아래의 옷자락이 살짝 반전되고, 대좌에는 여러 겹의 주름을 이룬 치맛자락이 드리워져 있다. 허리에 맨 띠는 둥근 환 장식을 통과하여 대좌 뒤편으로 늘어뜨린 모습이다.

기요미즈데라(淸水寺, 청수사)

기요미즈, 즉 맑은 물을 뜻하는 청수(淸水)는 수명을 연장시켜주는 물로 유명해, 많은 순례객과 관광객이 이곳에 들러 물을 마신다. 10여 미터의 절벽에 세워져 아찔함을 자랑하는 본당마루는 139개의 나무기둥에 못 하나 없이 세워진 목조기술의 신기라고 할 수 있는 웅장함이 숨겨져 있다.

778년에 나라에서 온 승려 엔친이 이곳에 관음상을 조각한 것이 기원이 되어 세워졌다. 이후 798년에 천수 관음상을 지었다. 불교의 영향을 많이 받은 동양 문화권에서 과거 건축물 중 빼놓을 수 없는 것이다. 청수사 무대 아래에는 물을 마실 수 있는 작은 세 줄기 폭포가 있는데, 이 폭포 물을 마시면 원래 불·법·승에 귀의한다는 종교적 기원을 지녔으나 시대의 흐름에 따라 현재는 장수(건강), 사랑 (결혼), 학문(학업)의 이치를 깨닫고 성공을 기원하는 의미로 바뀌었다. 1994년 유네스코 세계문화유산으로 등록되었다.

● 오사카(大阪)

오사카성(大阪城, 대판성)

오사카성은 오사카의 역사와 문화, 관광의 상징이다. 1583년 도요토미 히데요시가 수운이 편리한 우에마치 대지에 천하 쟁탈의 거점을 마련하기 위해 축성한 것이다. 5층 8단, 검은 옻칠을 한 판자와 금박 기와, 금장식을 붙인 호화로운 망루형 천수각을 완성해 히데요시는 천하 권력자의 권위를 마음껏 과시했다. 그러나 1615년 에도막부가 도요토미를 쓰러뜨리기 위해 벌인 전쟁 '오사카 여름의 전투'에서 천수각과 함께 불타버렸다. 그 후 도쿠가와 히데타다는 정권이 교체된 것을 천하에 알리기 위해 도요토미의 오사카성 영역에 석벽을 다시 쌓아올려 성을 새롭게 구축했다. 이에 도요토미의 천수각보다 더 큰 규모로 1626년 도쿠가와의 오사카성 천수각이 완성되었다. 그러나 이 천수각도 1665년에 소실되고 만다. 이후 세번 째 천수각은 1931년 도요토미가 축성한 오사카성의 천수각을 본떠 도쿠가와의 오사카성 천수대 위에 세워졌다.

● 나라(奈良)

야쿠시지(藥師寺, 약사사)

나라의 7대 사찰로 불리는 약사사는 일본의 덴무천황이 병에 걸린 왕후의 쾌유를 기원하기 위하여 680년에 창건하였다. 창건 당시에는 규모가 컸지만 1528년 큰 화재로 사찰이 대부분 전소되고, 현재 34미터 3층 목조 동탑이 창건 당시 모습으로 남아 있다. 나머지 건물들은 최근에 모두 복원했다. 동탑의 높이는 33.9미터이고, 붉은색인 서탑의 높이는 33.6미터이다.

목탑은 삼층탑이지만 차양지붕 때문에 삼층탑이 아닌 것처럼 착각하게 만든다. 동탑의 경우 서탑보다 30센티미터 크게 만들었다. 나무가 수축되는 성질을 고려하여 200년 후에는 같은 높이가 된다고 한다. 신라 사천왕사에서 시작된 쌍탑일금당 양식을 받은 사찰이기도 하다. 건립 당시에는 후지와라쿄에 지었지만 헤이조(平城) 천도와 함께 718년에 현재의 장소로 이건하였다. 금당에는 병을 고쳐준다는 약사여래부처님을 본존불로 모시고 있다.

도다이지(東大寺, 동대사)

동대사는 남도 7대사의 하나이다. 745년에 쇼무왕의 발원으로 창건되었다. 나라시대를 대표하는 절인 도다이지는 불교 중심의 국가 건설을 추진한 쇼무천황의 명령에 의하여 건립되었다.

도다이지는 높이 16.2미터의 청동 불상인 대불로 유명하다. 대불이 안치된 금당(金堂, 킨도)은 세계 최대 목조물로 8세기 중엽에 세워졌다. 하지만 본래 건물은 화재로 소실되었고, 현재 건물은 1709년에 재건된 것이다. 금당 북서쪽에는 쇼소인이 자리하고 있는데, 이곳에는 중요한 미술, 공예품, 각종 문서 등이 보존되어 있다.

⊙ 원행 스님과 함께한 일본 불교문화 순례(2018)

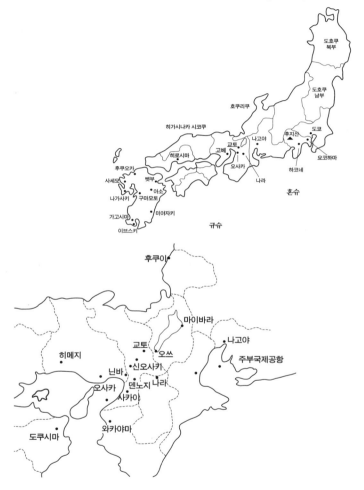

인천 ➡ 오사카 ➡ 나라(중궁사, 법륭사, 약시사, 동대사, 흥복사, 국립나라박물관, 비조사) ➡ 교토(남선사, 선림사, 광륭사, 고태사, 동사, 삼십삼간당, 제호사) ➡ 오사카(사천황사, 오사카성, 도톰보리, 신사이바시) ➡ 오사카 ➡ 인천

◉ 나라(奈良)

호류지(法隆寺, 법륭사)

현존하는 서원 가람이 7세기 말~8세기 초에 건립되었다는 것이 정설로 되어 있다. 통설에 따르면 스이코 천황 9년(601), 쇼토쿠 태자가 이카루가 땅에 이카루가노미야를 세우고, 그 근처에 호류지를 세웠다. 스이코 양식인 금당(金堂) 5층탑을 중심으로 하는 서원과 덴표 양식인 몽전(夢殿)을 중심으로 하는 동원 부분으로 나뉜다. 미술품으로는 불상으로 금당의 약사여래상, 석가삼존 불상, 아미타삼존 불상 등이 있고, 벽화로는 금당 4벽의 4불정토도(四佛淨土圖) 등 수백 점의 고미술품이 소장되어 있는데, 모두 일본의 국보급 문화재들이다. 특히 금당 내부 벽화는 610년(고구려 영양왕 21) 고구려의 담징이 그린 것으로 경주의 석굴암, 중국의 윈강석불 등과 함께 동양 3대 미술품의 하나로 꼽히고 있다. 세계 문화유산 목록에 등록되어 있다.

주구지(中宮寺, 중궁사)

법륭사 동원 가람 안에 있는 비구니 사찰 주구지는 쇼토쿠 태자의 어머니 아나호베노 하시히토 왕후가 거처로 쓰던 곳을 절로 개축한 곳이다. 1602년부터 몬제키 사원(왕족이 거주하는 사원)으로 이용되기 시작했다. 본당 안에는 높이 1.33미터의 아스카시대 미륵보살반가사유상이 있다. 일본의 제1급 국보 미륵보살반가상이다. 이 불상은 아스카 시대 조각의 최고 걸작으로 일본 미술사상 혹은 동양의 고대 미술을 다룰 경우 빼놓을 수 없는 지위를 차지하는 작품으로 평가된다. 독보적일 정도로 부드러운 표정이 특징이며, 일본화된 양식을 잘 보여준다.
미륵보살반가사유상은 등신대 흑칠목조상으로, 평화로운 미소에 윤기 나는 피부가 아름답기로 유명하다.

구다라칸논(백제관음)

호류지 대보장전에는 〈목조관음보살입상〉, 일명 〈구다라칸논(백제관음)〉이 있는데, 이 관음상은 호류지의 불상 중에서 몽전(夢殿)의 〈구세관음〉과 더불어 많은 사람의 주목을 받고 있다. 백제관음의 조성 시기는 7세기경이라고 하지만, 1200년경 호류지에 안치되었다는 기록 외에는 언제, 누가 만들었는지 알려져 있지 않다.

백제관음은 녹나무(樟木) 하나(單木)를 통째로 깎아서 만들고 그 위에 채색한 보살상이다. 높이가 209.4센티미터 등신대를 훨씬 넘는 크기이다. 7세기 일본 사람들은 전혀 사용할 수 없는 고급 기술로 오직 백제 장인만이 지니고 있었다. 그러나 아스카 시대 이후 일본에서 백제 장인의 세력이 약화되면서 그 기술은 사라지고 대신 불상을 여러 부분으로 나누어 제작한 다음 몸체에 끼워 넣은 후 조립하는 형식으로 바뀌었다.

아스카사(飛鳥寺, 비조사)

백제의 장인들에 의해 건립된 사찰이다. 아스카사는 596년 소가씨(蘇我氏)의 우지데라(氏寺)로서 건립된 일본 최초의 본격적인 사찰이다. 587년 소가노 우마코(蘇我馬子)의 발원을 계기로, 588년 백제에서 보낸 사공(寺工)·노반박사(露盤博士)·와박사(瓦博士)·화공(畵工) 등의 장인들에 의해 건립 공사가 시작되어 596년 완공되었다. 596년부터 고구려 혜자(慧慈)와 백제의 혜총(惠聰)이 이곳에 머물렀으며, 605년에는 고구려의 지원으로 한반도 출신의 도래인(渡來人) 쿠라츠쿠리노 토리(鞍作止利)가 장육불(일명 아스카대불)을 조성해 606년 금당에 안치하였다. 710년 헤이조쿄(平城京)로 도읍을 옮김에 따라 이 사찰 역시 718년 현재의 나라시로 이전해 간고지(元興寺)가 되었다. 1196년 낙뢰로 인해 탑과 금당이 소실되고 별다른 부흥 없이 사세가 크게 쇠퇴하고 말았다. 근근이 법등을 이어 오다 1825년에 중금당(북금당) 자리에 아스카 대불을 모신 현재의 본당이 재건되었고 안고잉(安居院)으로 사찰 명칭이 변경되어 오늘에 이르고 있다.

◉ 교토(京都)

젠린지(禪林寺, 선림사)

유명한 고승 홍법 대사(弘法大師)의 제자 신쇼(真紹, 797~837) 스님이
서민과 가난한 민중을 위해 창건한 절이다. 단풍이 아름답기로 유명한
영관당(永観堂, 에이칸도)은 수두(水痘)를 치료하는 연구와 의술을 펼치
기 위해 건립한 것이다.

영관당 법당에는 본존불이 아미타여래의 입상인데, 여느 불상과 달리 얼
굴을 왼쪽으로 돌린 회고아미타여래상(廻顧阿彌陀如來像) 또는 견반아
미타여래상(見返阿彌陀如來像)이 조성되어 있다. 불상 높이는 77센티미
터이고, 나무로 불상을 깎아서 옻칠을 하고 금박을 입혔다.

도지(東寺, 동사)

원래 이름은 교오고코쿠지(教王護国寺, 교왕호국사)였는데, 헤이안으로
수도를 옮기고 2년 후 도성의 남문인 라조몬(羅城門) 동쪽에 지어졌다고
해서 도지(東寺, 동사)라는 별칭을 얻었다. 헤이안 시대 초기의 건축으
로, 유서 깊은 고적이 넘쳐나는 교토에서도 특히 오래된 문화유산이다.
823년에는 고보 대사(弘法大師)가 사가 덴노로부터 이 사찰을 하사받았
으며, 이후 진언종의 총본산이 되었다.

금당(金堂)은 국보 건조물 제118호로 1486년에 소실되었다가 도요
토미 히데요시의 발원으로 가타기리 가츠모토가 재건을 맡았다. 이후
1603년에 이르러 준공되었다.

송나라 대에 전래된 덴지쿠요(天竺樣) 방식이 사용된 건물은 호방하고
웅대한 느낌을 준다. 본존불인 약사여래는 거대한 목불이며, 12신장이
대좌를 받치고 있고 뒤에는 광배를 두르고 있어 매우 화려하다. 양쪽에

일광보살과 월광보살이 있다.

5층탑은 국보 건조물 제86호로 높이가 55미터로 일본에서 가장 높은 목조 건축물이다. 와요(和樣) 방식으로 지어진 에도 시대 전기의 빼어난 건축이다.

대사당(大師堂)은 국보 건조물 제190호로, 건물 내부에 고보 대사상이 있다. 현재 건물은 남북조 시대(1390)에 재건된 것이다. 중요 문화재 건조물 제1011호로 지정된 강당(講堂) 내부에는 국보 16점과 중요 문화재 5점이 입체 만다라를 이루면서 배치되어 있다.

◉ 오사카(大阪府)

시텐노지(四天王寺, 사천왕사)

쇼토쿠 태자가 건립한 7대 사찰 중 한 곳으로 곤고묘시텐노다이고코쿠노데라라고도 불린다. 593년에 창건되었으며, 본존은 구제관음이다. 종파는 천태종에 속해 있었으나 일본 불교 창시자인 쇼토쿠 태자가 건립한 일본 최초 불교 사찰이라는 점에서 종파에 구애 받지 않는 일본 불교의 총본산으로 1946년에 독립하였다.

경내의 주요 건축물로는 국가 지정 중요 문화재인 도리, 로쿠지도, 혼보니시쓰요문, 혼보유야호조, 고치코인, 간산다이시도, 이시부타이 등이 있다. 미술 공예품으로는 국보인 센메이호케쿄삿시, 가케마모리, 시치세이켄 등이 있으며, 또한 전통 예능인 쇼료에노부가쿠(聖靈会の舞楽)가 국가 중요 무형 민속문화재로 지정되어 있다.

향과 차의 사용은 그 이로움이 대단히 많다.

세상의 시끄러움에서 벗어나 은둔하며
도덕을 논할 때 마음을 맑게 하고 정신을 기쁘게 한다.
해가 기울어 황혼을 맞을 때
휘파람 길게 한번 부는 여유를 갖게 한다.

조용한 창가에 기대어
한가로이 시를 읊고 등불 아래 책을 읽을 때
잠을 멀리 쫓을 수 있다.

친구와 마주앉아 사사로운 정담을 나눌 때 흥을 더해준다.
비 때문에 창을 닫고 식사 후 잠시 거닐 때 고독을 없애준다.
밤중에 비가 창을 두들기며 잠을 깨울 때
곁에 두고 갈증을 해소할 수 있다.

차를 가장 잘 음미할 줄 아는 사람은
그 깊은 향과 차맛을 중시하고
이를 위해 향을 피워 차를 달이는 방법을 사용하기도 한다.

이로써 지조 있는 선비들은
그 마음의 귀를 열어 차를 음미한다.

—《장물지(長物志)》제12권 '분향'

제3부

위대한 발견의 길

—몽골·티베트·부탄·우즈베키스탄·미얀마·캄보디아·라오스

설산이 하늘이 되기도,
하늘이 설산이 되기도

준민 스님(괴산 정토사 주지)

인천공항이 회색 빛깔의 수많은 스님들로 북적거립니다. 어떤 이는 고산병이 두렵지만 색다른 문화를 알고자, 또 다른 스님은 분명히 같지만 확실히 다른 티베트 불교를 이해하고자 왔다고 했습니다. 저 또한 그들과 별다르지 않은 두려움 섞인 설렘으로 비행기를 기다렸습니다.

한 지붕 세 가족 — 백거사, 쌍예사

티베트의 라마승들은 존재의 최소화를 수행의 기본 조건으로 생각합니다. 자신의 존재를 작고 작게 만들어야 타인을 볼 수 있고 자연과 우주의 소리를 들을 수 있기 때문이라고 합니다. 그 이유를 티베트에 도착한 순간 바로 이해할 수 있었습니다. 고산 증세로 다리에 모래주머니를 두 개씩은 묶은 것같이 묵직하고 온몸이 퉁퉁 붓고

구토 증상까지 보였습니다. 이런 환경이 나를 더 작게 만들고 상대방을 크게 만들 수 있을 것 같았습니다. 그런 화합의 결과가 바로 백거사(白居寺, 바이쥐사)와 상야사(桑耶寺, 쌍예사)라고 생각합니다.

먼저 백거사는 하나의 법당에 샤까 · 까담 · 겔룩 세 종파가 공존하는 곳이었습니다. 또한 인도와 네팔 중원 지역의 예술 양식이 결합되어 조화와 특색이 공존하는 사찰이었습니다. 불상의 모습과 채색이 서로 어울리는 가운데 종파의 특징들이 확실했습니다. 한 법당에 실크로드 시대의 부처님과 티베트 전통 부처님, 현대 중국식 부처님이 함께인 듯했습니다. 제가 보기에는 실크로드 부처님은 선명한 색감과 날카로운 코가 특징이고, 티베트 부처님은 선명한 색감으로 상호를 화려하게 표현한 것 같았습니다. 마지막으로 현대 중국식 부처님은 개금한 모양 그대로 인위적이지 않는 모습과 채색이 눈에 띄었습니다.

다음으로 상야사는 티베트 최초의 사원으로 건축 과정이 너무나 어렵고 힘들어서 뜻밖이라는 의미의 '쌍예'라고 붙였답니다. 한족식과 티베트, 인도식 건축물의 조합이라 삼양사라고도 불린다고 합니다. 또한 우리나라 신라 고승들의 발자취도 찾아볼 수 있었습니다. 상야사 주지 세르난 스님에게 법을 전한 분이 바로 정중 무상 선사로 티베트 역사책에는 김 화상으로 기록되어 있다고 합니다. 불법을 얻고자 먼 길을 떠났던 혜업慧業 · 현태 · 현각 · 혜륜 · 현종 · 오진 스님들의 뜻을 기리면서 우리도 구법의 길을 이어갔습니다.

관세음보살님과 아미타부처님 — 포탈라궁과 노블링카, 타실룽 포사원

티베트 사람들은 달라이 라마님을 관세음보살님의 화신으로, 판첸 라마님을 아미타불의 화신으로 여긴다고 합니다. 이러한 믿음은 그들이 만든 공간에서도 느낄 수 있었습니다. 먼저 달라이 라마의 거처였던 포탈라궁과 노블링카를 찾았습니다. 자비심의 흰색과 지혜의 붉은색, 원력의 검은색으로만 통일된 포탈라궁은 999개의 방과 역대 달라이 라마들의 영탑으로 구성되어 있었는데요. 숨 한 번 내쉬기도 어려운 이곳에 이리 웅장하고 정교한 불법의 건축물이 남아 있다는 게 눈물이 날 만큼 감격스러웠습니다. 또한 역대 달라이 라마들의 영탑은 부처님을 모신 법당과 다른 느낌이었습니다. '언젠가 나도 여기에 앉을 수 있다'라는 기대감이 들게 했습니다. 수행의 필요성을 확인합니다. '보물의 정원'이라는 의미의 노블링카는 빨강·노랑·보라색의 강렬하고 화려한 색채들로 너무나 아름다운 궁전이었습니다. 그곳은 꽃과 식물은 물론 사람들까지도 눈이 시릴 정도로 맑아 보였습니다.

다음으로 역대 판첸 라마들의 거처였던 타실룽포(Tashilhunpo) 사원을 방문했습니다. 이곳은 높이 264미터에 이르는 세계에서 가장 큰 청동 미륵대불이 모셔져 있습니다. 이를 위해 티베트인들의 세금이 3년간 모두 쓰였다고 합니다. 사찰에 들어서는 순간부터 가슴이 턱하고 내려앉으면서 언젠가 와본 것 같은 기분이 들었습니다. 도량의 청정한 스님들과 묵직한 정진 분위기는 힘들던 두통마저 사라지게 했습니다. 조금만 더 머무르고 싶은, 이번 생이 어렵다면 다음 생에라도 꼭 다시 와서 공부하리라 마음먹었습니다. 또한 이곳의 영탑은 커다란 하나의 장엄 세계가 눈앞에 펼쳐진 것 같았습니다. 생과 사가 진실로 하나라는 자각, 성불에 대한 확고한 믿음을 가집니다.

조그마한 위로가 됐으면 — 얌드록초 호수

점점 호흡이 곤란해져 우리는 잠시 쉬어가기로 했습니다. 먼 옛날 여신이 변해 아름답고 푸른 호수가 되었다는 고지의 산호 호수에서 한국의 어린 영혼들을 떠올렸습니다.

"우리는 부처님의 뜻에 의한다면 수행과 포교를 해야 합니다. 그 일종의 하나로서 중생의 괴로움을 같이한다는 뜻이 담겨 있습니다. 우리가 순례를 하는 것은 수행도 하면서 중생의 괴로움을 같이해 그분들도 고통에서 벗어나게 하는 것이 근본 목적입니다. 그래서 이렇게 고생하면서도 이웃의 고통을 나누고자 이런 행사를 갖고 세월호 리본을 달고 희망의 리본을 단 것입니다."

지도 법사 혜총 큰스님의 법문을 들으면서 언제나 깃발이 휘날리는 티베트에서 먼저 간 어린 학생들의 왕생극락을 발원했습니다. 겉으로 많이 티내지도 표현하지도 못했던 불자들의 속마음을 600여 개의 리본에서 느낄 수 있다면 좋겠습니다. 또한 이런 세심한 마음을 준비해준 교육원 직원 분들에게도 감사하다는 말을 전하고 싶었습니다.

인도 불교의 계승 — 세라사, 드레풍사

인도 나란다대학의 승가 제도를 그대로 이어받은 티베트는 대승 불교의 큰 골조인 문·사·수에 집중한다고 합니다. 최대 17~18년 간에 이르는 교육은 독경(聞)과 경전에 대한 토론인 논쟁(思) 중심 으로 세상과 삶을 바라보는 마음의 변화(修)가 시작된다고 믿습니 다. 이러한 승가 제도의 특색을 세라 제 대학(세라사)과 드레풍사에 서 발견할 수 있습니다.

먼저 세라 제 대학은 교리 문답의 토론장인 '최라'가 벌어지는 곳 으로 유명합니다. 토론은 보통 한 승려가 질문하면 곧바로 상대 승 려가 그에 대한 답변을 하는 1대1 방식으로 이루어집니다. 이는 한 국의 비구니승가대학에서 교수 스님을 포함한 전체 구성원이 모인 자리에서 한 스님이 구술하고 그 외 다른 스님들이 질문하는 방식과 달랐습니다. 이런 방식은 내가 미처 보지 못한 부분을 나와 비슷한 수준의 상대가 보완해줄 수 있다는 게 좋아 보였습니다. 자기 수행 을 점검 받는 게 두렵지 않고 행복해 보였습니다. 최상승의 부처님 법을 배울 수 있어서 여한이 없다는 만족스러움이 보였습니다.

다음으로 최대 규모의 승가대학인 드레풍사를 순례했습니다. 과 거 1만 명의 스님들이 거주했다는 대찰은 중국 정부의 규제로 현재 500여 명의 승려들만이 공부한다고 합니다. 사찰은 아래 지역에 세 속 식구들이 살고 그 위에 스님들의 수행처와 법당이 자리 잡은 독 특한 구조였습니다. 속가의 식구들이 공부하는 스님들의 공양을 직 접 준비해서 대접하는 모습이 상당히 인상적이었습니다. 승과 속을 가리지 않고 남은 가족들도 다 같이 수행하고 있다는 느낌이었습니다. 커다란 사원촌이 되어버린 이곳의 풍습을 저도 배워야겠다는 생각이 들었습니다. 불자라면 모두 다 같이 수행할 수 있는 도량을 만들어야겠다는 원력이 생깁니다.

하늘로 가는 설산 길 ― 라싸 익스프레스

"최대 해발고도 5,072미터에 평균 4,500미터로 세계에서 가장 해발고도가 높은 지역에 놓인 중국의 열차이다. 이 구역을 오가는 열차는 승객들의 고산병을 막기 위한 산소 보급 장치와 자외선 방지 기능이 있는 유리창, 벼락 방지 장치 등을 갖추고 디지털 관제 장치로 제어된다"라는 게 라싸 익스프레스 즉 칭짱철도(青藏鐵道)에 대한 설명입니다. 아주 똑똑한 기계를 타고 고원과 설산을 지나 하늘로 올라가는 기분이었습니다. 지저분한 화장실과 불편한 잠자리 지겨운 연착을 모두 덮을 만큼 아름다웠습니다. 거기에 순례를 하면서 도반이 되어버린 스님들과 나누던 웃음과 담소로 하룻밤이 금방이었습니다.

요즘 티베트 불교가 시끌시끌합니다. 서구의 엘리트 사회를 사로잡았다고 연일 축제 분위기입니다. 자줏빛 라마승들은 고급 브랜드가, 그들이 하는 수행은 트렌드가 되었습니다. 승려의 한 사람으로서 반갑고도 염려스러운 심정입니다. 그러기에 티베트는 꼭 가봐야 할 장소였습니다. 순간에 사라질 거품이 될지 변화의 마중물이 될지 알고 싶었습니다. 그리고 그곳에서 저는 빈자리에서도 느껴지는 깊은 불향, 변화를 수용하는 유연한 자세, 이해를 통한 과학기술과의 공존, 계속 이어지는 지적 토대 등을 보았습니다. 앞으로도 계속될 미래 불교의 구심점을 발견하였습니다.

⊙ 혜총 스님과 함께한 티베트 성지 순례(2014)

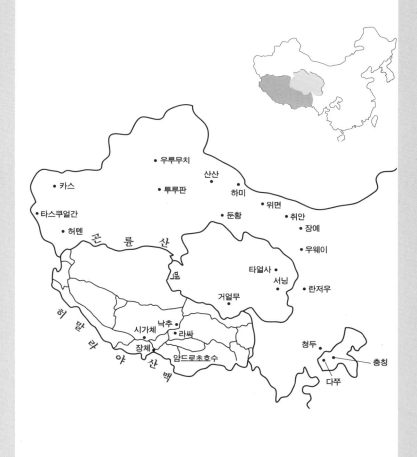

인천 ➜ 중경(나한사) ➜ 라싸(대초사, 소초사, 포탈라궁, 노블링카 사원, 바코르 시장, 세라사, 얌드록초 호수, 백거사, 카루라비천, 간체 종요새) ➜ 시가체(하루사, 타실룽포) ➜ 라싸(간덴사원, 드레풍 사원) ➜ 서녕(타얼사) ➜ 대족(대족보정산, 북산 석각) ➜ 중경 ➜ 인천

▣ 티베트의 불교 역사

티베트에 불교가 처음 전해진 것은 33대 왕인 송첸감포(581~649) 때로 본다. 594년에 등극한 송첸감포왕은 티베트를 통합해 완전한 통일 왕국을 건설했다. 불교 경전을 티베트어로 번역하기 위해 인도 글자를 본떠 티베트 글자를 만들게 하고 문법을 정립했다.

티데쭉짼(703~754)왕 때 불교가 본격적으로 도입되었다. 이후 여러 부족에 의해 분열과 혼란이 거듭되었고, 토번 왕조의 몰락과 함께 불교도 급속도로 붕괴했다.

그러나 동쪽의 청해(靑海) 지방과 서쪽의 아리(mNga' ris) 중앙티베트에서 동시에 불교 부흥 운동이 일어났다. 이전의 불교가 국가불교라면 이번에는 종파불교라고 할 수 있었다. 티베트인들이 불교를 재해석하면서 티베트 불교의 성격이 종파불교 형식으로 완성되었기 때문이다.

18세기 들어 달라이 라마가 정권 조정자로서 기능을 점차 상실하자, 정치적으로 겔룩파에 눌려 지내던 여러 종파로부터 반격이 일어났다.

13대 달라이 라마는 5대 달라이 라마처럼 티베트의 궁극적인 통치자였다. 영국과 중국의 침략을 받아 몽골과 중국, 인도 등지로 망명 생활도 하고, 군대를 조직해 외세에 맞서 싸우기도 하며, 러시아와 영국 등에 특사를 파견해 티베트의 완전한 독립과 통일을 지키려고 노력했다. 티베트의 근대화를 이끌기 위해 노력했고, 많은 티베트인으로부터 지지를 받았다.

14대 달라이 라마에 대한 티베트인들의 기대는 특히 컸다. 하지만 티베트를 둘러싼 상황들은 점점 나빠졌다. 중국은 서서히 티베트의 영토를 점령하기 시작했고, 티베트를 도와준다는 명목하에 침략 준비를 하나하나 진행해 나갔다. 1959년 마침내 달라이 라마가 인도로 망명함으로써 티베트를 완전히 점령했다.

14대 달라이 라마는 겔룩파의 전통에 따라 현교와 밀교에 대한 공부를 체계적으로 배웠다. 달라이 라마는 링린포체와 티장린포체로부터 전통적으로 티베트 승원에서 배우는 불교논리학에서부터 《현관장엄론》, 《입중론》, 《구사론》 등에 대해 공부했다. 이러한 불교적인 가르침은 달라이 라마의 사상을 형성하는 밑바탕이 되었다. 특히 대승불교의 근본적인 가르침인 보리심과 빈 것을 통해 편견 없이 사람들을 이해하고, 사랑하는 마음을 끊임없이 설파하고 있다.

달라이 라마는 불교적인 가르침에 입각해 티베트의 독립에 대해서도 비폭력적인 방법으로 추구할 것을 일관되게 견지해왔다. 이런 노력의 결과 노벨 평화상을 수상하기도 했다. 2011년에 티베트의 민주화를 위해 달라이 라마가 가졌던 모든 권한을 포기하고 평범한 수행자의 삶으로 돌아갔다.

동티베트는 행정구역상 중국 쓰촨성 서부의 간쯔장족자치주와 아바장족창족자치주에 해당한다. 이곳을 포함해 루얼까이와 당링설산 등은 한국은 물론 중국 여행객에게도 많이 알려져 있다.

◉ 티베트의 수도 라싸

라싸(拉萨, Lasa)는 중국 서남부 해발 3,700여 미터에 위치한 티베트 자치구의 청사 소재지이다.

7세기 전반에 티베트를 통일한 토번 왕조 제33대 송첸감포에 의해 티베트의 수도로 정해졌다. 9세기 토번 왕조의 붕괴 이후, 티베트의 정치적 중심은 권력자들의 소재지를 전전했지만, 라싸는 종교적 중심지로 부동의 지위를 누렸다. 1414년에는 간덴 사원, 세라 사원, 드레펑 사원 등 라싸 3대 사원을 건립해 겔룩파의 본거지가 되었다. 17세기 중기에는 달라이 라마의 열렬한 신자인 오이라트 호쇼트 부족의 구시 칸(Gushi Khan)이 티베트를 대부분 정복해 달라이 라마는 종파를 넘는 종교 최고 권위자로서의 지위가 확립되어 제종파에 대한 겔룩파의 우위, 특히 몽골에서 겔룩파의 우세가 결정되었다. 그 결과 라싸는 다시 티베트 전역의 정치적, 경제적, 문화적 중추의 지위를 획득했을 뿐만 아니라, 티베트인, 몽골인, 만주인 등으로 구성된 티베트 불교 문화권의 중심이 되었다.

천혜의 지형적인 조건으로 오랫동안 외세의 침입 없이 독자적인 문화를 보전하던 라싸는 원 제국인 몽골의 침입으로 정치적 지배를 받았지만 싸카빠의 고승 팍빠의 영향력으로 원나라 황실을 감화시켜 오히려 티베트 불교를 원나라의 국교로 만들어 전 세계로 퍼져나가게 했다.

그러나 1950년 중국의 침략으로 1959년 3월 17일 달라이 라마와 일행은 인도로 망명했다. 이들의 망명과 1963년 인도 다람살라의 티베트 망명정부 설립은 티베트 불교를 전 세계에 알리는 또 다른 계기가 되었다.

1960년에 중국의 정식 도시로 등록되었고, 1965년에 신설된 티베트 자치구의 청사 소재지가 되었다. 1966년부터 시작된 오래된 사상, 풍속, 문화, 습관 등 네 가지 구습(四舊)을 타파하자는 이른바 문화 혁명으로 라싸뿐만 아니라 전 티베트의 고대 유적이 초토화되었다. 1982년 국가 역사문화명성으로 지정되었으며, 1986년 이래 대외에 개방되어 점차 관광 도시로서 발전하고 있다.

포탈라궁

라싸에 위치한 포탈라궁은 달라이 라마의 겨울 궁전으로 641년 장족인 티베트 토번왕 송첸감포(松贊干布, 617~650)가 라싸로 천도한 후 건축되었다. 1642년, 위대한 제5대 달라이 라마(1617~1682)를 왕으로 하는 티베트 왕조 간덴 왕국이 성립되었다. 이전에는 티베트 불교의 본산이었으며, 18세기 후반부터 달라이 라마 후계자의 겨울 궁전으로 사용되었다. 그 후 오랫동안 비워두고 공개하지 않았으나 공개하기로 결정한 뒤 보수해 현재는 박물관으로 사용하고 있다.

1959년 3월, 티베트에서 반란이 일어나고 달라이 라마 14세는 인도로 탈출해 망명 정부를 세웠는데, 이곳 포탈라궁은 중국군이 접수하면서 일부 파손되었다. 1966년 전국을 휩쓴 문화 혁명의 광기 속에서도 저우언라이의 은밀한 보호로 이곳은 보존되었다. 그러나 지금까지 파손되거나 손상된 유적이 10만 건에 이른다. 포탈라궁 내부는 백궁은 일부의 방 이

외는 원칙적으로 비공개이며, 홍궁은 역대 달라이 라마의 옥좌나 영탑 등을 공개하고 있다. 옥상 근처에는 거대하고 호화로우며, 신령스러움을 느끼게 하는 역대 달라이 라마의 영탑이 모셔져 있다. 영탑 안에는 제5 대에서 제13대까지의 달라이 라마 육신이 미라로 도금되어 있다.

이 궁은 크게 홍궁과 백궁으로 나뉘어 있다. 백궁은 정부 기관으로 사용했으며 홍궁은 법회와 등신불을 모시는 공간으로 사용되었다. 백궁은 포트랑 카르포(Potrang Karpo)라고도 하며, 달라이 라마가 거주하는 곳이었다. 홍궁은 포트랑 마르포(Potrang Marpo)라고도 하며, 주로 종교 의식과 연구를 위해 사용되는 곳이었다. 이곳은 많은 복합 건물로 이루어져 있으며, 구불구불한 통로 사이로 사원과 장서각이 복잡하게 얽혀 있다.

노블링카

노블링카는 라싸에 있는 달라이 라마의 여름 별궁과 그 정원이다. '보물의 정원'으로 불리기도 한다. 1780년대 몸이 허약했던 7대 달라이 라마인 칼장 갸초 때 목욕 치료를 위해 천막을 친 것이 시초가 되어, 8대 달라이 라마인 잠팔 갸초 때 '여름 별장'으로 공인되었다. 왜냐하면 이곳은 고도가 높아 여름에도 날씨가 무덥지 않았기 때문이다. 중국이 티베트에 지배권을 선언한 1950년대 후반까지 여름 궁전으로 사용되었다.

이곳에서는 여러 축전이 벌어지기도 한다. 매년 8월에는 티베트 불교의 최대 축전인 '쇼둔제'가 열린다. 이 시기에는 티베트 각지에서 온 극단이 모여 티베탄 오페라인 아체 라모를 공연한다. 특히 이 시기는 축전을 즐기려는 티베트인들로 활기가 넘친다.

2000년에 포탈라궁이 유네스코 세계문화유산으로 지정되고, 2001년에 노블링카가 포탈라궁 역사 유적군으로 추가 등재되었다. 노블링카가 여름 궁전이라면 포탈라궁은 겨울 궁전이라 할 수 있다. 포탈라궁에서 서쪽으로 3킬로미터 거리에 있다.

◉ 시가체

타실룽포 사원

시가체에 위치한 타실룽포 사원은 판첸 라마가 머무는 곳으로 한때 수행
승이 6,000여 명에 이를 정도였다고 하니 그 규모를 짐작할 수 있다. 지
금은 약 300명의 스님이 있다.

이 사원은 지붕 전체가 금으로 도금되어 있을 정도로 화려하다. 신성한
기운이 스며 있는 곳이란 뜻의 타시산 아래 위치한 타실룽포 사원은 티
베트의 드레풍 사원, 세라 사원, 간덴 사원과 중국 간쑤성(甘肅省)의 라
브룸사, 칭하이(靑海省)의 타르사 등과 더불어 겔룩파 6대 사원에 속한
다. 이 사원은 1966년 휘몰아친 중국 문화 혁명의 와중에 거의 파괴되었
다가 최근에야 복원되었다.

이 사원은 세계에서 가장 큰 청동 미륵 대불로 유명하다. 높이 26.4미터
에 청동구리만 200만 근이 들어갔으며, 황금 600킬로그램이 섞여 있
고, 청동 미륵불의 이마에는 다이아몬드와 비취, 진주, 루비 등 온갖 보
석으로 치장한 모습이 보는 이의 입에서 절로 감탄사가 나온다. 이 청동
대불의 가운뎃손가락 길이만 180센티미터며, 불상의 콧구멍으로는 사람
몸이 들어갈 수 있다고 하니 그 거대함을 가늠할 수 있었다. 이 청동 대
불을 만드는 데 티베트인들이 3년간 낸 세금을 모두 쏟아부었다고 하니
얼마나 거대한 불사였는지 짐작할 만하다.

이 사찰에는 또 티베트인들이 아미타불의 환생이라고 여기는 판첸 라마
중 5대부터 9대까지의 불상을 고이 모신 영모탑이 있어 참배객들과 관광
객들의 방문이 끊이지 않고 있다. 영모탑 아래 마당 한가운데에는 솟대
기둥이 하늘 높이 솟아 있는데, 티베트 불교에 끼친 샤머니즘의 영향을
엿볼 수 있다.

◉ 시닝

타얼사(塔尔寺)

중국 칭하이성(靑海省) 황중현(湟中縣)에 위치한 사찰이다. 티베트 불교 겔룩파(格魯派)의 6대 사원으로 손꼽힌다. 명나라 때인 1560년에 축조되어, 400년 넘는 역사를 갖고 있다.

사찰 정중앙에 자리 잡은 다진와뎬(大金瓦殿)은 1560년에 축조된 것으로, 1711년에 지붕을 금으로 개조했다. 입구에는 티베트 불교 창시자인 총카파(宗喀巴)를 기념하는 다인탑(大银塔)이 있다. 다인탑은 탑 높이가 12.5미터에 이르며, 탑 전체에 은을 입히고 보석으로 장식했다. 탑 외부는 수십 겹의 '하다(哈達)'로 감싸 존귀함을 부각시켰다. '하다'란 티베트족·몽골족이 경의나 축하의 뜻으로 쓰는 흰색·황색·남색의 비단 수건을 가리킨다.

동티베트 불교 유적 순례를 다녀와서

일진 스님(운문사 한문불전승가대학원장)

※이번 여행에 챙겨야 할 준비물

- 초겨울옷, 두루마기, 가사장삼, 세면도구, 선글라스, 물티슈, 휴지, 편한 신발, 일회용 우비, 보온병, 위안화로 환전.
- 약품류, 개인 상비약, 고산약, 멀미약, 혈액순환제, 이뇨제, 두통약 등
- 108염주, 합장주, 볼펜(오명불학원 비구니 선물용)

2015년 7월 1일~7월 10일까지 정우 스님과 함께하는 동티베트 불교 유적 순례에 대비하여 챙긴 준비물 메모지를 오래된 책갈피에서 발견한 것은 나에게 큰 다행이고 기쁨이었다. 왜냐하면 오랜 세월이 지난 엊그제 동티베트 순례기를 간단히 써 보내주면 좋겠다는 요청을 받았기 때문이다.

막상 4년 전의 일들이 어느 대목은 엊그제 일처럼 생생하게 기억

되고 좋은 추억으로 간직되었지만, 대부분은 답사기를 쓸 만큼 자세한 내용을 거의 다 잊고 살아왔던 터라 막연했기 때문이다. 다행히 떠나기 전 준비 메모지에 여행 중 조금씩 기록해둔 쪽지를 내 책상에서 발견하게 되니 여간 다행한 일이 아니었다. 그래서 4년 전 동티베트의 고행 순례기를 다시 한 번 추억하여 기록하는 데 엄두를 낼 수 있었다.

나에게는 여행이란 무조건 가볍고 간편하게 떠나야 한다는 원칙이 있다. 그것은 4학년 화엄 졸업반 학인 스님들과 함께하는 '인도 · 네팔 부처님 성지 순례'를 여러 차례 진행하면서 스스로 터득한 편리함이기도 하다.

어차피 삶 자체가 여행이라면, 그것도 다시 돌아오기 위해서 떠나는 길이라면 최소한의 소지품으로 가장 단순하게 살아볼 수 있는 좋은 기회이고 특별한 생활의 맛도 있었다. 평소 일상생활에서 너무나 많은 물건을 사용하여 편리하게만 살려고 했던 일종의 습관과 타성에서 벗어나야겠다는 일종의 반성 차원이기도 했다. 그런데 4년 전 동티베트 불교 유적지 순례 여행을 준비할 때 약품까지 꼼꼼히 챙기면서 메모한 것을 보면 행선지가 그다지 수월하지 않은 3,000~4,000미터의 고산지대이다 보니 준비가 반드시 필요한 상황이었던가 보다.

교육원 주최 해외 순례지가 여러 곳 있겠지만 내가 매우 어려운 동티베트를 선택한 이유 중 하나는 이미 중국화된 티베트 불교의 현장이 궁금했고, 특히 오명불학원(五明佛學院)에 대한 관심 때문이었다.

중국 쓰촨성 청두(成都) 무후사 옆의 정중무상 선사 진영각이 모셔진 절에서 신라 유학승과 천국구법승을 추모하다.

　안내자의 설명에 의하면 2005년 기준으로 중국 내 소수 민족이 56개 족이며 그중 자기 언어와 문자가 없는 민족이 33족이고 자기 언어와 문자를 가지고 있는 민족이 23족이라 했다. 그중 조선족은 14위로 언어 · 문자를 가진 민족으로서 192만 명이라 한다. 조선족 안내를 들으며 문득 세월을 거슬러 중국과 수교 이전인 1990년, 내가 타이완 불학연구소에서 중국 불교를 공부하던 세월로 돌아갔다.

　당시 대구 사암연합회 주최로 중국 불교 성지 순례단에 동참하시게 된 운문사 강주 스님(현 명성 회주 스님)의 시자로 32일 간 중국 불교 순례 시 기억이 뚜렷했다. 그 당시 길림성에서 왔다는 가이드는 조선족 3세 청년이었다. 우리말이 조금 서툴기는 했지만 조선족에 대한 자긍심이 대단했던 기억이 있다.

조선족 청년은 근면하고 용감하며 한(韓)민족의 언어와 문자를 고스란히 보존해온 것에 대한 고마움과 소중함을 강조하며 설명했다. 조선말은 학교에 가면 절대로 사용할 수 없고, 중국말은 집에 와서는 절대로 쓸 수 없었다는 것이다. 조선말은 주로 할아버지로부터 배웠는데 어쩌다 중국말을 하면 회초리까지 들면서 혹독하게 일상 생활에 조선말을 사용하게 했단다.

청년의 서투른 조선말 설명을 통해 경제적, 정치적 이유로 중국 동북지역으로 이주한 한(韓)민족의 후손과 그 선조들이 얼마나 치열하게 민족의식을 갖고 전통과 문화를 보존하면서 공동체로 살아왔는지 새삼 짐작할 수가 있었다. 덕분에 32일간의 짧지 않은 기간 동안 문수, 보현, 관음, 지장도량과 각 불교 성지를 순례했던, 그때는 교통편도 매우 열악했던 1990년도 중국 여행까지 기억하게 되었다.

동티베트 불교 유적을 순례하기 위해서 간단히 티베트의 지리적 환경과 문화에 대한 이해도 중요할 터이다. 티베트 소수족은 56소수족 중 여덟 번째로 인구가 많고 보통 해발 3,000미터 이상의 고산지대에서 생활한다. 대부분 농경과 목축업에 종사하고 있으며 비교적 생존을 위한 열악한 생활을 하고 있다. 그러나 정신 문화, 종교적으로는 풍요로운 민족이다. 인도, 네팔, 부탄 등과 국경을 접하고 있으며 1965년부터 중국의 자치 지역으로 남게 되었다.

자치(自治)란 말은 유명무실한 것으로, 티베트에서의 불교문화는 거의 파괴되었음을 실감할 수 있었다. 그것은 순례 나흘째인 7월 4

일 방문한 오명불학원과 7월 6일 참배한 야칭스에서 몸소 느끼게 되었다. 스님의 법명은 기억할 수 없는데, 2만여 명의 수행자를 대표하여 한국에서 방문한 스님들을 환영하는 의식에서나 환영사에서도 역력히 알 수 있었다(공안당국의 계속된 감시 속에서 이루어진 환영법회 분위기).

현재 망명정부의 정치적·종교적 지도자인 달라이 라마는 중국으로부터 자유를 얻기 위한 비폭력투쟁을 계속하고 있다. 존자의 이런 노력의 공로로 존자는 1989년 노벨평화상을 받았다.

나에게 순례의 꽃이고 가장 관심사였던 오명불학원 참배하던 2015년 7월 4일은 날씨가 청명하고 공기가 맑아 해발 4,000미터라는 것을 전혀 느끼지 못할 만큼 몸과 마음 상태가 좋았다.

이번 순례기에 기억을 찾아 기록하던 중 메모가 가장 정확하고 어제 일처럼 명확했다. 그만큼 그곳을 희망의 땅으로 여기며 찾았던 것이다. 내 생애 인도가 충전의 땅이었다면 티베트를 희망의 땅으로 여기게 된 것은 무엇 때문일까? 그래서 관심은 사랑이고 사랑하는 만큼 보이고 이해되는 것인지도 모른다.

드디어 세계 최대 불교학원인 오명불학원에 도착했다. 여기서 대중적 공식 환영행사와 인사가 끝난 후 나는 개인적으로 중국어를 잘하는 당시 타이완에 유학 중인 무구 스님에게 통역을 부탁하여 불학원에 대한 몇 가지 궁금증을 알아보기로 했다. 오명불학원의 안내자 비구니 스님들은 매우 친절하며 명확하였다. 중국에서 유학 왔다고 한다.

성냥갑처럼 작은 토굴들로 탑을 이룬 오명불학원 수행자들이 사는 토굴.

그때의 문답을 가감 없이 사실대로 기록하려고 한다.

問 : 오명불학원의 시원(始原)에 대해 알고 싶습니다.

答 : 1980년 티베트 고승 릭메푼촉 린포체가 32명의 제자를 가르치면서 시작되었습니다.

問 : 오명은 무슨 뜻입니까?

答 : 명(明)은 학문이란 뜻입니다. 오명(五明)은 다섯 학문을 중심으로 하는 불학원입니다. 정확히 라롱 오명불학원이라고 합니다. 라롱은 태어나서 여기에 이르기까지 자유로움을 얻는다는 뜻입니다. 즉 자재(自在)라는 뜻이지요. 그래서 여기에 오시면 자유로움을 얻을 수 있습니다. 예를 들어 몸의 자재, 마음의 자재를 말합니다. 정원의 크고 동그란 문 안에

소장품이 있습니다. 스님이 거기를 지나왔다면, 사실 이미 자재로워졌다는 것입니다. 따라서 오명이란 다섯 가지 학문을 통달해야 자재로워진다는 것입니다.

첫째는 내명(內明)인데, 불법을 공부하는 것입니다. 우리는 여기에 집중하여 중시하는 공부이고 경장, 율장을 공부합니다.

둘째는 공교명(工巧明)인데, 손재주를 말합니다. 예를 들면 불상이나 불탑을 만들고 손으로 탱화를 그리는 것입니다.

셋째는 의방명(醫方明)인데, 의사 병원으로 위학 능력을 배우는 것입니다. 질병을 치료하는 의사 자격을 갖추는 것이죠.

넷째는 인명(因明)인데, 변술로써 불법을 숭배하는 것입니다. 이것은 높은 경지의 논리학입니다. 즉, 불법의 진리를 밝혀내는 것입니다. 이는 속세(외도)의 바른 일과 그른 일을 가려내는 것입니다. 인도에서 외도와 석가모니가 무엇이 진리인지 변론하지 않았습니까? 이 언어의 변술을 배워 진리가 무엇인지 설명하는 법이지요.

다섯째, 성명(聲明)에는 언어의 운율, 염불, 불경을 읊는 것, 노래하는 것, 어조, 범패 등이 해당합니다. 음성학, 음률학적인 방면입니다. 예를 들어 창송, 염불 방법이 이 성명에 속합니다.

시종 밝은 표정과 맑은 음성으로 정확하게 설명해준 비구니 스님에게 고마움의 인사를 하고 급히 헤어졌다.

현재는 중국 공안당국의 강력한 통제로 오명불학원에 외국인의 진입이 어려워졌다고 한다. 다행히 우리가 갔던 2015년에는 당국의

동티베트 야칭스(亞靑寺) 언덕 위 파드마 삼바바 청동상 앞에서 의식을 거행한 후 기념 촬영. 야칭스는 그날도 눈부시게 아름다웠노라!

감시 보호는 있었지만 그렇게 노골적이지 않았다. 나로서는 난생처음 접한 그곳의 거대한 수행 공동체. 어마어마한 크기의 산 전체를 덮은 쪽방촌 같은 붉은 집들. 오로지 오체투지 기도의 힘이 아니면 도저히 생존 불가능할 것 같은 삶의 방식의 생생한 현장을 바라보며 한동안 어떤 생각도 할 수가 없었다.

2015년 7월 5일, 날씨 맑고 흐리고 비 내림 반복

고산에서의 날씨는 예측불허였다. 아름다운 경치를 감상하며 동티베트의 알프스라는 간즈(해발 3,390미터)에 도착하는 것으로 오늘의 일정은 비교적 일찍 가볍게 마무리되었다.

시간과 돈이 좀 있다 해도 딱히 갈 곳도 먹을 곳도 없는 '간즈탕구라 호텔' 208호에서 두 시간여 매우 의미 있는 시간을 가졌다. 운문사를 졸업한 대선배 1970년대 6회 스님부터 2008년 시대 44회까지의 동문 20여 명이 모인 자리였다. 예상치 않았던 소동문회가 된 것이다. 40여 년 세월의 격이 있다 보니 선후배가 서로 모르는 것은 당연하다. 이 기회에 선후배 소개 겸 인사도 나누고 멀고 어려운 성지 순례자로 다시 만난 소회도 나누며 감동의 시간을 가진 일은 두고두고 기억하고 싶은 시간이었다.

다 잊어버렸다고 여겼던 동티베트 순례를 기억하면서 생각보다 더 생생하게 어제 일처럼 떠오르는 것이 신기하다. 함께한 여러 스님은 한결같이 친절하셨고 자비로우셨으며 매우 큰 자연 속의 한 부분이었다는 사실이 나를 순례 길에서 행복한 수행자로 있게 해주셨다.

성지 순례를 주최해주신 교육원에 감사드리며 2015년 7월에 다녀온 동티베트의 이야기를 4년이 지난 2019년 7월에 쓴다.

⊙ 정우 스님과 함께한 동티베트 불교 유적 순례(2015)

우루무치

산산

카스

투루판

하미

타스쿠얼간

둔황

위면

허톈

곤   륜   산

취안

장예

우웨이

포

타얼사

서닝

거얼무

란저우

히   낙추

말   시가체

라   장체   라싸

야   암드로초수

산

맥

청두

충칭

다푸

인천 ➡ 성도(도강언) ➡ 마얼캉(중국사) ➡ 랑탕(지흠사, 삼예사원, 오명불학원) ➡ 루훠 ➡ 간즈(백옥탑) ➡ 야칭스 ➡ 간즈(토우푸, 혜원사, 링췌스) ➡ 단파(갑거장체) ➡ 칸딩(차마고도 시작점 상리고진) ➡ 성도(차 도매시장) ➡ 인천

청두(城都, 성도)

중국 쓰촨성의 청두는 양쯔강 수계(水系) 민강(岷江) 유역의 비옥한 토지에 위치한다. 당 현종이 안사의 난을 피해 정신귀족(庭臣貴族)이 망명해 당 문화가 전해졌다. 당시의 문화 수준은 '양주는 천하 제일, 익주는 제2'라고 말해질 정도였다. 5대에는 전촉, 후촉의 국도로 궁정 문화가 유지되었다.

나한화의 명수로 알려진 관휴는 왕건으로부터 선월 대사의 칭호를 받았고 후촉의 궁정에서는 화조화의 황전(黃筌), 일격(逸格) 인물화의 석락 등이 활약했다. 송대 이후 청조까지는 성도부의 치소였고, 원대에는 마르코 폴로가 문화의 번영 상태를 기록하기도 했다. 금강의 수리와 풍광의 혜택도 받고, 남문 밖의 제갈량을 모신 무후사, 동문 밖의 망강루, 남서쪽에 있는 두포초당 등 구(舊)유적도 있다. 시내에는 사천 대학, 쓰촨성 박물관이 있어 고고 발굴물과 출토품의 보관 및 전시에 힘쓰고 있다.

마얼캉(馬爾康, 마이캉)

아바장족창족자치주에 있는 마얼캉의 주요 민족은 티베트족(藏族) 55퍼센트, 창족(羌族) 18.7퍼센트, 후이족(回族) 3.3퍼센트 등이다. 자이언트 판다 보호 구역인 워룽국립자연보호구, 해발 6,250미터의 쓰구냥산(四姑娘山) 등의 명승지가 있어 관광업이 발달했다. 2008년 쓰촨성 지진의 진앙지였다.

써다(Seda, 色達)

써다는 해발 3,000~4,000미터 이상 고산 지대가 대부분이어서 트레킹족들이 많이 찾는다.

파란 하늘 아래 성냥갑처럼 생긴 붉은 토막집들이 다닥다닥 붙어 있는 오명불학원에서는 전국 각지에서 온 스님 1만여 명이 티베트 불교를 수행하고 있다. 1980년 티베트 고승인 릭메푼촉 린포체가 32명의 제자를 가르치면서 시작되었다.

부처님 오신 날이면 연중 최대 법회에 참가하기 위해 티베트족뿐만 아니라 한족들까지 5,000여 명이 전국 각지에서 오명불학원에 모여든다. 불학원 창시자의 신위가 봉안된 탄청(檀城) 주변에는 수많은 신도가 합장 기도를 올린다. 또 티베트 불교 전통 수행 도구인 좐징룬(轉經輪)을 돌리며 자신의 업보를 씻는 신도들도 많다. 큰스님의 불법을 전수받기 위한 관딩(灌頂)도 열린다. 티베트 불교 신도라면 누구나 받아야 하는 일종의 의식이다. 수행자들이 큰스님을 부르기 위해 나팔 소리에 맞춰 흰색 천을 흔드는 모습은 장관을 연출한다.

더거(Dege, 德格)

인경원(印經院)은 티베트 목각 인쇄의 발원지이다. 티베트어로는 더거 바궁. '경문'을 인쇄하고 소장하는 장소라는 의미다. 1729년 더거법왕이 세운 인경원에서는 수많은 종류의 티베트 경전이 인쇄되었고, 이 경전은 티베트 전역으로 전해졌다. 이곳에 소장된 목판은 예술적 수준과 가치가 상당히 높은 것으로 평가받는다. 지금까지 역대 티베트 목판 제작 기술을 잘 보존하고 있다.

인경원이 지닌 역사, 문화, 존재 가치에 비하면 규모는 지나칠 정도로 아담했다. 1층에는 작은 사원, 목판 제작소와 인쇄에 사용된 목판을 세척하는 장소가 있고, 2층에는 목판 보관소와 인쇄소가 전부였다.

야칭스(亞靑寺)

간쯔장족자치주의 바이위현(白玉縣)에 있다. 간쯔장족자치주는 캄(Kham)이라고 불리던 동티베트 지역으로, 1956년 중국 쓰촨성에 편입되었다. 해발 고도 3,900미터의 황량한 고산 지대 구릉에 들어선 야칭스는 티베트 불교 종파 중 닝마파(붉은 가사와 모자를 착용해 홍모파라고도 한다)에 속하는 승려들이 수행하는 불교 학원이다.

1985년 라마야추라는 린포체(活佛, 환생한 고승)가 이곳에 사원을 세우자 그의 불법을 듣기 위해 승려들이 모여들면서 집단촌이 형성되었다. 이곳에는 비구니 약 7,000여 명과 비구 3,000여 명 등 1만여 명의 출가자가 거주하며 수행하는데, 비구니의 절반 이상이 10~20대이다. 이들은 대개 1~3년간 수련한 뒤 고향으로 돌아간다.

야칭스는 비구와 비구니 거주지, 사원 등으로 이루어져 있다. 대규모 쪽방촌 또는 난민촌을 연상케 하는 비구니 거주지에는 3~4평 크기의 수많은 판잣집이 다닥다닥 붙어 있는데, 이 거주지를 빙 둘러 야룽강(雅礱江)의 지류가 흐르기 때문에 마치 섬처럼 보인다. 다리를 지나 강을 건너가면 비구니 거주지와 달리 제법 구색을 갖춘 비구의 거주지가 나온다. 외벽 전체가 마니차(불경을 새겨 넣고 돌릴 수 있게 만든 둥근 통)로 되어 있는 사원과 화려한 금빛 지붕의 사원을 비롯해 거대한 불상도 조성되어 있다. 언덕 이곳저곳에는 한 사람이 가부좌를 틀 정도의 크기로 비닐 천막과 판자로 만든 허름한 창고 같은 공간이 산재해 있는데, 이곳은 명상과 기도를 하는 개인 수련 장소다.

신호등이 없는 나라, 부탄

정운 스님(보령 세원사 주지)

한 나라의 수도이며 인구 12만 명, 차량 약 3만 대가 있는 곳에 신호등이 없다는 상상도 안 되는 일을 눈으로 직접 보았다. 정말 신호등이 없었다. 전 세계를 통틀어 첫눈 내리는 날을 임시공휴일로 정하는 여유롭고 낭만적인 국왕이 얼마나 될까.

  길을 나섬에 설렘은 누구에게나 다 있을 것이다. 누구와 함께 어떤 것을 바라보고 공유하느냐에 따라 길 나섬에 대한 성공과 실패에 대해 나름 점수를 매기게 된다. 이번 성지 순례 길은 어떻다는 등. 나는 조계종 교육원에서 실시하는 해외 성지 순례에 세 번째로 참가했다. 갈 때마다 느끼는 것이지만 성지를 답사하고 프로그램을 만들고 그것을 순례자 모두에게 공감하도록 준비하기까지 진행자들의 성숙한 매너가 농익어 있음을 느낄 수 있다. 단순히 집을 나선 여행이 아닌 신앙의 행위에 넘어선 재발심의 동기를 부여할 수 있는 그런 프

부탄 최고의 성지 탁상 곰파에 오르기 전 지도 법사이신 혜국 스님과 함께 순례의 평안과 원만회향을 기원드리다.

로그램이다. 나는 이 프로그램에 참가하기 위해 주어진 일정을 조정하고 경제적 준비를 한다.

이번 부탄 성지 순례길은 117명이 함께하였다. 가는 곳마다 축원과 칠정례로 하루 일과를 시작하고 마무리하는 모습이 거룩하기 그지없었다. 교육원에서 진행하는 프로그램이기 때문에 가능한 일이다. 우리의 승가도 많이 변하고 있다. 자칫 전통의 고유한 멋을 벗어버리고 새로운 것으로 포장하는 것이 변화 아닌가 생각할 수도 있겠지만, 변화는 옛것과 새것이 공존 할 때 가능한 일이다. 나는 이번 순례 길에서 우리나라, 우리 승가에서 이루어내지 못하는 네 가지 문화와 사상을 발견할 수 있었다.

부탄의 수도 팀푸에 있는 데천 포드랑 승가학교 법당에 참배하러 들어가다.

팀푸에서 도출라 고개를 넘어 도착한 푸나카. 그곳에 있는 푸나카 종에서 참배 후 법당 앞에서 기념사진을 찍다.

첫째는 전통과 현대적인 것이 공존하는 나라라는 것이다. 온 도시가 부탄만이 가지는 전통 양식의 지붕과 창문으로 이루어져 있고 거리에는 남녀 모두 그들의 고유 의상인 고(Gho)와 키라(Kira)를 멋스럽게 차려입고 일상생활을 하고 있었다. 특히 관공서와 학생들의 교복은 고와 키라로 통일된 모습이었다. 우리나라처럼 학교마다 교복이 다른 것이 아니라 모두가 그들의 전통 의복을 입어, 청바지에 티셔츠 차림은 좀처럼 보이지 않았다.

둘째는 어느 나라에서도 찾아볼 수 없는 '종(Dzong)'이 존재한다는 것이다. 종은 종교와 행정의 기능을 동시에 수행하는 부탄만이 가지는 독특한 기관이다. 그렇다고 사원이 없는 것은 아니다. 사원은 사원대로 존재하며 신앙의 귀의처로 남아 있다.

셋째는 '신호등'이 없는 나라라는 것이다. 내가 사는 시골 마을에서 10분 거리인 시내로 나갈 때도 6개의 신호등을 거쳐야 한다. 그런데 하물며 한 나라의 수도이며 인구 12만 명이 거주하고, 차량 약 3만 대가 운행되는 곳에 신호등이 없다는, 상상도 안 되는 일을 눈으로 직접 보았다. 정말 신호등이 없었다. 가끔 번화가에 신호등을 대신해서 차와 사람에게 수신호로 보내는 교통 경찰은 있었지만 그들의 손놀림도 그리 바빠 보이지 않았다.

넷째는 국왕의 사진이다. 집집마다 사람들 가슴마다 국왕의 사진을 달고 다니는 모습이 이색적이었다. 우리나라가 대통령의 사진을 공공 건물에 상징적으로 걸어놓는 것과 달리 국민 스스로 국왕을 사랑하는 일상적인 모습이라는 것에 놀라지 않을 수가 없었다. 국왕 스스로 국민들을 하찮게 여기고 그 위에 군림하려고 했다면 이런 모습을 볼 수 없었을 것이다. 또 왕실의 경제를 구축하는 것이 아닌 국민의 행복을 위해 권력을 내려놓은 국왕이었기에 가능한 일이다.

전 세계를 통틀어 첫눈 내리는 날을 임시공휴일로 정하는 여유롭고 낭만적인 국왕이 얼마나 될까? 이것이 부탄이라는 나라다.

⊙ 혜국 스님과 함께한 부탄 · 태국 불교 성지 순례(2016)

티베트(중국)

부탄

아루나찰
프라데시(인도)

가사

푸나카

룬체
타시양체

자카르

파로
팀푸
왕디
트롱사

하

트라시강

다가
담푸

몽가르

추카

삼둡 종카

사르팡

겔레푸

웨스트벵갈(인도)

아쌈(인도)

인천 ➡ 방콕(아유타야 사원 유적지, 에메랄드 사원과 왕궁, 새벽사원, 수상가옥 ➡ 팀푸(셈토카 종, 데첸 포드랑 승가학교, 장강카 라캉, 메모리얼 초르텐, 타시초 종) ➡ 팀푸 계곡, 체리 사원 ➡ 도출라 고개 108탑, 치미라캉 사원) ➡ 푸나카(푸나카 종) ➡ 파로(파로 국립박물관, 린풍 종, 탁상 사원, 키추 사원) ➡ 방콕 ➡ 인천

▣ 태국

타이족의 기원은 분명하지 않으나, 한족(漢族)의 남진에 의해 중국의 양 쯔강 남부에서 인도차이나반도로 이동해왔다는 설이 유력하다.

타이는 아시아 각국이 서구 열강의 식민지가 되었던 시기에 유일하게 독 립을 유지한 나라이다. 1939년에 국호를 시암에서 타이로 변경했다. 1973년 12월 산야 정권은 새로운 헌법을 제정하고 총선거를 실시하 는 한편 언론 검열 철폐, 농지개혁법 제정 등 의욕적인 정책을 실시했으 나 좌우파의 대립, 빈발하는 파업 등으로 국민적 통합을 이루지 못한 채 1975년 2월 반정부 폭동으로 물러났다.

1992년 5월 민주화 운동은 역사상 매우 비극적인 유혈 사태를 가져왔지 만, 시민의 힘에 의해 군부 정권을 퇴진시키고 문민 정권을 다시 등장시 켰다.

1997년 개헌으로 2000년 3월 임명직 상원이 해산되는 등 제도상의 변 화가 나타났으며, 2001년 6월 6일 선거에서 탁신이 만든 새 정당인 타 이락타이당이 전국적인 승리를 거두면서 탁신은 총리가 되었다. 그러나 경제적으로 성공한 기업인 출신으로 집권 초기에 신임을 받은 탁신 총리 는 개인적인 부정부패 문제가 불거져 2006년 쿠데타를 불러왔다. 수도 는 방콕.

에메랄드 사원(Temple of the Emerald Buddha, 왓 프라깨우)

방콕 왕궁 내에 자리한 왓 프라깨우는 국왕의 제사를 치르는 왕실 수호 사원이다. 본당에 안치된 에메랄드 불상으로 유명해 '에메랄드 사원'이라 는 별칭이 붙었다. 또한 다른 사원과 달리 경내에 승려가 머물지 않는다. 입구에 들어서면 왼쪽으로 가장 먼저 눈에 띄는 황금 탑은 프라씨 랏따 나 쩨디라고 불린다. 라마 4세 때 스리랑카 양식으로 지은 둥근 탑으로, 부처의 가슴뼈가 안치되었다고 전해진다.

에메랄드 사원 법당에서는 태국에서 가장 신성한 불상으로 꼽히는 에메랄드 불상을 볼 수 있다. 높이 약 66센티미터, 폭 48.3센티미터 크기로 녹색 옥으로 만들어졌으며 가부좌 형태를 하고 있다. 태국인들은 이 에메랄드 불상을 국왕의 수호신으로 여긴다. 1년에 세 차례, 태국 국왕이 직접 불상의 옷을 갈아입히는 의식을 진행한다.

사원 앞 회랑 벽면에는 인도의 대서사시 〈라마야나〉를 태국 화풍으로 묘사한 178개의 벽화가 눈길을 사로잡는다. 그 밖에 법당 주변에 있는 라마 1세 때 지어진 도서관 프라 몬돕, 크메르 양식으로 지어진 옥수수 모양 탑이 인상적인 쁘라쌋 프라 텝 비돈, 라마 4세 때 영토를 지배한 영광을 드러내기 위해 만들어진 앙코르와트 모형 등의 건축물도 눈여겨볼 만하다.

아유타야(Ayutthaya)

1350년경에 건립된 아유타야는 수코타이(Sukhothai)에 이어 시암(Siam) 왕국의 두 번째 수도가 되었다. 아유타야는 18세기에 버마인들에 의해 파괴되었다. 프랑(prang, 전형적인 아유타야 예술 작품인 성유물 탑(reliquary tower)과 거대한 수도원들로 이루어진 유적들에서 과거의 화려했던 모습을 엿볼 수 있다. 1991년 유네스코 세계 문화유산에 등재되었다.

▣ 부탄

부탄인들은 현재 자신들의 조상이라고 믿는 로푸족이 부탄 남서쪽에 거주한 것으로 알고 있다. 로푸족은 혈통상으로 티베트와 몽골에서 도래했으며, 언어는 티베트-버마어 계통이다.

구루 림포체(Guru Rimpoche) 또는 파드마삼바바(Padmasambhava)가 659년경 부탄의 파로와 붐탕에 탄타르 불교를 도입한 후 현재까지 이어지고 있다.

1907년 12월 17일 영국의 영향 아래 부탄은 왕추크를 국왕으로 하는 군주제를 채택했으나 1969년부터 시작된 절대 군주제에 대한 반대가 심화되어 1998년에 공식적으로 절대 왕정이 무너졌다.

2005년 12월 지그미 싱예 왕추크(Jigme Singye Wangchuck)왕은 2008년부터 입헌 군주제를 채택할 것이며, 신헌법과 새로운 선거 제도를 도입할 것이라고 약속했다. 그러나 2006년 이러한 약속을 번복하고 아들인 지그미 케사 남젤 왕추크(Jigme Khesar Namgyel Wangchuck)에게 왕권을 이양했다. 수도는 팀푸.

장강카 라캉(Changgangkha Lhakhang)

부탄의 수도인 팀푸 중심부에 자리한 장강카 라캉은 12세기 티베트 중부 랄룽 사원에서 부탄에 온 '파조 드럭곰 싱포' 스님이 창건한 것이다. 드룩파 까규 불교를 가르치는 일종의 승가대학으로서 오랫동안 부탄 불교의 중심지로 자리 잡았다.

팀푸 시민들은 아이가 태어나면 3일 이내에 장강카 라캉에 데려와 치성을 드리고 이름을 받아 간다. 또한 아이들이 아프면 사원에 먼저 들러 기도한 뒤 병원에 간다.

법당에는 전형적인 티베트 불교 형식의 11면 관세음보살상이 조성되어 있다. 법당 내부에 따로 마련된 금당에는 승려와 아이들만 들어갈 수 있다.

체리 사원(Cheri Gompa)

팀푸 계곡 깊숙이 자리한 체리 사원은 티베트 본토 드룩파 까규의 본산인 랄룽 사원의 18대 승원장 샵드룽 나왕 남걀이 1620년에 세웠다. 1616년 샵드룽 나왕 남걀은 예세 고엔포(마하칼라)의 비전을 받아 랄룽 사원의 17대 승원장인 아버지 미팜 텐파이 니마의 유해를 모시고 부탄으로 도망쳐 와서 그 유해를 모시기 위해 체리 사원을 건립한 것이다.

팀푸 시내에서 서쪽 계곡을 따라 40여 분 이동하면 산 중턱에 체리 사원이 보인다. 여기서 구불구불한 산길을 40여 분 오르면 산상 사원이 모습을 드러낸다. 사원의 2층 법당에는 은으로 만든 장엄한 스투파가 모셔져 있다. 바로 샵드룽 나왕 남걀의 아버지 사리탑이다. 체리 사원에서 6년간 수도하면서 샵드룽 나왕 남걀은 부탄 전역에 통일의 위업을 달성할 구상을 마치고 곧이어 불어닥칠 티베트의 침공에 대비하기 위해 종(Dzong)이라는 독특한 사원 건축을 고안해냈다. 그리고 1627년 팀푸 외곽에 위치한 심토카 종을 시작으로 부탄 전역에 요새 형태의 사원을 건립했다. 현재 이 사원은 무문관으로 사용되고 있다.

푸나카 종(Punakha Dzong)

푸나카 종의 오른쪽에는 포추강(Pho Chu, 아버지의 강)이 흐르고, 왼쪽에는 모추강(Mo Chu, 어머니의 강)이 흐른다. 강에 놓인 현수교를 건너면 작은 요새라고 불리는 사원이 있다. 푸나카 종은 부탄 전역의 수많은 종 중에서 역사적으로 또는 신앙적으로 매우 중요한 위치를 차지한다. 역대 국왕들의 즉위식은 물론 왕실의 주요 행사도 푸나카 종에서 이루어졌다. 2011년 제5대 국왕의 결혼식도 이곳에서 거행되었다. 따라서 20세기 들어 수차례 증축으로 잘 보존되어왔으나 양쪽으로 흐르는 강이 범람해 쓸려 내려간 것을 2003년에 복원했다. 외적을 방어하는 요새답게 ㅁ자형 건축물로, 사방에서 병풍처럼 건물이 둘러싸고 가운데는 넓은 광장이 있으며, 커다란 보리수가 있다.
건물은 장식과 채색이 매우 섬세하고, 각 벽면에 육도윤회도나 우정과 행운, 협동을 나타내는 부탄 불교의 동화를 상징하는 네 마리 동물인 코끼리와 원숭이, 토끼, 공작새 등 각종 벽화가 그려져 있다. 현재 450여 명의 스님이 수행하고 있다.

느림의 미학을 실천하는 나라

무애 스님(경주 정토법당 주지)

교육원에서 실시하는 교육 과정 중, 설정 큰스님과 함께하는 성지 순례가 계획되었다. 출가하고 몇 해 지나지 않아 큰스님을 한 번 뵙는 기회가 생겼는데, 그때 무척이나 자상하게 부처님 얘기를 들려주셨던 게 기억난다. 어느 회상에서 또다시 큰스님을 뵙게 될지 몰라, 망설임 없이 열 명의 도반들과 함께 연수 신청을 했다. 특히나 부탄은 네팔, 티베트와 더불어 꼭 다녀오고 싶었던 곳이다.

역시 여행은 가기 전, 여행 중, 다녀와서라더니…… 준비부터 무척이나 설렜다. 3월 17일부터 24일까지의 순례 일정을 마냥 설렐 수만은 없게 만드는 나의 고장 난 무릎 걱정이 크기도 했지만, 팽팽한 긴장 속에 살다가 여행 준비만으로도 여유로워지는 기분, 그 설렘을 느끼기 위해 있던 곳으로부터의 일탈을 꿈꾸는 것 아닐까.

17일. 인천공항에서 오후에 출발한 일정은 방콕 수완나품 공항에 도착하는 것으로 하루 일정이 마무리되었다.

18일 아침. 아유타야 사원 유적지부터 순례가 시작되었다.

엄청난 규모의 수도원들은 화려하고 부유한 과거를 보여주었으며, 불교가 얼마나 꽃피우고 있었는지 여실히 보여주었다. 물론 18세기에 버마인들에 의해 불탑들은 무너지고 불상은 목이 없거나 팔이 없거나 심하게 훼손되었지만, 그래도 불교의 장엄함을 느끼기엔 충분했다.

특히 땅에 묻혀 있던 부처님 얼굴. 나무뿌리가 자라나면서 감고 땅 위로 올라왔다는 불두는 당시 무섭고 치열했을 전쟁을 떠올리게 했다.

태국은 입헌군주제 국가이다. 우리가 방문했을 때에는, 국왕이 서거해 온 국민이 추모하는 시기였다. 모든 관공서나 중요 사찰에서 분향소를 설치하고 모두 검은 옷을 입고 1년간 추모한다고 한다. 왠지 어릴 적 고(故) 박정희 대통령 서거 때가 생각났다. 그때 우리나라 역시 크고 작은 동사무소 등에 분향소를 설치할 정도로 장례 규모가 어마어마했다. 어린 시절 어머니 손을 잡고 함께 다녀왔던 기억이 오버랩되었다.

태국 사찰들은 대체로 화려하다. 새벽 사원은 불탑이지만 힌두교의 '시바신'을 상징한다고 한다. 그래서 화려한가? 왓포 와불 사원도, 에메랄드 사원도 너무나 화려해서 기도가 되지 않을 정도였다. 설명도 듣는 둥 마는 둥 도반들과 그저 사진 찍기에 여념이 없었다.

　19일. 짧은 태국 순례를 마치고 드디어 부탄으로 향했다.
　내가 아는 부탄은 검소한 삶 속에서 모든 것에 감사함을 느끼며 순수한 사람들이 사는 나라, 행복을 아는 느리게 사는 미학을 실천하는 불교의 나라. 그래서 꼭 한 번 가보고 싶은 나라 중 하나였다.
　산악지대라 일반 비행기로는 갈 수 없고 경비행기로 이동하게 된다. 흔들림 없이 곡예를 하면서 협곡을 빠져 나가는 비행 솜씨에 , 혹시나 했던 우려는 순식간에 감탄으로 바뀌었다. 고도가 낮아질 때는 산에 지나가는 사람도 보일 정도로 저공비행 솜씨가 탁월해 도반들의 환호성을 자아내기에 충분했다. 파로공항은 세계에서 가장 착륙하기 힘들다는 공항이다.
　부탄은 고도가 2,400미터에 이른다. 제주도 한라산의 고도 1,950미터이니 도시 자체가 얼마나 높은 곳에 있는지 알 수 있다. 또한 계곡도 많다. 북부 히말라야 티베트 고원 쪽에서 내려온 물이 인도로 흘러가는데, 강물의 양이 많아 수력 발전소가 만들어내는 전기를 인도에 수출한다고 한다.
　국토도 대부분 비탈이라서 도로들도 높고 좁기 때문에, 부탄에는 대형 버스가 없다. 이번에 동참한 스님들은 20인승 이하의 미니버스로 나눠서 탑승했는데, 우리 일행은 큰스님과 함께하는 버스에 배정받아 틈틈이 법문을 들으며 이동하는 행운을 누렸다.
　부탄은 남녀노소 누구나가 전통 의상인 '고'와 '키라'을 입는다. 부탄의 전통 문화를 보존하기 위한 정부 시책이란다. 국보, 보물 등이 불교 유물이라는 이유로 이웃 종교인의 표적이 되어 훼불되는 일이 종종 발생하는 우리나라에 비해, 전통을 중시하는 부탄 국민들의 사고는 배워야 할 일이다.

부탄에서 처음 일정은 데첸 포드랑 승가학교다. 아직 어린 동자승들이 천진한 미소로 반겨주던 승가학교에서 가사장삼을 여법하게 수하고 큰스님을 모시고 한 컷 기억을 저장했다.

다음 순례지는 '장강카 라캉 사원'. 일종의 승가대학으로 부탄 불교의 중심이 되는 사원이다. 갑자기 부탄 현지 가이드가 자기 이름을 소개하면서 같은 이름이 몇 백 명 정도 된다고 말했다. 시민들이 아이가 태어나면 3일 이내에 장강카 라캉에 데리고 와서 치성을 드리고 기도를 하고 아이의 이름을 받아 가기 때문에 같은 이름이 부지기수란다.

법당엔 티베트 불교 형식의 11면 관세음보살상이 조성되어 있고, 법당 앞에는 이름을 짓는 수호신을 모신 조그마한 단도 마련이 되어 있었다. 그 앞에서 나도 조용히 무릎 꿇고, 어느 불자님의 오래된 속득생남 소원을 대신해 간절히 빌어보았다.

장강카 라캉 사원 앞에는 특이하게 목화와 실로 만든 탑이 있었다. 이는 어린아이들이 오래도록 무탈하게 장수하길 비는 마음으로 시민들이 직접 만들었다고 하는데, 어디나 부모의 마음은 다 같은가 보다.

부탄에서 '종'은 사원이며 타시초종은 '영광스러운 신앙의 요새'

라는 의미의 부탄의 정부청사이자 왕궁 사원이며 부탄에서 가장 큰 사원이다. 사원 입구를 군인과 경찰이 지키고 휴대품 검색을 받은 후에도 탐지기를 통과해야 들어갈 수 있었다. 사원 건물의 반은 승려가, 반은 공무원이 함께 사용하고 있었으며, 왕의 집무실도 이곳에 있었다. 타시초종 현관에는 윤회와 현신을 믿는 히말라야 불교의 독특한 신앙인 파드마삼바바가 그려진 불상이 여덟 가지 형태로 모셔져 있었다.

석가모니 부처님이 모셔진 법당에 들어가 참배를 마친 뒤 사진으로 남기고 싶었지만 내부 사진 촬영이 금지되어 있어 마음에만 새기는 것으로 아쉬움을 달랬다.

부탄 국민들은 참 재미있다. 가장 번화한 도로에서 인간미가 없다는 이유로 신호등 없이 교통경찰의 수신호를 이용한다든가, 첫눈이 내리면 임시 공휴일이 된다든가, 그 어디에서도 들어보지 못한 이야기들을 가이드가 쏟아냈다. 그래서인지 부탄은 세계에서 가장 행복지수가 높은 나라인가 하는 생각이 들었다. 우리나라 10분의 1 정도의 경제 수준이지만 국민 대다수가 행복하다고 느끼는 나라. 국민소득이 아닌 국민의 행복지수를 기준으로 통치하겠다고 선언한 국왕. 그들이 '행복하다'를 외치며 사는 이유일 것이다.

20일. 벌써 부탄에서의 두 번째 날이 되었다. 수행 사원인 체리사원에 도착했을 때는 마침 예불을 드리는 시간이어서, 큰스님의 집전 하에 우리도 함께 예불에 참여했다. 언어가 다르고 방식은 달라도 부처님을 향한 불심은 다 같은가 보다. 그 어느 때보다 여법하고 장엄한 예불이었다. 같은 날 오후 체리 사원을 뒤로하고 우리는 도출라 패스로 향했다.

도출라 패스는 팀푸와 푸나카 간 고속도로 위에 있으며 해발 3,120미터에 이른다. 먼저 정상에 모셔진 108탑에 참배하고 히말라야 설산을 배경으로 180도 파노라마 풍경을 감상했다. 도착 당시 오락가락하던 눈이 걷히고 시야가 확보되니, 히말라야 설산을 배경으로 큰스님을 모시고 도반들과 마음껏 사진도 찍고 인도에서 여행 온 가족과도 함께했다.

21일. 파로로 이동한 우리는 파로 국립박물관과 라마교 사원인 '린풍종'을 참배했다.

린풍종은 키아누 리브스 주연의 석가모니 부처님의 일대기를 담은 영화 〈리틀붓다〉의 촬영지이다.

22일. 일정 중 가장 힘들다는 탁상곰파(Tiger's Nest Monastery), 탁상사원 참배 날이다.

8세기 인도의 탄트라 불교를 전파시킨 고승 파드마삼바바가 날 수 있는 호랑이를 타고 와서 동굴 안에서 수행하였다는 수행처인데, '호랑이 보금자리'라는 뜻의 탁상이라는 이름의 사원이다. 탁상사원은 골짜기 바닥에서 약 792미터, 해발 3,000미터가 넘는 까마득한 절벽에 위치해 체력이 안 되는 순례자들은 당나귀를 타고 오르기도

하지만, 큰스님께서 직접 오르시는 모습을 보고 환희심으로 따라 오를 수 있었다. 굽이굽이 오르는 순례길마다 경전이 적힌 오색 깃발 '타르초'가 바람에 경전을 실어 중생에게 널리 널리 펴져 나가고 있는 듯했다.

겨우 탁상사원에 도착해 참배를 끝내고 큰스님과 함께 정진하는 시간을 가졌다. 오랜 시간 소임을 보느라 정진을 소홀히 하다 대중 스님들과 앉아 정진하니 벅차오르는 마음을 주체하기 힘들었다.

일정 중 큰스님께서 "해놓은 게 하나도 없는 것 같다"라고 말씀하신 적이 있다. 그 어른께서도 저리 말씀 하시는데 '나는 과연 어떠한가' 생각하다 한참을 울었던 기억이 난다. 그렇게 부질없는 회한의 눈물을 흘리러 이곳에 온 것 아닐까 하는 것을 위안 삼아 어렵게 마음을 다독였다.

교육 일정을 아무런 탈 없이 마치고 일상으로 돌아온 지금, 척박한 환경 속에서도 수행 정진하고 경전을 익혀가고 있을 그곳 스님들의 모습이 눈앞에 선하다. 그러면서도 풍요로움에 감사하게 느끼지 못하고 정진을 게을리하고 있는 내가 부끄럽게 여겨지는 순간, 다시금 신심을 내고 발심을 해본다.

부탄은 기회가 된다면 도반들과 다시 가보고 싶은 나라다. 이렇게 기회를 만들어준 교육원에 감사하며, 함께해준 도반들에게도 감사하다. 또 아픈 다리로 힘들어할 때 옆에서 도움을 주신 스님들께도 감사를 전한다. 숙소며 음식이며 최선을 다해준 여행사 관계자 분께도 감사를 전하며 서투른 글쓰기를 함께해준 최진화 불자에게도 감사를 전하고 싶다.

"나무 관세음보살."

⊙ 설정 스님과 함께한 태국 · 부탄 불교 성지 순례(2017)

인천 ➡ 방콕(아유타야 사원 유적지, 에메랄드 사원과 왕궁, 새벽사원, 수상가옥) ➡ 팀푸(셈토카 종, 데첸 포드랑 승가학교, 장강카 라캉, 메모리얼 초르텐, 타시초 종) ➡ 팀푸 계곡, 체리 사원 ➡ 도출라 고개 108탑, 치미라캉 사원) ➡ 푸나카(푸나카 종) ➡ 파로(파로 국립박물관, 린풍 종, 탁상 사원, 끼추 사원) ➡ 방콕 ➡ 인천

▣ 태국

새벽 사원(Wat Arun, 왓 아룬)

톤부리 왕조 때 왕실 전용 사원으로 사용하던 곳으로, 방콕 왕궁 건너편 짜오프라야강 톤부리 쪽에 있다. 강 건너편 선착장에서 바라보면 한눈에 들어올 정도로 웅장하기 때문에 짜오프라야강을 오가는 배들의 랜드마크 역할을 한다.

짜오프라야강이 흐르고 있는 톤부리는 아유타야 왕조가 미얀마의 공격으로 멸망한 뒤 15년간 수도 역할을 했던 유서 깊은 지역이다. 이곳에 자리한 왓 아룬은 과거의 영화를 나타내듯 우뚝 서 있다. 지금도 짜오프라야강과 어우러진 왓 아룬을 방문하기 위해 수많은 관광객의 발길이 톤부리로 향한다.

태국어로 아룬(Arun)이 '새벽'을 의미하기 때문에 왓 아룬은 '새벽 사원'이라고도 불린다. 그 이름에 걸맞게 이른 아침에는 다양한 색깔의 사기와 자기로 장식된 화려한 불탑이 햇빛에 반사되어 더욱 찬란한 자태를 뽐낸다.

1842년 착공해 라마 5세 통치 말 1909년에 완공되었다. 높이가 약 80미터에 달하는 불탑은 힌두교의 시바신을 상징한다. 둘레가 234미터에 달하는 불탑의 좌대가 사원 부지 대부분을 차지하며, 불탑 맞은편에 있는 본당은 창건 당시 건물로 불상 29개가 안치되어 있다.

방콕에서 가장 아름다운 사원 중 하나로 꼽히는 새벽 사원에 가려면 수상 보트를 이용해 타 띠안 선착장에 내린 뒤, 크로스 리버 보트를 타고 다시 강 건너편의 타 왓 아룬 선착장으로 가야 한다. 다소 번거로운 과정이지만 짜오프라야강에서 바라보는 새벽 사원의 모습이 매우 인상적이며, 밤에는 야간 조명을 받아 다양한 색채로 변모하는 불탑이 신비롭고 환상적인 느낌을 준다.

태국 왕궁(Grand Palace)

라마 1세부터 역대 국왕들이 살았던 왕궁으로, 새로운 건물을 짓거나 증개축을 하면서 왕궁의 규모가 커져 현재에 이르렀다. 짜끄리 왕조를 연 라마 1세가 랏따나꼬신으로 수도를 옮기면서 왕조의 번영을 비는 의미로 지었으며 궁전과 집무실, 사원 등으로 이루어져 있다. 특히 제사를 모시는 왕실 수호 사원 '왓 프라깨우'는 태국에서 가장 신성시하는 최고의 사원이다.

입구로 들어가 왓 프라깨우를 지나면 왕들이 기거했던 보로마비만 마하 쁘라쌋을 비롯한 궁전들이 나온다. 보로마비만 마하 쁘라쌋 옆으로 순서대로 국왕의 즉위 행사 등이 열리는 프라 마하 몬티안, 귀빈접견실이나 연회장으로 이용되는 짜끄리 마하 쁘라쌋, 라마 1세가 자신의 시신을 안치하기 위해 지은 두씻 마하 쁘라쌋(Dusit Maha Prasat)이 나란히 배치되어 있다. 프라 마하 몬티안은 3개의 건물로 이루어져 있으며 즉위식 외에 왕의 생일 등을 치르기도 한 곳이다. 짜끄리 마하 쁘라쌋은 라마 5세 때 짜끄리 왕조 100주년을 기념해 지은 건물로, 영국인 건축가가 건축했다. 두씻 마하 쁘라쌋은 7층 탑으로, 화장하기 전 시신을 안치해 조문객을 맞는 장소이다.

사원인 왓 프라깨우 본당에는 세계적으로 유명한 에메랄드 불상이 있으며 이 불상을 지닌 나라는 영화를 누린다는 전설이 전해진다. 에메랄드 불상 때문에 왓 프라깨우를 에메랄드 사원이라고 부르기도 하는데, 사실 불상은 에메랄드가 아닌 비취로 만들어진 것이다.

범종 모양의 프라씨 랏따나 쩨디 불탑과 경내에서 가장 오래된 건물인 프라 몬돕 등 다양한 형식의 건축물이 흥미롭다.

왓 프라깨우를 포함한 왕궁은 반바지나 민소매 옷차림으로는 출입할 수 없으니 복장에 신경 써야 한다. 입구 오른쪽에 옷을 빌려주는 곳이 있다.

▣ 부탄

심토카 종(Semtokha Dzong)

1629년 샵드룽 나왕 남걀에 의해 세워진 부탄 최초의 종(요새 사원)이다. 종이 완공된 후 샵드룽의 세력에 위협을 느낀 기존 반대파들이 일으킨 내전(1629년)을 시작으로 100여 년간 7차례에 걸친 티베트와의 전쟁에서 단 한 번도 함락된 적이 없었다. 이후 사원과 요새를 겸하는 부탄만의 독특한 종(Dzong)의 모델이 되었다. 부탄 전역의 수많은 종 중에서 규모는 가장 작지만 역사적 의미는 가장 큰 사원이다.

파로(Paro)

해발 2,300미터에 자리 잡은 파로는 부탄의 여느 도시보다 넓은 평지를 자랑한다. 지리적으로 고대부터 외부와의 통로 역할을 해왔고, 약 100년에 걸친 티베트의 공격 대상이었기에 군사 요충지이기도 했다. 오랫동안 외부와의 단절을 끝내고 개방의 활로 역할을 한 것도 파로이다. 지금은 부탄 유일의 국제 공항이 위치해 은둔의 왕국을 찾는 외국인들의 발길이 끊이지 않아 활기로 가득하다.

탁상 사원(Taktshang)

전설에 의하면 8세기에 고승 파드마삼바바는 날 수 있는 암호랑이로 변신한 여인 타시 키이드렌을 타고 부탄 서부를 여행했다고 한다. 암호랑이는 깎아지른 절벽에 위치한 파로(파로 골짜기 바닥에서 약 792미터 높이)에 내렸다. 탄트로 불교 지도자였던 그는 이곳에서 동굴 안에 들어가 수행했는데, 이 동굴은 오늘날 '호랑이의 보금자리(Tiger's Nest Monastery)'라는 뜻의 탁상이라는 이름으로 알려져 있다.
1692년 부탄의 군주였던 4대 드룩 데시 텐진 랍계(1638~1696)는 탁상을 찾아가 이곳에 사원을 세울 것을 명했고, 기본적인 설계를 결정한 뒤 승려이자 예술가였던 펜롭 드락파 걋소(1646~1719)가 공사를 계획했다. 최초의 사원인 구루 쳉예드 락캉은 1694년에 완공되었다. 탁상 사원은 1998년 화재 이후 복원된 열두 개의 사원으로 구성되어 있다. 매우 좁은 공간에 건물들이 빽빽하게 들어차 있으며, 굽이굽이 가파른 산길과 다리를 건너야만 겨우 닿을 수 있다. 벽은 하얗게 회칠하고 지붕에는 금박을 입힌 사원들은 거대한 바윗덩어리 아래 절벽에 달라붙어 있어 몇 킬로미터 밖에서도 눈에 띈다. 주로 사용한 자재는 돌과 나무로, 대부분 정교하게 조각해서 채색했다. 탁상 사원은 수많은 조상, 회화, 유물을 소장하고 있다.

끼추 사원

7세기에 최초로 티베트를 통일한 송첸감포왕에 의해 창건된 사원이다. 당시 부탄은 티베트에 복속되어 있었는데, 부탄 전역에 영향력을 행사하던 마녀의 힘을 봉쇄하기 위해 그녀의 몸 108군데의 급소에 해당하는 장소에 사원을 건립한 것으로 전해진다. 끼추사원은 마녀의 왼쪽 다리에 해당하던 장소로 현재 부탄에 남아 있는 가장 오래된 사원이다. 군사 요충지인 파로에 위치한 지리적 요인으로 오랫동안 호국불교의 중심적인 역할을 해왔던 유서 깊은 사원으로, 오늘날에도 왕실의 전폭적인 지원과 주민들의 사랑을 받는 사원이다.

몽골 불교 · 러시아 바이칼 순례 후기

지오 스님(성남 봉국사 교무)

인천공항에 설레는 마음을 안고 도착한 것은 오후 네 시경이었다. 이전에도 해외 순례 연수에 교육원 소임자로 몇 번 참여했지만 이번은 일단 총 참가자가 지도 법사이신 지안 스님을 포함하여 100명 넘는다는 것만으로도 상당한 압박감이 있었다. 그중에 86명이 비구니 스님들인데, 특히 노비구니 스님들이 많은 비중을 차지해 열악한 여행 환경이 예상되는 이번 순례에서 상당히 걱정되는 점이었다. 어쨌든 참가자 전원이 무탈하게 출국 수속을 마치고 몽골 · 러시아 바이칼을 향한 여정이 시작되었다.

저녁에 몽골 울란바토르에 도착을 한 후 바로 호텔로 가서 첫날 밤을 보낸 뒤 아침에 약 6시간 거리인 하라호름을 향해 출발했다. 울란바토르를 벗어나면서 초원이 펼쳐지기 시작했을 때 버스 여행의 지루함과 피로함이 모두 잊힐 만큼 마음을 치유하는 풍경에 다들 감탄하였다.

　중간쯤 되는 지점에서 유목민들이 생활하는 곳에 잠시 정차하여
서 탐방하는 시간을 가졌다. 몽골 천막인 게르 안에서 실제로 살고
있는 현지인들을 볼 수 있어서 좋았다. 특히 전통 음료인 우유차나
마유주 등도 맛볼 수 있었다. 단지 몽골까지 와서 말을 타볼 수 없다
는 점이 아쉬웠다. 이곳에도 승마 체험을 할 수 있는 곳이 있긴 했으
나 안전상 문제가 있었다. 얼마 전 다른 순례에서 어떤 비구니 스님
이 말에서 떨어지는 사고를 당한 후 이런 체험을 전면 금지했던 것
이다. 그리고 예상했던 바이지만, 이곳의 화장실 여건은 정말 환상적
이었다. 그냥 땅 파놓고 가림막을 세워둔 정도인데, 그마저 두어 개
밖에 없어 110명가량의 인원이 사용하기에는 턱없이 부족했고 16명
의 비구 스님들은 86명 비구니 스님들에게 양보하고 넓은 초원에서
볼일을 볼 수밖에 없었다. 이후에도 몽골에서 버스로 이동 중에 잠
깐 들른 화장실은 거의 이런 식이었다.

　오후에 에르덴조 사원에 도착했다. 몽골 최초의 티베트 불교 사원
으로서 매우 유서 깊은 곳이다. 13세기 칭키즈칸의 아들 오고타이
칸이 유럽으로 영토를 확대하면서 만든 수도 하라호름(카라코룸)에
세운 사원으로, 그 시대 몽골에 유행하던 이슬람 문화의 영향을 받
았기에 다른 사원들의 동양적 풍격과 달리 동서양의 건축양식이 독
특하게 조화를 이루고 있다. 한때는 100여 개의 절과 300여 개의 게
르, 1,000여 명의 승려가 거주했던 거대한 사원이었지만, 공산 정권
시절 폐쇄된 후 현재는 관광지로서 가치를 인정받아 정부 차원의 복

원 공사가 이루어지고 있으며, 수십 명의 승려들이 거주하며 불교 사원으로서의 명맥을 잇고 있다. 108개의 탑이 있는 것이 특징적이었다. 이곳에서 간단하게 이번 순례의 원만회향을 발원하는 입재식을 하며 지안 스님에게 몽골의 불교 역사에 대한 강의를 청해 들었다.

그리고 이번 몽골 일정에서 가장 기대되는 엘승타슬라 게르 캠프로 이동했다. 이곳에서는 몽골 전통 주거 양식인 게르에서 하룻밤 보내는 체험을 하기로 되어 있었다. 소개 책자에 쏟아지는 별과 은하수를 감상하는 곳이라고 되어 있어 모두들 기대가 컸다. 그러나 날씨가 약간 흐려 별과 은하수를 기대만큼 보지는 못했다. 그러나 밤에 갑자기 무척 추워지는 날씨에 장작 난로의 따뜻한 열기는 게르 안을 거의 찜질방 수준으로 덥혀놓았다. 그리고 한두 시간마다 난롯불이 꺼질 무렵이면 직원이 들어와서 다시 불을 피워놓고 나가기를 반복해 밤새 따뜻하게 잠을 잘 수 있었다. 편의 시설들이 현대식으로 잘되어 있어 다들 만족해하는 표정이었다.

아침 식사 후 다시 버스로 6시간가량 걸려 울란바토르로 돌아가 점심 식사를 마치고 테를지 국립공원을 방문했다. 수도인 울란바토르에서 70킬로미터 정도 떨어진 이곳은 몽골 여행자의 필수 방문 코스 중 하나로, 1993년 국립공원으로 지정되었다.

넓게 펼쳐진 초원에 유목 민족의 가축과 몽골의 전통 이동식 가옥인 게르가 흩어져 있고 말을 돌보는 목동 따위를 흔히 볼 수 있었다. 또한 테를지국립공원에서는 다양한 기암괴석들의 모습을 즐겨볼 수 있다. 수천 년간의 풍화 작용에 의해 형성된 자연이 만들어낸 조각품으로, 테를지국립공원의 명물이 되었다. 특히 '거북바위'는 인증 사진 찍기 좋은 장소로 유명하다.

다시 울란바토르로 돌아와 하룻밤 보낸 후 다음 날 오전에는 이태준 선생 기념공원을 방문했다. 이태준 지사는 1883년 경남 함안에서 태어나 1907년 세브란스의학교에 입학하여 제2기로 졸업한 뒤 1914년 몽골로 이주하여 몽골인의 각종 질병 치료에 헌신하였다. 그는 몽골 사회에서 '하늘이 내린 의사'로 존경받았으며 몽골 국왕의 주치의로도 활동하였다. 국왕은 최고 훈장인 '에르데닌 오치르'를 수여하여 감사의 마음을 표하였다. 의열단원으로서 일제 타도를 위한 운동에 적극 참여하였으나, 1921년 일본군과 연결된 백계 러시아군에 의해 38세의 나이로 울란바토르에서 살해되었다. 이역만리 머나먼 곳에서 외롭게 싸우다 영면하신 모습을 마주하며 우리 일행들은 모두 숙연해질 수밖에 없었다.

오후에는 간단사(Gangdan Monastery)를 방문했다. 17세기에 설립된 간단사는 몽골 불교의 총본산이라 할 수 있다. 이곳에는 27미터에 이르는 금불 입상이 우뚝 솟아 있는데, 무려 7년간 제작된 것으로 중앙아시아에서 가장 큰 불상이라 할 수 있다. 간단사 내에는 24미터의 불상과 몇 개의 작은 절 그리고 학승들이 공부하는 불교대학과 기숙사가 자리 잡고 있으며, 이 안에서 생활하는 승려는 약 300여 명에 이른다. 울란바토르의 중심 사원인 만큼 연중 내내 다양한 종교 행사가 열려 볼거리가 많아 항상 사람들로 붐빈다. 이곳의 소임자 스님들과 우리 일행은 간단한 다과와 함께 잠시 환담을 나누었다.

이것으로 몽골 일정을 모두 마치고 러시아 바이칼호로 가는 시베리아횡단열차를 탔다. 영화에서 봤던 것과는 달리 4인 1실인 객실이 좁아서 약간 불편했다. 그러나 진짜 문제는 몽골-러시아 국경을 넘을 때 3시간 이상 걸리는 출입국 심사가 기차 안에서 이루어지는데, 이때는 아무도 기차에서 내리지 못하고 화장실도 가지 못한다는 점이었다. 특히 노비구니 스님들이 걱정이 되어서 국경 통과 전에는 물이나 음식을 많이 드시지 말라고 전날부터 신신당부해두었기 때문에 별다른 불상사 없이 통과할 수 있었다.

그러나 정말 난감했던 일은, 어떤 비구 스님이 몽골에서 버스에 여권을 두고 온 것이었다. 그나마 다행스럽게도 시베리아열차가 출발한 지 얼마 지나지 않아 이야기해서, 호텔 측에 연락해 긴급하게 여권을 국경까지 공수해 왔는데 택시 기사가 여권을 가지고 거의 10시간가량을 쉬지 않고 달려 우리 일행이 국경에 도착할 때쯤 아슬아슬하게 도착해서 겨우 건네받을 수 있었다.

기차에서 하룻밤을 보내고 오전에 이르쿠츠크로 가는 길의 경치는 몽골 초원과 또 다르게 웅대한 아름다움을 선사했다. 목적지에 도착해서 바로 전용 차량으로 갈아타고 바이칼호의 유일한 섬인 알혼섬으로 향했다. 선착장까지 약 4시간 동안 가서 바지선을 타고 섬으로 들어간 후 지프차에 나누어 타고 다시 50분 정도 비포장 길로 들어갔다. 밤이 되어서야 호숫가에 위치한 리조트에 도착해 짐을 풀고 바로 쉬는데, 비구니 스님들 숙소의 샤워기에서 더운물이 나오지 않아 한바탕 소동이 벌어졌다. 알고 보니 순간온수기를 사용해 한

명이 사용하고 나면 몇 분 기다렸다가 써야 하는데 잘 몰라 찬물만 나온다며 불평한 것이었다.

어쨌든 밤에 도착했기 때문에 보지 못했던 경치를 아침에 마주했을 때, 다들 그 눈부시게 청명한 모습에 감동해 경탄이 끊이지 않았다. 오전에 불칸바위 전망대에 올라서 지안 스님의 소참법문을 듣고 자유시간을 가졌다. 이곳은 우리 민족의, 어쩌면 인류의 발원지일지도 모르는 신성한 곳이어서 감회가 새로웠다.

다시 이르쿠츠크로 이동해서 앙가라 강변에서 저녁을 먹고 호텔로 들어갔다. 아침 식사 후 딸쯔목조건축박물관에 가서 시베리아 건축 양식을 보고 이번 일정에 대한 회향식을 했다.

러시아를 단지 공산 국가로만 알고 있는 사람들은, 2001년 통계에 의하면 러시아에는 30만 명의 불자가 있고, 432개의 불교 공동체 및 상가가 있으며, 16개의 불교 승원이 있다는 말을 들으면 매우 놀란다. 이르쿠츠크에 많이 있는데, 이번에는 시간 관계상 들르지 못했다. 다음 기회에 러시아 불교 탐방을 따로 해야겠다는 생각을 뒤로 하고 아쉬운 발길을 돌렸다. 몽골도 한때 국력만큼이나 막강했던 불교 교단의 흥성이 공산당 치하에서 엄청난 탄압을 받으며 거의 소멸의 위기에 처했으나 오늘날 간단사를 중심 도량으로 해서 다시 부활해가는 모습이 인상적이었다.

몽골의 불교

지안 스님(조계종 고시위원장)

에르덴조 사원에 도착한 것은 오후 1시 반경이었다. 사원 입구가 꼭 성곽에 들어가는 것처럼 되어 있었다. 사면으로 담이 둘러쳐져 있고 벽 위에 하얀 탑들이 빙 돌아가며 일정한 간격으로 세워져 있었다. 108탑이라 부른다 하였다. 한 스님은 다 세워보니 99개라 말하기도 했다. 경내가 2만여 평은 족히 될 것 같았다. 사원 본 건물이 안쪽에 3층으로 지어져 있고 입구의 좌측에는 박물관 같은 건물이 있었다. 여기에도 불상이 2중으로 겹쳐 모셔져 있었다. 우리는 이곳 불상 앞에서 예불을 드렸다. 건물 안이 협소하여 몇 명만 들어가고 나머지는 건물 밖에 정렬하여 7정례의 예를 올렸다.

"지심귀명례."

100여 명의 창불 소리가 우렁차게 울렸다. 몽골의 평원 가운데 있는 사원 경내에서 우리나라의 창불소리가 울린 것은 초유의 일이라

222

생각되었다. 우리 모두에게도 어떤 면에서 인상적인 일로 남을 것 같았다.

　나는 간단히 몽골 불교의 역사를 책에서 본 대로 요약해 설명하였다. 몽골 하면 칭기즈칸(Genghis Khan, 成吉思汗)이 떠오른다. 세계 역사상 가장 큰 대제국을 건설했던 12세기 말에서 13세기 초까지 활약했던 인물이다. 그는 정복의 왕이었다. 그가 말을 타고 칼을 들고 달려가는 곳은 모두 그의 영토가 되었다. 칭기즈칸이란 이름이 세계의 왕이라는 뜻이다. '칸'은 최고의 권력자 곧 왕이라는 의미이다. 원래 그의 이름은 테무친이었다. 광대한 제국을 건설한 그는 1227년에 죽는다. 아들 오코타이칸이 몽골제국을 이끌었으나 중앙집권체제가 확립되지 않아 칭기즈칸이 정복한 영토를 통괄하는 응집력이 약해진다. 몽골제국의 3대왕은 쿠빌라이칸은 칭기즈칸의 손자다. 쿠빌라이칸은 중국을 정복하여 원(元)나라를 세운다. 그가 바로 원의 세조(世祖)이다.

　원나라는 우리나라 고려를 건드리며 압박하여 고려를 속국(屬國)으로 만들고 급기야는 부마국(駙馬國)으로까지 삼았다. 원의 공주를 왕비로 맞이해야 하고 그 사이에서 태어난 아들이라야 왕위를 계승할 수 있었다. 원이 고려를 지배한 기간은 100년에 이른다. 정확히는 98년이다. 고려는 속절없이 원에 쩔쩔매는 신세가 되어버렸다. 고려 왕자를 인질처럼 불러들여 원의 수도에서 결혼을 하게 했다. 고려 충렬왕이 제국대장 공주와 결혼한 곳이 원나라 수도 연경(燕京)이었다. 연경은 원래 춘추전국시대 연(燕)나라의 수도였으며 금(金)나

라 때 다시 수도를 정하면서 연경이라 불렀다. 원 세조도 이곳에 국
도를 정하고는 대도(大都)로 이름을 바꾸었다. 지금의 북경(北京, 베이
징)이라 불리게 된 것은 명나라 영락대제가 국도를 옮기고부터다.

충렬왕은 원래 정화궁주와 결혼하여 정비를 두었으나 원의 강압
에 못 이겨 다시 제국대장공주를 맞아들여 정비로 삼고 정화궁주를
후비로 바꾸었다. 쿠빌라이칸의 딸인 제국대장 공주는 왕보다 더한
막강한 권력을 행사했다. 친정의 뒷배를 믿고 휘두른 여권이었다. 나
중에는 그녀의 아들이 충선왕이 된다. 그 뒤 공민왕도 노국공주와
결혼한다. 공민왕은 노국공주를 끔찍이 사랑했다고 알려져 있다. 공
민왕이 왕위에 오르고는 반원 정책을 쓰면서 개혁을 시도하던 노국
공주가 임신을 했으나 난산으로 죽어버리자 공민왕이 정신을 잃은
미친 사람처럼 변해버렸다고 한다. 노국공주를 위하여 절을 짓게 하
고 국사를 돌보지 않으며 드디어 신돈을 등용하여 정사를 맡기다시
피 해버렸다. 부마국 시절의 안타까운 이야기들이다.

몽골은 원래 샤머니즘이 강한 나라였다. 불교가 유입된 시기는 정
확하지 않다.《몽골비사(蒙古秘史)》에 칭기즈칸이 서하(西夏)를 정벌
할 때 군주 이현(李晛)이 항복의 표시로 많은 공물을 바쳤는데 그중
에 수메스(sumes)가 있었다. 이 수메스가 불상이었다 한다. 몽골어로
사원을 숨(sume)이라고 하는데 수메스에서 전변된 말이라 한다. 오
코타이칸 때 불교가 공인되고 다음 왕인 쿠빌라이칸은 티베트 승려
파스바(Phags-pa, 八思巴, 1235~1280)를 국사(國師)로 모시고 불교를 공

식적으로 숭상하여 국교로 삼았다고 한다.

원 세조인 쿠빌라이칸은 고려의 원감국사 충지(圓鑑冲止, 1226~
1292)를 존경했다고 알려져 있다. 충지는 출가 전에 문과에 장원급
제해 한림학사와 추밀원 부사를 지냈다. 그리고 일본에 사절로 갔다
오기도 했다. 이후 29세에 출가하여 원오국사를 의지해 승려가 되었
다. 출가 전 과거에 합격하였기 때문에 승과를 면제 받기도 하였다.
충지는 시문에 능했다. 그가 원 세조에게 청전표(請田表)를 올려 빼
앗긴 전답을 되돌려 받았으며 이로 인해 세조의 극진한 존경을 받고
하사품도 받았다.

우리가 참배한 하르허링(Kharkhorin)에 있는 애르덴조 사원은 1268
년에 창건된 절이다. 징키스칸의 아들 오코타이칸이 13세기 중엽에
만든 그 당시 수도가 하르허링이었다. 오코타이 칸이 유롭쪽으로 영
토를 확대하면서 세운 수도였다. 이 절이 몽골 최초의 사원이므로
사원의 역사가 다른 나라들에 비해 길지는 않다. 티베트 밀교사원인
데 이슬람의 영향을 받아 이슬람식 양식이 건물 곳곳에 나타나 있다.

우리는 에르덴조 사원 참배를 마치고 돌아오다 엘승타슬하 게르
캠프촌으로 이동하여 게르에서 하룻밤 묵기로 했다. 그러나 한 곳에
100여명을 수용할 수 있는 게르 수가 모자라 1호차와 2호차가 한 곳
에 머물고 3호차와 4호차는 다른 게르촌으로 가서 묵어야 했다.

난생 처음으로 게르 안에서 잠을 자게 되었다. 몽골로 올 때부터
게르에 대한 호기심이 있었다. 안의 구조가 어떻게 되어 있는지, 궁

금하기도 하고 천막 같은 집 안에서 1년 내내 어떻게 생활하는지 직접 살펴보고 싶다는 생각도 들었다. 게르는 몽골을 대변하는 상징물이기 때문이었다.

오후 6시에 대형 게르 안의 식당에서 저녁 식사를 한 우리는 각기 배정 받은 게르 안으로 들어갔다. 내게 배정된 게르는 침대가 하나인 1인용이었다. 문 위에 호텔 방 번호처럼 일련 번호가 적혀 있었다. 내 게르는 5호였다. 침대와 난로가 있고 의자도 두 개 있었다. 거울도 하나 걸려 있고, 좌우로 작은 액자도 하나씩 걸려 있었다. 가방을 올려놓을 수 있는 문갑 같은 것도 하나 있었다. 게르는 원형으로 지어져 천장도 둥글고 바닥도 둥글었다. 바닥 면적은 게르마다 달랐다. 침대가 4개 들어 있는 4인용도 있고 2개 들어 있는 2인용도 있었다. 말하자면 특실도 있고 일반실도 있었다. 특실은 화장실과 샤워실이 달려 있고 일반실은 밖에 있는 공중화장실을 이용하게 되어 있었다. 내가 묵은 게르는 샤워실까지 포함해 8평 정도 되어 보였다. 1인용이라서 그리 넓지는 않았다.

해가 지고 어둠이 내리자 점점 추워졌다. 게르 안도 추웠다. 털모자를 꺼내 쓰고 목도리를 단단히 둘렀다. 몽골은 평균 1,500미터 이상 되는 고원 지대다. 그래서 일교차가 매우 심하다.

8시 반쯤 되었을 때 일하는 여자 한 사람이 들어와 난로에 불을 붙여주고 나갔다. 팁을 1불 주었더니 냉큼 받고 나가면서 무어라 말하는데 알아들을 수가 없었다. 고맙다는 말인지 나중에 또 오겠다는 말인지……. 나는 침대에 앉아 노트를 꺼내 몇 가지 메모를 한 뒤 샤

위실로 들어가 세수를 하였다. 세면대 꼭지를 틀자 물이 세차게 나왔다. 뜨거운 물도 아주 잘 나왔다. 게르의 샤워실에 이렇게 물이 잘 나오나 싶어 감탄하였다. 아마 깊은 지하수를 뽑아 올린 것 같았다. 게르촌 주위에 강이나 개울 같은 것은 없었다.

밤 9시가 되어 침대에 가부좌를 하고 앉으니 추위가 느껴졌다. 내려와서 난로의 작은 문을 열어보니 불이 꺼져 있었다. 일하는 여자가 불을 붙여놓고 갔는데 조금 붙다가 꺼져버린 것 같았다. 성냥이 없어 난감해하다가 밖으로 나가 가이드나 누굴 찾아야겠는데 이미 컴컴한 어둠 속이라 누가 어디 있는지 알 수가 없었다. 할 수 없이 다시 들어와 교육원 실무자로 온 지오 스님에게 전화했더니 다행히 연락이 되어 지오 스님과 아직 십대로 보이는 소년 하나가 손에 휴대용 가스 통을 들고 와서 불을 붙여주었다.

난로에 불이 활활 타오르자 방 안이 이내 훈훈해졌다. 문제는 난로불이 언제까지 타오를 것인가 하는 점이었다. 잠들고 나면 이내 꺼져버려 안이 다시 추워질지도 몰라 걱정되었다. 가이드는 새벽에 또 불을 피워주러 사람이 들어온다고 하였지만 수면을 방해할 수 있고 불편해 함석통에 있는 나무 막대기를 더 집어넣고 새벽까지 온기가 남아 있길 바랐다.

어느덧 10시가 넘었다. 하늘에서 제트기 지나가는 소리가 들렸다. 초원의 언덕, 게르 안에서 보내는 밤이 무척 낭만적일 것이라고 생각했는데 난로로 외풍을 막고, 밖에서는 차가운 바람이 불어 몸 사리며 하룻밤 지내야 하는 처지였다.

여행 안내서에는 반짝이는 별을 보고 은하수를 감상할 수 있다 하였는데 밖에 나가보니 반달이 떠 있고 동쪽 하늘에는 별이 몇 개 보였으나 서쪽은 하늘이 흐려 별이 선명하게 보이지 않았다. 나는 게르 안으로 들어와서 웃옷을 챙겨 입고 털모자를 귀밑까지 내려 쓰고 목도리를 두르고 다시 나가 사방의 하늘을 바라보며 게르 사이에 난 길을 따라 아래로 내려가 잔디밭을 잠시 거닐었다. 보름달이 아니어서 아쉬웠지만 달빛은 초원을 충분히 비춰주었고 별들이 아까보다 더 많이 나타나 반짝이기 시작했다. 서북쪽으로 구름이 몰려 있고 그 밖의 하늘에는 밤이 깊어짐에 따라 별이 더 선명해졌다. 바다의 별이 아니고 산속의 별이 아니다. 사방으로 시야가 터진 초원의 밤하늘 별이다. 이 조건 하나로 오늘 밤 별과 나는 특별한 장소에서 특별한 시간에 만나고 있는 것이다.

갑자기 알퐁스 도데의 '별'이 생각났다. 양치기가 남몰래 사모하는 주인아씨와 별을 보며 이야기를 나누던 장면이 떠올랐다. 달콤하지만 아련한 그리움 같은 이야기였다. 달 가에 엷은 구름이 접근하니 달이 마치 눈물을 머금은 것 같았다. 그래도 지리적 조건 때문에 운치가 있었다. 사람의 생각은 참 묘하다. 달에게도 별에게도 온갖 감상적인 생각들을 이입시켜놓으니 말이다. 달이 애수(哀愁)가 아닌데 달을 통해 애수를 느끼고, 별이 그리움이 아닌데 별을 통해 먼 곳의 그리움을 느낀다.

⊙ 지안 스님과 함께한 몽골 불교 · 러시아 바이칼 순례(2017)

인천 ➡ 울란바토르 ➡ 하라호름(에르덴조 사원) ➡ 엘승타슬하 게르캠프 ➡ 테를지(테를지 국립공원)
➡ 울란바토르(자이산 전망대, 이태준 선생 기념공원, 간단사, 수헤바타르 광장) ➡ 시베리아 횡단열차
(러시아 나오스키 역) ➡ 이르쿠츠크 ➡ 올혼섬(불칸 바위, 바이칼호수 주변) ➡ 이르쿠츠크(베츠누이아
곤, 키로프 광장, 앙가라 강변, 딸쯔목조건축박물관) ➡ 리스트비얀카(바이칼호 유람, 바이칼호수 생태
박물관) ➡ 이르쿠츠크(데카브리스트 기념관, 즈나멘스키 러시아 정교회 수도원) ➡ 인천

▣ 몽골

고대로부터 몽골 초원에는 흉노, 돌궐 등 여러 힘 있는 유목 민족이 나타났다 사라졌다. 1206년 칭기즈 칸의 몽골 부족이 초원을 통일하고 역사상 영토가 가장 넓었던 대제국 몽골제국을 건설했다. 14세기 말 몽골제국이 몰락하자 몽골 초원에는 다시 여러 부족이 나타났다. 몽골과 중국 명나라를 차례로 정복한 청나라의 강희제는 몽골의 세력을 견제하기 위해 몽골을 내몽골과 외몽골로 분리시켰다.

1911년 중국에서 신해 혁명이 일어나 청나라가 위기에 빠지자, 외몽골은 기회를 잡고 그해 12월 혁명(제1차 혁명)을 일으켜 자치를 인정받았다. 1913년 티베트와 우르가(울란바토르)에서 몽장 조약을 체결하였다. 러시아에서 10월 혁명이 일어나자 1920년에 국민당이 외몽골의 자치를 철폐시켰으나, 그해 반중국·민족 해방을 목표로 몽골인민당이 결성되었다. 1921년에 담딘 수흐바타르가 혁명군을 조직해 제2차 혁명을 일으켜 독립했다.

현재 내몽골은 중국 영토이며, 외몽골은 1924년 11월 24일 중국으로부터 독립해 현재까지 독립 국가 체제를 유지하고 있다.

1924년 11월 24일, 군주제에서 인민 공화제로 고쳐 국호를 몽골인민공화국으로 정하고, 세계에서 두 번째 공산주의 국가가 되었다. 그 후 소련의 영향력이 강화되었으며, 몽골은 중소 국경 분쟁 발생 시 소련을 지원했다. 소련이 해체된 후 1992년 2월 13일 복수 정당제를 원칙으로 하는 민주주의를 채택했다. 수도는 울란바토르.

◉ 카라코룸

에르덴조 사원(Erdene Zuu Monastery)

몽골 최초의 라마 불교 사원인 에르덴조 사원은 13세기 칭키즈 칸의 아들 오고타이 칸이 유럽으로 영토를 확대하면서 만든 수도 하라호름(카라코룸)에 세운 사원이다. 그 시대 몽골에 유행하던 이슬람 문화의 영향을 받아, 다른 사원들의 동양적 풍격과 달리 동서양의 건축 양식이 독특하게 조화를 이루고 있다. 한때 100여 개의 절과 300여 개의 게르, 1,000여 명의 승려가 거주했던 거대한 사원이었지만, 현재는 관광지로서의 가치를 인정받아 정부 차원의 복원 공사가 이루어지고 있으며, 수십 명의 승려가 거주하며 라마교 사원으로서 명맥을 잇고 있다.

불교의 108번뇌를 상징하는 108개의 스투파(석탑)가 사원을 두르고 있어 멀리 초원에서도 뚜렷이 보여 장관을 이룬다. 사원 근처에는 하라호름을 수호하는 동시에 도시의 경계 표시인 거북바위가 있고, 여성의 성기를 닮은 계곡이라 이름 붙인 여근곡(女根谷)과 여근곡으로 인해 승려들의 수행에 방해가 되는 것을 막기 위해 세웠다는 남근석이 있다.

◉ 울란바토르

테를지 국립공원(Gorkhi–Terelj National Park)

수도인 울란바토르에서 70킬로미터 정도 떨어져 있다. 넓게 펼쳐진 초원에 유목 민족의 가축과 몽골의 전통 이동식 가옥인 게르가 흩어져 있고, 말을 돌보는 목동도 흔히 볼 수 있다.

또한 중생대의 화강암 지대 위에 우뚝 솟은 커다란 바위와 깎아지른 절벽이 장관을 이룬다. 공룡 화석이 많이 발굴된 곳으로 알려져 있으며, 테를지로 들어가는 길목에는 선사 시대 이곳을 누비던 공룡의 모습을 연상시키는 거대한 공룡 모형을 볼 수 있다. 특히 유명한 거북바위에 올라서면 주변의 뛰어난 경치가 한눈에 내려다보인다. 낙타와 말을 타고 초원을 달릴 수도 있다. 테를지 국립공원은 몽골의 자연 모습과 경관을 울란바토르에서 가장 가깝게 볼 수 있어 인기 관광지 중 하나로 꼽힌다.

간단사(Gandantegchilen)

17세기에 설립된 간단사는 라마 불교 사원으로, 정식 명칭은 '간등테그친른 히드'이며 '완전한 즐거움을 주는 위대한 사원'이라는 뜻을 지니고 있다.

간단사는 몽골 라마교의 총본산이라 할 수 있다. 이곳에는 27미터에 이르는 금불 입상이 우뚝 솟아 있는데, 무려 7년에 걸쳐 제작된 것으로 중앙아시아에서 가장 큰 불상이다.

간단사 내에는 24미터의 불상과 몇 개의 작은 절, 그리고 학승들이 공부하는 종교 대학이 자리 잡고 있으며, 150여 명의 라마승이 거주하고 있다. 울란바타르의 중심 사원인 만큼 1년 내내 다양한 종교 행사가 열려 항상 사람들로 붐빈다.

19세기 초 울란바타르에는 100여 개의 티벳 불교 사원과 수도원이 있었다. 그러나 스탈린의 침략으로 대부분 사원과 수도원이 파괴되었는데 간단사는 공산주의자들이 외국인에게 보이기 위한 전시용으로 남겨두어 끝까지 남은 유일한 사원이다. 울란바타르에서 가장 규모가 큰 라마 불교의 대표적 중심 사원이기도 하다.

시베리아 횡단 열차(Trans-Siberian Railroad : TSR)

유럽의 모스크바와 아시아의 블라디보스토크를 잇는 시베리아 횡단 철도는 총길이 9,334킬로미터로, 지구 둘레의 4분의 1에 가까운 거리이다. 지나가는 주요 역만 59개로, 기차를 타고 가는 동안에도 시간대가 일곱 번이나 바뀌는 세계에서 가장 긴 철도이다.

러시아 서시베리아 지방의 첼랴빈스크에서 블라디보스토크까지 연결하는 대륙 횡단 철도로, 1850년대 극동 지방의 군사적 의의(意義)를 증대하고, 시베리아를 식민지화하며, 대(對)중국 무역 등의 목적으로 계획되었다. 철도는 착공한 지 25년 만인 1916년에 완공되어 전 구간이 개통되었다. 이 철도가 건설되면서 자원의 보고인 시베리아 개발이 본격적으로 진행되었으며, 철도를 중심으로 대도시가 잇따라 생겨나는 등 문화적으로도 크게 변화했다.

시베리아 횡단 열차는 블라디보스토크에서 시작해 하바롭스크를 거치는 노선과 베이징에서 시작해 몽골의 울란바토르를 거쳐 이르쿠츠크로 향하는 노선이 있다. 티켓의 열차 시간과 시간표는 모두 모스크바를 기준으로 되어 있고, 각 지역 도시의 시차에 맞춰 계산해야 한다.

몽골횡단철도(Trans-Mongolia Railway : TMGR)

중국의 단둥(丹東)과 베이징을 거쳐 몽골의 수도인 울란바토르를 지나 러시아의 울란우데에서 시베리아 철도(TSR)와 연결되는 철도 교통망으로, 영문 첫 글자를 따서 TMGR라고 한다.

러시아(당시 소련)의 지원을 받아 1947년 몽골 횡단 철도로 건설되기 시작해 1955년 수도 울란바토르를 거쳐 러시아에서 중국으로 향하는 노선이 개통되어 현재에 이르고 있다.

▣ 러시아

이르쿠츠크의 바이칼호(Lake Baikal)

지구상에는 많은 호수가 있지만 시베리아의 오지에 숨어 있는 바이칼호만큼 관심을 끄는 호수도 드물다. 이 호수는 '성스러운 바다', '세계의 민물 창고', '시베리아의 푸른 눈', '시베리아의 진주' 등으로 불린다. 특히 깊은 오지에 묻혀 있고 인간의 손길이 닿지 않아서인지 지구상에서 가장 깨끗한 물로 남아 있다.

남북으로 길게 뻗은 바이칼호는 러시아의 이르쿠츠크시 부근에 위치하며, 호수의 넓이는 세계에서 일곱 번째로 넓다. 호수의 최대 깊이는 1,621미터로 세계에서 가장 깊으며, 주변은 2,000미터급의 높은 산으로 둘러싸여 있다. 이 호수에는 전 세계 민물(담수)의 5분의 1이 담겨 있다고 한다. 바이칼호의 표면적은 북아메리카 5대호의 13퍼센트밖에 안 되지만 물의 양은 5대호를 합친 것보다 3배나 많기 때문에 '세계의 민물 창고'라고 불린다.

'바이칼호는 지구가 갈라질 당시인 2,500만~3,000만 년 전부터 생성된 것으로, 북쪽의 땅은 융기하고 남쪽은 벌어지는 단층 운동에 의해 형성됐다고 한다. 지금도 바이칼호 주변에서는 매년 3,000번 이상 지진이 일어나는데, 이 때문에 호수 주변은 매년 1센티미터씩 융기하고 호수는 2센티미터씩 넓어진다고 한다.

바이칼호에는 2,500여 종의 동식물이 사는데, 이 중 상당수가 이 호수에만 사는 고유종이다. 세계 유일의 민물 바다표범을 비롯해 철갑상어, 오믈(Omul), 하리우스 등의 어종이 서식한다. 이처럼 생물 다양성이 높은 것은 바이칼호가 생성된 지 오래됐고, 일반적인 호수와 달리 수심이 깊은 곳까지 산소가 공급되고 자체 정화 능력이 뛰어나기 때문이다.

우즈베키스탄에 대한 단상

정운 스님(조계종 불학연구소장)

미국 및 유럽에서 이슬람교도의 테러로 사람들의 죽음을 접할 때마다 그들의 폭력성과 잔인성이 안타까웠다. 게다가 12세기 인도에서 불교가 사라진 데는 여러 원인이 있지만, 그중 하나가 이슬람교도의 침입이다. 이슬람교도들이 사원을 파괴하고, 승려를 피살하면서 불교는 설 자리를 잃었다. 필자에게는 언제부터인지 '이슬람교는 테러를 자행하고, 사람을 살상하는 종교'라는 점이 각인되어 있었다. 그런데 이번 교육원 해외연수 '우즈베키스탄 순례'를 하면서 이슬람교에 대한 편견을 내려놓을 수 있었다. 이슬람 국가인 우즈베키스탄을 통해 그들의 문화를 다른 방식으로 볼 수 있는 정신세계가 확장되었다. 순례지 우즈베키스탄은 중앙아시아에 위치하는데, 옛 실크로드를 통해 동서양의 문물이 교류되었던 접점 지역으로서 찬란한 불교문화가 번성했던 곳이다.

파야즈데파 불교 유적.

실크로드는 기원전부터 시작되었다. 루트는 인도 북부에서부터 유럽까지, 그리고 중국 서안을 시작으로 인도까지 동서양의 상업을 전제로 했지만 문화 교류도 큰 몫을 하였다. 문화의 한 양상 가운데 종교가 가장 큰 몫을 하였다. 불교 · 조로아스터교 · 이슬람교 · 기독교 등 종교가 전파되어 발전하였다. 우리나라 불교도 여기서 유입되었다.

기원전 268년 인도 북부를 점령한 알렉산드로스 대왕이 섭정군을 두고 떠나 이로 인해 헬레니즘 문화가 심어지게 되었다. 이후 후손들은 그리스계 박트리아왕조를 세웠고, 인도 북부(현 파키스탄과 아프카티스탄 접경 지역)를 200여 년간 다스렸다. 당시 작품이《밀린다왕문경》이다. 곧 그리스의 메난도로스왕과 나가세나 존자의 불법 대화로 된 경전이다. 실크로드를 통해 소 · 대승불교가 전파되었는데, 대승불교가 더욱 크게 발전되었다. 대승불교는 불교사에서 부파불교

주르말라 대탑.

를 비판하며, 모든 이들이 평등한 존재로 출·재가자 모두 부처가
될 수 있다는 위대한 불교 사상이다. 대승불교가 싹트게 된 데는 여
러 원인이 있는데, 공통적으로 학자들이 동의하는 점은 사리탑 숭배
와 불상의 탄생이다. 불상이 처음 출연하고 발생했던 곳은 인도 북
부 간다라와 그 주변의 중앙아시아에 걸쳐 있으며, 이곳에서는 수십
여 년 전부터 불상과 보살상이 출토되고 있다.

　실크로드를 통해 수많은 민족의 흥망성쇠가 있었다. 중앙아시아
의 역사는 실크로드의 패권을 누가 잡느냐에 따라 그 나라의 경제력
과 왕권 강화에 활용되었다. 특히 중국 역사상 최고의 문화 전성기
는 당나라(7~10세기) 때인데, 실크로드를 통해 문화와 문물이 들어
왔기 때문이다. 그리스와 중앙아시아에서 들어온 사람들 중 당나라
의 관리로 채용된 이도 있었다.

　실크로드에 위치했던 현재의 이란·아프카니스탄·우즈베키스

탄 등이 예전에는 불교 국가였고, 이 지역에서 스님들과 불교학자들이 중국으로 건너가 경전을 번역하였다.《안반수의경》의 저자 안세고(安世高, ?~170 ?)는 안식국(현 이란 지역)의 왕자 출신이고,《반주삼매경》의 역자 지루가참(支婁迦讖)은 월지국(아프카니스탄과 그 인접 국가) 사람이며,《수행도지경》의 축법호는 천축(인도) 사람이고, 구마라즙은 귀자국(현 중국) 사람이다. 그렇게 번성했던 중앙아시아 지역에 지금은 불교 유적이 거의 남아 있지 않다. 이슬람교가 형상이나 상징적 의미를 부정하는 면이 강하다 보니, 거의 파괴되고, 보존되지 않아서이다. 이번에 연수팀이 방문했던 우즈베키스탄도 마찬가지였다.

우즈베키스탄은 톈산 산맥에서 시작되어 수천 킬로를 따라 아무다리야강과 시르다리야강 사이에 위치한다. 이 나라 전체가 식물이 제대로 자라지 않는 척박한 기후이다. 그나마 오아시스와 나무가 자란 곳을 중심으로 마을이 형성되고, 근대의 도시가 발전되었다. 우즈베키스탄은 기원전 6세기에는 페르시아제국 영토였으나 기원전 4세기 알렉산더대왕에게 정복되었고, 알렉산더의 후손인 박트리아 왕조의 지배를 받았다. 중국 북쪽에 거주하던 월지족은 흉노족에 쫓겨 중앙아시아를 건너 인도 북부를 다스리고 있던 박트리아 왕조를 멸망시킨다. 이 월지족 가운데 한 부류가 우즈베키스탄의 원주민이다. 월지족은 초창기 실크로드의 중심인 사마르칸트에 왕국을 건립했다. 그러다 다시 여러 왕국으로 나뉘었고, 이 가운데 쿠샨왕국이 강력한 왕국으로 발전해 다른 왕국을 통일했다. 7세기에 터키, 8세기에 아랍, 9~10세기에 사만왕조, 13세기에 호레즘, 13세기 후반에 몽골, 14세기에 몽골족의 후예 티무르왕의 지배를 받았다. 19세기 후반에는 소련의 지배를 받았다. 그러다 1990년에 소련이 해체되면서 이 나라는 주권을 선언하고, 1991년 독립을 선언해 현재에 이르고 있다.

우즈베키스탄의 불교 유적지는 '테르메스'로, 이 곳 이외에는 불교 유적이 거의 없다. 테르메스는 현재 카자흐스탄 · 키르기스스탄 · 아프가니스탄 · 카슈미르와 북인도에 걸쳐 통치했던 쿠샨왕조가 번영했던 곳이다. 쿠샨왕조의 호법왕 카니슈카왕이 최상의 문화를 꽃피웠고, 테르메스시를 불교성지로 만들었다. 카니슈카왕은 소·대승 불교를 망라해 연구토록 원조해 제 4차 경전결집이 이루어졌다. 이 카니슈카왕으로 인해 중앙아시아 전역에 걸쳐 불교가 크게 전파되었다. 현재 이곳에서 불상과 보살상이 많이 출토되었다. 주름무늬의 가사 형태를 취한 보살상이 등장했다는 것은 곧 대승불교가 전개된 장소로 봐도 무리가 없다.

우즈베키스탄이 역사 이래 이민족 외세 침입이 끊임이 없었고, 수많은 나라의 약탈을 받은 탓인지, 이 나라만의 역사가 부족하다. 이나라 정부에서는 20여 년 전부터 나라의 구심점을 찾기 위한 일환으로 레닌과 스탈린의 동상이나 건물을 제거하고, 대신 몽골족의 후예인 티무르(Timur, 1336~1405)를 민족의 영웅으로 내세우고, 여러 도시에 티무르 동상을 세우고 있다. 티무르는 사마르칸트(실크로드의 주요 길목)를 중심으로 나라를 건설했던 민족으로 엄연히 따지면, 이 나라 조상이 아니라 몽골족의 후예이다. 이민족의 왕을 내세워 국가의 자존심을 세우기 위해 안간힘을 쓰고 있는 셈이다.

우즈베키스탄은 중앙아시아 실크로드의 요충지로서 처음에는 불교문화를, 이후에는 이슬람 문화를 형성시켰다. 이번 순례를 통해 이나라에 대한 단상을 몇 가지 적어본다.

첫째, 우즈베키스탄에서는 불교문화를 찾기 힘들지만, 이슬람 사원을 통해 본 이 나라의 문화는 아시아 최고의 문화라고 해도 손색이 없을 정도이다. 솔직히 필자가 생각했던 것보다 상상 이상으로 찬란한 문화였다.

둘째, 이 나라 국민 중 80퍼센트가 이슬람교도인데, 주변 이슬람 국가와는 다른 양상이다. 곧 종교의 극단적인 면이 드러나지 않고 평화적이다. 사원에서 만나는 신자들은 한결같이 진지했고, 그들의 기도하는 모습에 신성함까지 느껴질 정도였다. 국내 공항에 화장실은 없어도 이슬람교도들이 기도할 수 있는 곳은 마련되어 있었다.

셋째, 주변 이슬람 국가에 비해 여자들이 자유롭고 밝은 모습으로 남녀 성차별이 적어 보인다. 이슬람 국가의 여자들은 무조건 히잡을 둘러야 하고, 자전거도 함부로 탈 수 없으며, 자동차 운전조차도 쉽지 않다고 생각했는데, 이 나라 여성들은 달랐다. 한편 젊은 남녀들의 이성 교제도 자유로워 보였다.

넷째, 불교가 사라졌지만, 국민들의 민족성을 통해 불교적인 평온함을 느꼈다. 이 나라 사람들은 순례 중인 스님들만 보면, 함께 사진 찍자고 할 정도로 친근하고 따뜻한 민족성을 갖고 있었다. 우즈베키스탄은 우리나라, 1970년대 후반의 모습을 닮아 있다. 국민 대다수가 잘살아야 한다는 억척성은 보이지 않는 반면, 삶을 즐길 줄 알고, 느림의 미학인 '여유'라는 코드가 드러나 보였다.

'2019년도 자현 스님과 함께하는 우즈베키스탄 불교 유적 순례에 동참했던 20여 명의 스님들은 옛 실크로드를 접하고, 불교 유적지를 순례한 점에 긍정적인 반응이다. 한편 그 역반응으로 스님네들은 현 우리나라 불교를 걱정했다. 출가 승려가 줄고 있고, 불자가 감소하는 시점에서 혹 우리도 우즈베키스탄과 같은 전철을 밟지 않을까 하는……. 그러면서도 부처님의 진리가 영원할 것이라는 무한한 긍정을 드러내었다. 필자 개인적인으로는 강의 도중 불교 역사를 언급할 때가 많은데, 이번 우즈베키스탄을 순례하면서 불교 역사를 입체적으로 볼 수 있는 계기였다. 실크로드와 그 길에 남겨진 불교 유적지를 꼭 한 번 순례하기를 권한다.

⊙ 자현 스님과 함께한 우즈베키스탄 불교 유적 순례(2019)

카자흐스탄

누쿠스

우르겐지
히바

치르치크

키르기스스탄

타슈켄트

나망간   안디잔

지자흐   페르가나

나보이

부하라

사마르칸트

투르크메니스탄

카르시

샤흐리삽스

테르메스

이란

아프가니스탄

인천 ➡ 타슈켄트(침간산, 차르박 호수, 고려인 마을 및 김병화 박물관, 초르수 바자르 ➡ 테르메스(술탄 샤오닷 유적, 키르크 키즈 유적, 코키도르 오타 유적, 카라테파 불교유적, 테르메스 고고학박물관, 주르말라 대탑, 카라테파, 파야즈데파 불교 유적) ➡ 샤흐리삽스(악사라이 궁전, 코쿰바스 모스크, 이맘 궁전) ➡ 사마르칸트(레기스탄 광장, 아프로시압 박물관, 비비하님 모스크, 구르에미르 영묘, 울루그벡 천문대, 고려인 묘지공원) ➡ 부하라(아르크성, 칼란 모스크 및 칼란 미나렛, 라비하우즈 & 볼로하우즈, 이스마일 사마니 사원, 울루그벡 메드레세) ➡ 히바(이찬퀼라 포트레스) ➡ 타슈켄트(역사박물관, 나보이 문학박물관, 아무르 티무르 박물관, 한국 사찰 자은사) ➡ 인천

▣ 우즈베키스탄

기원전 6세기에는 페르시아 제국 영토였으나 기원전 4세기 알렉산더 대왕에게 정복되어 박트리아 제국의 지배를 받은 이후 14세기까지 여러 민족의 지배를 받았다. 19세기 후반에 러시아 제국이 이 지역을 침공해 1867년 타슈켄트를 중심으로 러시아령 투르케스탄현을 설치했으며, 1920년 부하라와 히바에 소비에트 정권이 수립되었다. 1924년 우즈베키스탄공화국이 탄생한 뒤, 1925년 구소련 연방에 가입했으나 구소련 연방 해체 과정에서 1991년 9월 1일 독립을 선언했으며, 12월 독립국가연합에 가입했다. 1992년 12월 8일에는 헌법을 제정했다. 수도는 타슈켄트.

◉ 타슈켄트
자은사

현재는 국민의 90퍼센트 가까이가 이슬람교를 믿는 것으로 알려진 우즈베키스탄에서 유일한 조계종 사찰이다. 1991년 처음 포교를 시작해 지금은 고려인 100여 명이 부처님의 가르침을 배우며 수행과 신행을 이어나가고 있다. 1991년 당시엔 제대로 된 법당도 없어, 스님이 기거하는 곳에서 수행과 신행 활동을 이어갔다. 2016년에야 지금의 사찰 모습을 갖추었으며, 현재 100명 넘는 고려인이 부처님의 가르침을 배우고 있다. 조주 스님은 관혼상제 등 크고 작은 행사 때마다 고려인들을 찾아 생활 속에서 자연스레 불교가 스며들 수 있도록 전법하고 있다.

차르박 호수

참간산 중턱인 해발 1,600미터 지역에 위치한 차르박 호수는 인접한 텐산과 침간산의 만년설을 끌어들여 만든 인공 호수다. 이곳은 1년 내내 비가 오지 않는 경우가 흔하기 때문에 호수의 물을 생활하는 곳까지 끌어다 쓰기 위한 용도로 만들었으며, 농사철에는 농업용수로 주로 사용한다. 인공 호수라고 하기에는 규모가 엄청나 흡사 바다로 착각할 정도다. 너무 넓어서 파도가 생긴다. 이곳은 이제 단순히 물을 저장하는 곳을 넘어 우즈베키스탄 국민들의 국민 피서지로 인기가 높다.

고려인 마을

고려인들이 '시온고'라고 부르는 고려인 마을의 역사는 러시아 연해주에서 이주한 고려인들이 1940년 3월 현재의 터를 잡으면서 시작되었다. 당시 이주한 주민은 162가구 520명이었다. 연해주 시절 지도자인 송영준이 초대 회장을 맡았으나, 1945년 27세의 젊은 김 드미트리 알렉산드로비치가 회장으로 선출되면서 고려인 마을은 선진 마을로 발전하기 시작했다. 김 드미트리는 젊음의 열정과 끈기, 조직 능력이 뛰어나, 1946년에 100만 루블이었던 고려인 마을의 수입이 1970년에는 700만 루블에 이르렀다. 김 드미트리의 지도력 아래 고려인 마을은 1950년대 초에는 상치르치크 구역에서 최고 부유한 지역으로 부상했다. 마을의 중앙에는 학교, 병원, 구락부, 수력 발전소, 정미소 및 기타 공동건물들이 세워져 도시다운 풍경을 갖추고 있다.

◉ 테르메스(Termez)

카라테파

파야즈테파에서 서쪽으로 1킬로미터 남짓 아무다리야강을 끼고 솟아 있는 세 개의 언덕이 '카라테파'다. 테르메스 도심 북서쪽에 위치한 카라테파는 아무다리야강 건너 아프가니스탄 마자르샤리프와 이웃하고 있다. 국경에서 불과 100미터 떨어진 이곳은 얼마 전까지 아프가니스탄과 치열한 전쟁을 벌이던 격전지였다. 다행히 현재는 우즈베키스탄과 아프가니스탄 정부 간 평화협정 논의가 진행되고 있어 사전에 허가를 받으면 방문이 가능하다.

이 언덕에 사원이 건립된 것은 처음 테르메스에 내왕했던 스님들이 인도 출신이었기 때문이다. 인도의 초기 불교 공동체는 사원을 조성할 때 동굴식 방사와 회랑으로 둘러싸인 넓은 법당으로 구성한다는 점에서 이 언덕은 사찰을 짓기에 안성맞춤이었다. 세 개의 언덕 가운데 지대가 가장 높고 넓으며 말발굽 모양인 남쪽 지역에서는 15개 이상의 동굴식 방사와 불상을 안치했을 것으로 보이는 벽감이 다수 포함된 대규모 사원터가 발굴됐다. 사원의 방사와 법당은 잘게 자른 짚이나 풀을 혼합한 점토로 칠해졌고 그 위에 석회로 도장했다. 또 부처님과 보살, 코끼리, 사자, 가루다 등 불교를 상징하는 벽화나 조각들로 사원이 장엄했다. 이곳에서 발견된 명문에서는 붓다실, 붓다미트라, 지와난다 등의 스님들 이름이 자주 등장하며 벽화나 조각에는 공양을 올리는 청신사, 청신녀의 모습이 새겨져 있기도 하다.

카라테파가 더욱 주목받는 것은 정사각형의 높은 기단 위에 조성된 탑이 발견됐다는 점이다. 초창기 원형으로 조성됐던 탑의 기단은 기원후 1세기 인도 북서부 지역에서 정사각형 기단이 나타나기 시작했고, 2~3세기경 테르메스 등 쿠산 전역으로 퍼져나갔다. 같은 장소에서 원형의 기단과 정사각형 기단이 함께 발견됐다는 점에서 탑 형식의 발전과 불교 문화의 이동 과정을 추적하는 중요한 단서가 되고 있다.

◉ 사마르칸트(Samarkand)

레기스탄 광장

레기스탄 광장은 고대 역사 도시 사마르칸트의 심장이라 할 만큼 사마르칸트를 상징하는 대표적인 명소이다. 레기스탄은 '모래땅'이란 뜻으로 옛날에 모래로 뒤덮인 사막이었다고 한다. 공공의 광장으로, 왕의 알현식, 공공 집회, 죄인의 처형 등이 행해졌다. 티무르 시대에는 대규모 노천 시장이 있었다.

광장이 현재와 같은 모습을 가진 것은 샤이바니 왕조의 야한그도슈 바하도르에 의해 다른 두 개의 메드레세가 건립된 이후이다. 세 개의 메드레세가 건립된 뒤 레기스탄 광장은 이슬람 교육의 중심지로서 명성이 자자했으며, 그 후 구소련 시절에는 이슬람 종교의 탄압으로 다시 거대한 노천 시장으로 탈바꿈했다. 물론 지금은 이슬람 교육의 장소도 아니고 노천 시장도 아닌, 관광지로서 역할을 하고 있다.

광장 양옆과 위쪽에 웅장한 세 개의 건물이 자리 잡고 있는데, 광장 가운데를 차지하고 있는 푸른 돔과 아치형 입구가 인상적인 틸라카리 메드레세는 중세 시대 지금의 대학과 같은 역할을 했던 최고 종교 교육 기관이었다. 그리고 광장 양쪽에 서 있는 두 건물, 울루그벡 메드레세와 쉬르도르 메드레세는 그 규모와 호화로운 장식으로 보는 이를 압도한다. 관광객이 많이 찾아오는 시즌에는 저녁마다 레기스탄 광장에서 음악이 울려 퍼진다. 현재는 광장에서 명절이나 기념일 때 대규모 콘서트나 행사가 열리기도 해서 무대와 좌석들이 설치되어 있다. 우즈베키스탄의 50숨짜리 지폐를 보면 레기스탄 광장이 나온다.

◉ 부하라(Bukhara)

아르크성

아르크성은 거대한 요새이자 고대 부하라 지배자들의 거주지였다. 내부에는 왕궁뿐만 아니라 사원, 수용소, 사무실, 조폐소, 창고, 공장, 마구간, 무기고, 심지어 감옥까지 있었다고 한다. 현재 이곳은 박물관으로 쓰이고 있는데, 다양한 공예품과 거주지로 쓰였던 당시의 생활상을 볼 수 있는 기록들이 전시되어 있다. 도시의 역사와 함께 계속 재건축했으며, 현재 남아 있는 주요 부분은 17세기에서 20세기에 지어진 것이다. 이곳은 특히 곳곳에 아름다운 아치로 꾸며진 복도와 정원이 많아 산책하기에 좋다.

미얀마 불교에 대한 소견

진옥 스님(여수 석천사 주지)

2014년, 종단의 대중 스님네와 함께 미얀마를 다녀왔다. 관광이 아니고 의미를 갖고 가는 여행이어서 마음이 다른 때와는 달랐다. 이 여행을 다녀온 지가 이미 시간이 좀 지나 자세한 기억들은 많이 사라졌지만, 그때 당시 강렬하게 느꼈던 몇 가지 정리된 생각은 남아 있었다. 이러한 몇 가지 단상이 수행하는 사람들께 도움이 되었으면 하는 바람으로 원고청탁에 응했다. 몇 가지 정리하고자 한다.

첫째는 쉐다곤대탑 등 여러 성스러운 성지를 순례하면서 받은 감명이다. 그 성지들은 출가한 스님네들이 관리하지 않았다. 모두 속가의 마을 성지관리위원회가 구성이 되어 보수하거나 입장료나 불전함, 그리고 공양물을 관리하고 있었다. 내가 몇 십 년 전 "미얀마 승려들이 게으르고 소승적이어서 성지 등을 모두 속인에게 맡기고 관리하지 않는다"고 들었던 잘못된 시각을 고치는 계기가 되었다.

이렇게 재가들에게 위임된 제도를 갖춘 원인을 살펴보니 출가 승가의 청정성을 유지하기 위해서인 듯했다.

미얀마는 남방불교의 매우 엄격한 계율과 청규가 부처님 때로부터 변함없이 이어지고 있는 공동체이다. 출가자가 부를 축적하는 일을 용납하지 않고 공양에 의지하여 청정한 승가를 유지하는 전통에서 비롯된 일이었다. 비구계를 받은 이는 비구의 최소 생활에 필요한 몇 가지 물건 이외에는 전혀 가질 수가 없으며 만약 가지면 계율 위반으로 파계를 하게 되는 것이므로 거의 비구승들은 돈을 직접 만지거나 장사를 하거나 매표 등의 이익과 연관된 것들을 할 수 없게 되어 있다.

따라서 성지를 관리하면서 돈을 만지는 일은 있을 수 없는 일일 것이다. 스님네들은 48장경의 경을 배워 이해하고 외우고 남을 위해서 설명하고 비구계를 받고 사마타와 비파사나의 수행을 해서 청정한 승가를 유지하여 아라한의 해탈을 지향하는 것이 출가자의 의무로 되어 있다. 그래서 성지의 모든 관리는 세속인에게 맡기고 출가자는 본연의 임무에서 벗어나지 않는 아름다운 모습을 보여주고 있었다.

불법의 쇠퇴는 말법이 되면서이며 말법은 부처님의 가르침이 제대로 유통되지 않고 실천되지 않아서라고 한다면 미얀마의 2,600여 년에 달하는 전통 승가는 청정성을 유지하며 재가자와 국민으로부터 존경받고 있음을 잘 보여주는 제도이다.

스님들은 신도들이 공양하는 것에 의지하고 신도들은 스님네의

양곤의 쉐다곤 탑.

법에 의지하여 살아가는 모습에서 출가자와 재가자의 신뢰의 관계
를 짐작할 수 있다.

더군다나 성지의 불전함이 여러 개 있었는데 시주자들의 편리를
위한 것이 아니라 불전함 앞에 각각 이 돈이 가야 할 곳의 이름이 적
혀 있었다. 양로원, 학교, 고아원, 사회 단체 등의 이름이었다.

시주자들이 부처님 앞에 공양금을 올리면서 내가 낸 돈이 부처님
에게 올린 공양이기도 하지만 부처님의 뜻을 따라 사회의 힘든 곳에
쓰이는 자비의 보시가 되는 것을 이미 알고 공양을 올리게 되어 시
주자들은 더 큰 복전을 느낄 것 같았다. 우리의 현실과는 너무나 달

라 잠시 생각에 잠겼다. 매표 때문에, 그 돈의 쓰임새 때문에, 출가
대중이 매표의 돈을 사용하는 것 때문에, 사회로부터 불신이 일어나
는 현상과 신도들이 법에 의지하여 공양하고 스님네들이 열심히 수
행하여 법을 베푸는 관계가 아니고 신도들의 상당수는 기복적 행위
만 하고, 출가는 법의 가르침보다는 기복을 통해 사찰 재정을 충당
하는 관행이 결국 우리와 사회 일반뿐 아니라 신도들까지도 청정한
승가에 대한 믿음이 사라지는 결과가 되어 불교의 쇄락을 가져온 것
으로 보인다. 이런 것을 생각할 때 우리가 미얀마에서 배워야 할 중
요한 불사가 아닌가 생각한다.

둘째는, 이미 알고 있고 신념으로 굳어져 있었던 일이지만, 확인한 일이었다.

미얀마는 소승이어서 경전과 계율을 16년간 공부하는 것이 아니라 내가 확인한 바로는 남방의 소승과 북방 히말라야의 대승과 금강승 그리고 중국, 한국의 전통은 모두 경전 공부를 16년 이상 해서 바른 견해(부처님 견해)를 갖추게 하는 것이 공통된 전통이었다. 미얀마 역시 어릴 때 출가하여 사미로서 10선계를 받고 실천하게끔 스승들로부터 지도를 받으며 이때 48장경을 모두 배우고 외워서 부처님 가르침에 의해 어떤 것이 정견이고 사견인지를 구분하여 수행을 할 수 있는 분별의 지혜를 갖게 하는 교육을 강원에서 16~20년간을 가르친다는 것이다. 경전을 배울 필요가 없다느니 또는 계율은 하근기들이나 하는 것이라는 황당한 소리들을 듣고 자란 우리의 현재의 현실과는 너무나 다른 승가의 바른 교육과 수행 시스템이다.

경·율·론 삼장을 모두 공부하여 국가고시에 합격한 삼장법사가 5,000여 명을 넘는다고 하니 부러운 일이 아닐 수 없었다.

미얀마에서는 삼장을 갖추지 않은 비구나 법사는 있을 수 없고 비구계를 받고 난 후 실천 수행인 사마타와 비파사나 수행을 하는, 거의 모든 출가자들은 경·율·론 삼장에 뛰어난 실력이 있어서 무엇이 잘못된 생각이고 행인지 바로 알아차리는 바른 알아차림(正知) 일으켜서 번뇌를 끊어 나가는 시스템을 잃지 않았음에 존경심이 나왔다.

물론 히말라야 대승과 금강승도 마찬가지이다. 내가 달라이 라마

께 "금강승이 그렇게 수승하다면 곧바로 금강승 수행을 하면 되지 않습니까. 군이 교학을 2 0여 년 해야 하고 계율을 엄격히 수지해야 만 하느냐"고 질문하니, 존자께서 "교학을 해서 바른 견해가 서지 않고 금강승을 수행하면 외도가 된다. 계를 지키지 않고 수행을 하면 조금도 성취할 수 없다"라고 하셨는데 부처님 이래로 그 수행 체계가 무너지지 않은 곳은 모두 비슷한 경로를 거쳐서 수행을 하고 있었다. 미얀마 역시 그 전통의 정당성과 청정함을 유지함으로서 중생들에게 짐이 되는 교단이 아닌 중생들의 행복에 도움을 주는 교단을 유지하기에 존재의 정당성이 확보되는 것이다.

셋째로 감명 받은 것은 역경에 관한 것이었다. 세계 불교 전승은 크게 두 갈래도 나뉜다. 부처님의 설법이 팔리어로 전승된 남방불교와 산스크리트어로 전수된 북방불교이다.

남방은 스리랑카·미얀마·태국·라오스·캄보디아·베트남 등지로 전해졌고, 산스크리트 전승은 6세기경 현장 삼장에 의해 중국·한국·일본으로 이어졌고, 또 한 갈래는 7세기경 히말라야의 티베트·라다크·따왕·중국의 사천·운남·부탄 등으로 전해진 금강승이다. 북방불교 대부분은 역경을 통한 전승이었다. 티베트도 그랬고, 중국 또한 그렇다. 그러나 남방은 팔리어 그대로 아직도 통용되고 있다. 그러나 각 나라마다 말이 있고 글도 후대에 와서 형성되고 하는 과정에서 번역의 문제가 대두되는 것은 당연한 일이다. 우리 역시 한문 번역으로 경을 보다가 한문이 외국어이기 때문에 대중

화가 어렵다고 보고 세종 이후에 거듭되는 역경 불사를 해오고 있고,
지금도 진행 중이며, 일본은 1930년대에 이미 국역일체경을 번역해
장경을 만들었다. 신수대장경의 한계를 벗어나고자 했기 때문이다.

번역은 어려움도 있고 문제점도 있지만 대중화라는 큰 명분에 밀
릴 수밖에 없는 상황이다. 스리랑카도 2600여 년 전통인 파리어로
경을 보던 것을 싱활리어로 번역을 시작하여 이제는 몇몇 강원에서
텍스트로 선택해서 공부를 하고 있음을 보았고, 미얀마 역시 한 아

라한의 발원으로 이미 48장경을 번역하여 몇몇 강원에서 공부하기 시작했다. 대중들이 쉽게 경전을 접할 수 있어서 부처님의 가르침이 대중화될 수 있는 전기를 마련하고 있음을 보고 감명 받고 놀랐다.

상좌부의 불교로 전통을 중요시하고 변하지 않으려고 하고 지키려고만 한다는 선입관이 사라졌다.

빨리어 전승이라는 가치를 내려놓더라도 또한 그 학문과 수행적인 기득권을 포기하더라도 중생을 위하는 미얀마의 승가 정신이 곧 대승의 이타중생과 무엇이 다른가, 오히려 깨어 있는 모습을 볼 수 있었다.

여행을 하는 동안 덥기도 하고 지치기도 했지만, 대중들과 같은 공간에서 호흡하면서 미래 한국 불교를 생각할 수 있어서 매우 유익한 시간이었다. 이외에도 느낀 점들이 있었지만 지금까지 나의 생활에 영향을 준 세 가지를 추려 두서없이 기록하였다. 대중들에게도 간접경험의 공유가 되었으면 하는 바람으로 연필을 놓는다.

⊙ 진옥 스님과 함께한 미얀마 성지 순례(2014)

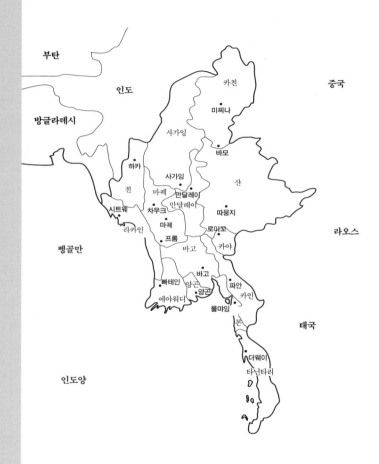

부탄

인도

중국

방글라데시

카친

미찌나

사가잉

바모

하카

사가잉

산

천

마궤

만달레이

시트웨

차우크

만달레이

따웅지

라카인

마궤

로아꼬

라오스

프롬

카야

벵골만

바고

바고

빠테인

양곤

파안

에야워디

양곤

카인

몰먀잉

몬

태국

인도양

더웨이

타닌타리

인천 ➡ 방콕 ➡ 양곤(쉐다곤 탑, 아웅산 묘소, 슐레 탑, 보타다웅 파고다, 로카찬타 옥불) ➡ 바간(쉐지곤 탑, 아난다 사원, 부파야 탑, 틸로민로 사원, 미누와 사원, 레미엣나 사원, 쉐산도) ➡ 만달레이(사가잉 언덕, 마하무니 사원, 쿠도도 파고다, 만달레이 언덕) ➡ 헤호(수산시장, 수상 경작지, 인 데인, 팡도우 파고다) ➡ 양곤(고려사 담마 마마까 수도원, 차욱타지 사원) ➡ 인천

▣ 미얀마

11세기 에야워디강 중류 유역에 버마족의 버간 왕조가 일어나, 남쪽의 몽족 지역, 산 고원까지 지배했으나 1287년 몽골군의 침공을 받아 멸망했다. 그 후 미얀마는 타이계의 여러 종족(샨족 · 타이족 등)의 침입으로 어지러웠으나, 16세기가 되어 싯따웅강 중류의 따웅우에 버마족의 2차 통일왕조인 따웅우 왕조가 일어났다.

19세기 들어 세 차례에 걸친 영국–미얀마 전쟁으로 영국의 식민지가 되어, 인도의 한 주로 편입되었다. 1920년대 들어 미얀마 민족주의가 나타나기 시작해, 아웅산을 중심으로 대영 식민 투쟁이 본격화했다. 1940년대 초 민족주의자들은 일본을 끌어들여 영국을 본국에서 내쫓는 데 성공했으나 곧 일본의 파시스트적 합병에 반대해 항일 운동을 벌였다. 제2차 세계 대전 이후 미얀마로 재진격한 영국과의 합의 끝에 1948년 버마 연방이 탄생했다. 이후 미얀마는 분리 독립을 요구하는 소수 종족과 공산당 세력으로 인해 긴 내전을 겪었다.

한편 군부는 국가의 균형적 발전이라는 명분으로 2005년 11월 6일 수도를 양곤에서 중부 산악 지방인 핀마나로 천도하고 네피도(왕의 궁전)로 개칭했다. 현재 수도는 네피도.

◉ 양곤

쉐다곤 탑(Shwedagon Paya)

'황금의 언덕'이라는 뜻을 지닌 쉐다곤은 미얀마 3대 불교 성지 가운데 하나다. 만달레이 마하무니 사원의 불상은 불상 가운데 최고이며, 산 정상에 있는 기이한 형상의 바위 짜익띠요는 미얀마에서 가장 성스러운 곳이다. 세계에서 탑이 가장 많아 탑의 나라로 불리는 미얀마에서 최고의 탑인 쉐다곤은 미얀마 불교 성지 가운데 가장 성스러운 곳이다.

미얀마의 상징이며 자존심인 쉐다곤 탑은 양곤 시내 어디에서도 볼 수 있는 랜드마크 역할을 한다. 쉐다곤 탑은 2,500년 전에 지어졌다고 전한다. 1768년에 최악의 지진으로 탑 정상부가 무너졌으나 콘바웅 왕조의 신뷰신 왕이 현재 높이로 증축해 미얀마의 정신적 지주에 걸맞은 규모와 장중함을 자랑한다.

슐레 탑(Sule Paya)

슐레 탑은 양곤의 출발점이라 할 수 있다. 양곤의 거리 표시는 슐레 탑을 기점으로 한다. 이곳이 도시의 심장이 된 것은 1852년 버마와의 2차 전쟁에서 승리한 영국이 양곤을 인도, 영국과 연결하는 국제항으로 만들면서부터다. 영국은 항구와 가까운 슐레 탑을 중심으로 방사형 도시 계획을 수립해 슐레탑 주변의 늪지를 메우고 바둑판 모양의 도로를 만들었다.
슐레 탑은 2,000년 전 인도에서 가져온 부처님의 머리카락을 모시기 위해 건립되었다. 전설에 의하면 인도의 아쇼카왕은 최초로 통일 제국을 건설한 다음 불교를 국교로 삼고 불교 사절단을 세계 각국에 파견했다. 신통력을 갖춘 소나와 웃타라 장로가 불교를 전파하기 위해 10개의 부처님 머리카락과 여러 가지 성유물을 가지고 미얀마 남부 뚜원나부미에 도착했는데, 부처님의 머리카락 한 가닥을 당시 다곤의 지사였던 마하수라에게 주었다. 마하수라는 부처님 머리카락을 모시기 위해 슐레 탑을 건설했다. 슐레 탑은 팔각형으로, 팔정도의 실천을 통해 해탈하신 부처님을 상징한다.

보타타웅 탑(Botataung Paya)

보타타웅 탑은 인도에서 가져온 부처님의 머리카락을 6개월간 임시로 보관했던 곳이다. 1943년 11월 8일 영국 공군이 일본군 함선을 파괴하기 위해 양곤 항만을 폭격하는 바람에 보타타웅 탑도 붕괴되었다. 1948년 1월 4일 영국으로부터 독립한 뒤 복구 위원회를 구성했는데, 공사 중에 탑이 있던 정중앙 아래쪽 성유물실 안에서 겨자씨 크기의 작은 불사리

두 개와 불발 한 개가 발견되었다. 그리고 보석과 장신구, 흙을 구워 만든 와당, 금이나 은, 돌 등으로 만든 불상 등 700여 점이 함께 발견되었다. 1948년에 이들을 다시 안치한 새로운 보타타웅 탑을 건설되기 시작해 1953년에 완성되었다.

◉ 바간

부파야 탑(Bupaya)

부파야 탑은 강물이 휘감아 도는 절벽 뒤에 자리해 에야와디강을 오가는 수많은 배의 안전을 기원함과 동시에 등대 역할을 하고 있다.

강가에 세워진 부파야 탑은 인도 레란자라 강가에서 수행했던 부처님을 상징한다. 부처님은 출가해 레란자라 강가의 고행림에서 6년 동안 수행했다. 숲이 아름답고 무성하며 강물의 수량이 풍부하고 맑았기 때문이다.

부파야는 호리병 사원이라는 뜻이다. 최초의 버마족 왕으로 불리는 타모다릿이 바간 지역에 도시를 건설할 때 거대한 네 가지 동물, 즉 새, 멧돼지, 호랑이, 다람쥐와 호리병 모양의 조롱박이 항상 위협적이었다. 그때 16세 소년 퓨소티가 인드라 신에게서 얻은 활을 쏘아 다섯 위협물을 모두 제거하고 공주와 결혼한 뒤, 다섯 장소에 각각 탑을 건설했는데, 조롱박을 물리친 곳에 호리병 모양으로 세운 탑이 부파야 탑이다.

쉐지곤 탑(Shwezigon Paya)

인도의 아쇼카왕이 무력으로 인도 전역을 통일하고 불교로 개종해 정신적인 통일을 이룩했듯이, 미얀마의 아노라타왕은 미얀마 최초로 통일 왕조를 건설하고 불교를 국교로 정해 백성들의 정신적인 통일을 이룩했다.

황금빛 쉐지곤은 가장 높은 곳에 위치해 바간의 중심축 역할을 하며 미얀마 불교의 중심이다.

쉐지곤은 돌을 벽돌처럼 깎아 만든 모전 석탑이다. 외형은 벽돌탑이지만 실제로는 돌을 쌓아 만든 석탑이다. 또한 쉐지곤은 미얀마 탑의 표준이며 최초의 종형 탑이다. 쉐지곤에는 중앙 탑을 중심으로 주변에 수많은 부속 건물이 있다. 중앙 탑의 동서남북 방향에 불당이 있고 각 불당에 석가모니불이 모셔져 있다.

아난다 사원(Ananda Pato)

바간의 쉐지곤, 만달레이의 마하무니, 양곤의 쉐다곤과 함께 미얀마에서 가장 숭배받는 성지 가운데 하나이다.

짠싯타왕은 인도에서 불교가 탄압받자 바간으로 들어온 여덟 명의 승려로부터 난다물라 동굴사원 이야기를 듣고 그것을 모델로 사원을 건설했다. 18세기까지 난다라고 부르다가 19세기부터 25년간 부처님을 모셨던 제자 아난다의 이름을 따서 아난다라고 불렸다.

아난다 사원은 인도 벵골 지방 사원 양식을 수용한 것이다. 쉐지곤 탑이 완성되고 1년 뒤 아난다 사원이 조성되었다. 남성적 장중함과 여성적 화려함이 공존하는 미얀마 최고의 사원이다.

◉ 만달레이

마하무니 사원(Mahamuni Paya)

미얀마 사람들에게 마하무니 불상은 살아 있는 불상이다. 매일 새벽 4시가 되면 스님들은 살아 계시는 부처로 간주해 불상의 얼굴을 씻기는 세안식을 거행한다. 전단향을 뿌린 물로 부처님 얼굴에 금박을 붙이는 개금 행사를 한다. 금박을 붙이는 것은 이후에도 계속되는데 남자에게만 허용되며 여자는 법당 안에 들어갈 수 없다. 금박은 새털보다 가볍고 종이보다 얇게 만든다. 법당의 동남쪽에는 시대별로 찍은 마하무니 불상의 사진이 있어 현재 불상에 얼마나 많은 개금을 했는지 짐작할 수 있다.

⊙ 혜총 스님과 함께한 캄보디아·라오스 성지 순례(2016)

인천 ➡ 시엠리프(앙코르톰, 바이욘 사원, 바푸온 사원, 코끼리 테라스, 피미아나까스, 레퍼왕 테라스, 타프롬 사원, 앙코르 왓, 톤레삽 호수, 수상가옥, 아티상 예술학교와 실크 농장, 싸르 재래시장, 왓 프레아 프롬래스 사원, 서바라이 호수, 왓트마이 사원, 빅토리아 파크) ➡ 루앙프라방(야시장, 꽝시 폭포, 왓 시엥통, 왕궁박물관, 왓마이, 푸치산, 몽족 야시장) ➡ 방비엥(탐쌍 동굴, 탐낭 동굴, 쏭강 카약, 탐짱공원) ➡ 비엔티안(소금마을, 왓 씨앙쿠앙 비엔티안, 메콩강변 야시장), 왓탓루왕, 독립기념관 빠뚜사이, 국립박물관, 왓 프라깨우, 왓시사켓, 왓시무엉 사원) ➡ 하노이 ➡ 인천

▣ 캄보디아

메콩강 하류에 위치한 해안 지역에서는 기원전 2000년 무렵부터 가축을 사육하고 쌀을 경작했으며, 항해술도 지니고 있었다. 기원전 600년 무렵에는 청동기와 철기 등의 금속을 사용했다. 기원전 10세기 이후에는 인도와 교류하며 문화적 영향을 주고받았다. 802년 크메르 제국을 설립했으며, 전성기 때는 타이의 동북부와 라오스, 베트남의 일부 지역까지 영토를 확장했으며, 앙코르와트와 앙코르톰과 같은 화려한 유적을 남겼다. 그 뒤 캄보디아 왕국은 프놈펜으로 도읍을 옮겼다. 1887년에는 프랑스령 인도차이나의 일부로 편입되었다가, 1953년 11월 9일 프랑스 지배에서 벗어나 완전히 독립했다. 이후 캄보디아는 오랜 기간 내전에 시달렸다. 1993년 9월 23일에 신헌법이 공포되어 입헌 군주제에 기초한 캄보디아 왕국이 재건되고, 시아누크가 왕으로 복위했다. 2004년에는 시아누크의 뒤를 이어 시하모니가 왕위를 물려받았다. 수도는 프놈펜.

앙코르톰 (Angkor Thom)

앙코르 제국의 마지막 수도로, 앙코르와트에서 북쪽으로 1.5킬로미터 떨어져 있다. 12세기 후반에 세운 앙코르 유적 중 유일한 불교 건축물이다. 한 변의 길이가 약 3킬로미터에 이르는 정사각형 형태이며 8미터 높이의 성벽과 113미터 너비의 해자로 둘러싸여 있다. 앙코르톰을 둘러싼 4면의 성곽은 히말라야산맥(우주를 둘러싼 벽)을 의미하며, 해자는 대해(우주의 바다)를 상징한다. 건립 당시에는 목조 건물도 있었으나 지금은 석조 건물만 남아 있다.

다른 유적과 달리 성곽 안에 여러 유적이 모여 있다는 점이 주목할 만하다. 이곳은 동서남북 4개 대문과 바깥 세계와 연결되는 '승리의 문' 등 모두 5개 성문이 있는데, 현재 여행자들이 들어갈 수 있는 성문은 남대문뿐이다. 남대문을 따라 숲이 무성한 길을 들어서면 바이욘 사원과 바푸온 사원, 왕궁 터, 피미야나까스, 코끼리 테라스, 라이 왕의 테라스 등 여러 유적지를 볼 수 있다.

앙코르와트(Angkor Wat)

앙코르는 왕도(王都)를 뜻하고 와트는 사원을 뜻한다. 당시 크메르족은 왕과 유명한 왕족이 죽으면 그가 믿던 신(神)과 합일(合一)한다는 신앙을 가졌기 때문에 왕은 자기와 합일하게 될 신의 사원을 건립하는 풍습이 있었는데, 이 유적은 앙코르 왕조의 전성기를 이룬 수리아바르만 2세가 바라문교(婆羅門敎) 주신(主神)의 하나인 비슈누와 합일하기 위하여 건립한 바라문교 사원이다.

그러나 후세에 이르러 불교도가 바라문교의 신상(神像)을 파괴하고 불상을 모심에 따라 불교 사원으로 보이기도 하지만, 건물 · 장식 · 부조 등 모든 면에서 바라문교 사원의 양식을 따르고 있다.

바깥벽은 동서 1,500미터 남북 1,300미터의 직사각형으로 웅장한 규모이며 정면은 서쪽을 향한다. 바깥벽 안쪽에서 육교로 너비 190미터의 해자를 건너면 3기의 탑과 함께 기다란 익랑(翼廊)이 있고 여기서 돌을 깔아놓은 참배로를 따라 475미터쯤 더 가면 중앙 사원에 다다른다.

사원의 주요 건축물은 웅대한 방추형 중앙 사당탑(祠堂塔)과 탑의 동서남북에 십자형으로 뻗은 익랑, 그것을 둘러싼 3중의 회랑과 회랑의 네 모서리에 우뚝 솟은 거대한 탑으로 이루어졌는데, 구성은 입체적이고 중앙은 약간 높다.

▣ 라오스

라오스의 다수 종족인 라오족은 운남 지역에서 발전한 난차오(Nan-chao) 왕국이 몽골에 의해 멸망하자 현재의 라오스 지역으로 이동해왔다. 14세기 초까지 라오족은 통일된 왕조를 이루지 못하고 여러 개의 므엉(Muong, 도시)을 형성하고 있었는데, 프랑스의 식민 통치가 시작되면서 오늘날의 라오스 국경이 정해졌다. 프랑스는 중국으로 진출하기 위해 지정학적으로 중요한 위치에 있는 라오스를 병합했는데 그 과정에서 루엉 파방의 왕을 라오스의 국왕으로 승격시켰다.

이후 오랜 기간 끊이지 않던 내전이 마침내 1973년 2월 일단락되었다. 그러나 이미 전 국토의 3분의 2를 장악하고 있던 파텟라오가 1975년 8월 중앙 정부를 장악해, 입헌 군주제를 폐기하고 공산 정권을 수립했다. 라오스는 1997년 미얀마와 함께 아세안에 가입해 조심스럽게 국제 사회로 나서고 있다. 수도는 비엔티안.

루앙프라방(Town of Luang Prabang)

라오스의 루앙프라방은 메콩강과 그 지류를 따라 형성된 반도에, 그 경관에서 가장 높은 석회암 구릉으로 둘러싸인 점토층 분지에 있다. 석가모니가 고행 중에 하루 쉬어가면서 이 도시가 언젠가 풍요롭고 강력한 수도가 될 곳이라 예언하며 미소 지었다고 전한다.

루앙프라방이라는 이름은 13세기 말에 알려지기 시작해, 1353년부터 란상왕국의 수도가 되었으며, 불교의 중심지뿐만 아니라 비단길의 교차지점에 있어 부유하고 강력한 힘을 갖게 되었다. 1560년 비엔티안이 수도로 정해지기 전까지는 라오스의 수도였다.

실내는 주요 불상이 놓일 좌대와 설교단, 테라스, 등으로 구성되어 있는데, 대부분 정교하게 조각하여 장식했지만 벽화는 비교적 단순했다.

왓마이 사원(Vat May)

루앙프라방에 있는 왓마이 사원은 루앙프라방의 일상생활과 부처님의 화신이라는 베르산트라(Versantra)의 일생 일부를 금색 벽화로 나타낸 사원이다. 1812년 만타루랏투왕이 건립한 것으로, 새로운 사원이라는 의미를 지닌다. 약 70년에 걸쳐 지었다고 전해진다.

파방은 스리랑카에서 만든 불상으로, 현재 왕궁박물관에 봉안되어 있다.

정월 초하루인 4월 13일 날이면 불상을 세신(洗身)하는 의식을 거행하는데, 왕궁박물관을 출발한 금불상이 이곳 왓마이 사원에서 욕불(浴佛) 의식을 하고 나면 라오스는 3일간 물 축전 기간에 돌입한다.

파탓루앙(Pha That Luang)

'위대한 불탑'이라는 의미를 가진 파탓루앙은 16세기 셋타티랏(Setthathirat)왕 시대에 건축된 부처의 사리탑으로, 13세기 초에 세워진 크메르 사원 안에 위치한다. 탑이 세워진 후 주변에 4개의 사원이 세워졌으나 현재는 북쪽의 왓탓루앙너아(Wat That Luang Neua)와 남쪽의 왓탓루앙따이(Wat That Luang Tai)만 남아 있다. 왓탓루앙너아에는 라오스 불교의 종정이 살고 있다.

높은 담과 작은 창문을 가진 사원이 45미터 높이의 탑을 둘러싸고 있으며 사원의 입구에는 탑을 건축한 셋타티랏왕의 동상이 있다.

파탓루앙은 19세기 태국의 침략으로 파괴되었으나 1935년 복원되었다. 탑에는 부처의 유발과 가슴뼈가 소장되어 있다고 한다.

라오스 전통 문화의 영향을 받은 탑으로서 불교도와 라오스 독립의 상징적인 의미가 담긴, 라오스에서 가장 중요한 국가 기념물로 여겨진다.

제4부

종교와 문명 사이에서

— 이집트 · 이스라엘 · 요르단 · 그리스 · 터키 · 러시아 · 유럽 · 미국

간다라미술의 원류를 만나다

어현경(불교신문 기자)

다종교사회인 한국에서 종교간 평화가 사회적 과제가 된 것은 이미 오래전 일이다. 게다가 몇해 전부터 개신교의 땅밟기와 같은 행위가 문제가 되면서 종교의 공존에 대한 고민들이 확대되고 있다. 이런 가운데 조계종 스님들이 그리스정교회를 국교로 하는 그리스와 국민의 98%가 이슬람교인 터키로 문명기행을 떠나 주목된다.

조계종 교육원(원장 현응스님)의 올해 첫 해외순례 연수프로그램인 '설정스님과 함께 하는 그리스, 터키 문명기행'이 그것이다. 스님들은 그리스 터키 지역의 타종교 성직자의 모습과 신자들의 생활상을 엿보며 견문을 넓혔다.

지난 6일 인천공항을 출발한 덕숭총림 수덕사 방장 설정 스님과 40여 명의 스님들은 12시간 비행 끝에 이스탄불에 도착해 다시 그리스 아테네로 향했다. 현지시각 7일 오전8시경 아테네에 도착한 스님들은 아크로폴리스로 자리를 옮겨 세계문화유산 1호 파르테논 신전과 아크네 신전 등을 돌아보며 그리스 문명의 흔적을 되짚어봤다.

그리스문화가 세계 문명에 끼친 영향은 적지 않다. 정치 · 경제 · 언어 · 문화 · 종교 · 철학 · 예술 분야에 지대한 영향을 끼쳤고, 중세를 지나 르네상스가 시작되면서 유럽인들이 생각한 최고의 미학은 그리스시대로의 회귀일 정도였다. 그리스 문화는 인도 불교에도 영향을 미쳤다.

마케도니아의 왕 알렉산드로스 3세가 페르시아를 무너뜨리고 인도까지 영역을 확장하면서, 간다라지방 등 인도 북부에 헬레니즘 문화가 전래된 것이다. 인도 쿠샨 왕조 때 탄생한 간다라 미술이 그것이다. 간다라 미술은 서역을 통해 중국으로 전달됐고 우리나라 석굴암에까지 영향을 미쳤다는 게 학자들의 주장이다.

7일 아테네에 도착한 스님들은 아테네 시내 국회의사당에 마련된 무명용사의 비를 방문했다. 이곳에는 그리스인들이 참전했던 곳이 기록돼 있는데 루비콘, 키프로스 외에 한국도 있다. KOPEA(그리스어로 코레아라고 읽는다)가 바로 한국을 뜻하는데, 6 · 25전쟁 때 그리스인들도 참전했음을 알 수 있다.

오후에는 아크로폴리스를 찾았다. 이곳에는 파르테논 신전과 디오니소스 원형 극장, 아크네 신전 등이 남아 있다. 이민족의 침입과 전쟁 속에서 살아남은 웅장한 파르테논 신전의 남다른 기둥과 대리석으로 6명의 여인을 사실적으로 조각한 아크네 신전 등은 그리스인의 뛰어난 건축과 조각술을 보여주기 충분했다.

이와 함께 스님들은 가장 오래된 원형 극장인 디오니소스 원형 극장과 음악을 듣는 '오디오'의 어원이 된 오데온 극장 등을 둘러보며 화려했던 그리스 문화를 짐작했다. 이어 필로파포스 언덕에 올라 간단한 입재식을 가졌다.

이 자리에서 설정 스님은 "고대 그리스 철학자 소크라테스는 무지가 죄악이라고 말한 바 있다"며 "이성과 지성이 함양되지 않으면 지식이 향상된 현대사회에서 불교가 발붙일 수 없을 것이다. 우리가 세운 원인 부처님 뜻을 펼쳐 나가려면 한국불교도 지성과 양심이 성장해야 한다"며 함께 노력할 것을 당부했다.

아테네 시내를 돌아본 후 중부 메테오라로 향한 스님들은 8일 오전 7시부터 그리스정교회 수도원을 둘러봤다. 메테오라는 '공중에 매달린'이란 뜻을 가진 곳으로 내해가 융기해 크고 작은 바위 우뚝 솟아나 산을 이룬 곳이다.

수도사들이 이곳에서 은둔하기 시작한 것은 11세기부터인데 바위에 난 구멍마다 들어가 생활하다가 수도사들이 늘어나면서 수도원이 차츰 건립된다. 14세기 초 성아타나시우스가 처음 건립됐고, 30~40개가 밀집돼 있을 정도로 많은 수도사들이 메테오라에서 지냈다. 그러나 오스만투르크의 공격을 차츰 줄어들어 지금은 6개만 남아 있다.

스님들이 이날 방문한 곳은 니콜라우스 수도원이다. 1410년 지어진 이곳 역시 깎아지른 바위절벽 위에 자리 잡고 있다. 현재 이곳에는 3명의 수사만이 남아 있는데, 이날 스님들을 맞이한 수사는 올해

85세인 세라핌 수사다. 세라핌 수사는 40여 년간 아토스산 수도원에서 생활하다 이곳 니콜라우스 수도원으로 온지는 1년가량 됐다고 한다.

설정 스님이 "스님들이 산에서 수행하는 것은 비슷한데, 수도의 근본 목적은 다를 것이다. 수도사들은 무엇을 위해 수도원에서 은둔 생활을 하고 있냐"고 묻자 세라핌 수사는 "그리스도의 삶에 감사하는 마음으로 자신의 삶을 바친 것"이라며 수도원 생활에 대해 설명했다.

한국의 스님들과 처음으로 대면한 수사는 40여 년간 은둔하며 생활한 때문인지, 이웃 종교에 대한 이해보다는 본인이 믿는 신에 대한 강한 의지를 드러냈다.

이에 대해 설정 스님은 "불교와 기독교의 신앙 체계가 전혀 다르다. 불교는 자력 신앙이 크지만, 이들은 타력"이라며 "유일신을 믿는 이들의 단점이라고 하면 아집 편견에 사로잡혀 벗어나지 못하는데 이런 신앙의 차이점을 가진 집단과 종교 자유와 평화를 논의하는 것 자체가 어렵다는 것을 느꼈다"며 다종교 사회에서 종교간 평화의 어려움을 우려했다.

또 스님은 "결국 신앙이라는 것도 인간을 위해 존재하는 것이고 행복과 평화를 위해 생겨난 것인데 다른 사람을 이해하지 못한다면 종교로서 의미에 대해 돌아볼 필요가 있다"고 덧붙였다. 그리스정교회 수도원 수사와의 만남에서 스님들은 종교간 화합과 이웃 종교에 대한 배려의 필요성을 다시 한 번 떠올리는 시간을 가졌다.

메테오라 바위절벽에 선 스님들 뒤로 벼랑 끝에 세워진 수도원이 보인다.

형제나라 터키서 이웃종교를 이해하다

6일 서울을 출발해 그리스 아테네와 메테오라를 거쳐 9일 터키로 이동한 '설정스님과 함께하는 그리스 터키 문명기행'단은 그리스 로마 문화의 흔적이 남은 차나칼레, 에페소를 둘러보고, 이어서 12일에는 로마로부터 공인되기 전까지 숨어살아야 했던 기독교인의 삶의 기록이 남아 있는 카파도키아 지역을 방문했다. 그리스 정교회 수도원에 이어 과거 기독교인의 삶의 흔적이 남아 있는 이번 터키 기행에 대해 교육원 연수국장 석중 스님은 "종교 평화가 세계적 화

아크로폴리스에서 설명을 듣고 있는 스님들.

두로 떠오른 요즘, 종교평화를 주도할 스님들이 불교와 다른 종교의 차이점을 바로 아는 게 선행돼야 한다"며 "이번 기행은 이웃 종교의 신앙과 역사를 이해할 수 있는 시간"이라고 말했다.

스님들이 터키에서 가장 먼저 찾아간 곳은 차타칼레는 호머의 서사시《일리아드》에 한 장면인 '트로이 전쟁'의 역사적 현장이다. 우리에게는 '트로이'라는 영화로도 익숙하다. 아름다운 여인 헬레나를 두고 트로이와 스파르타 사이에서 벌어졌던 '트로이 전쟁'은 전설처럼 전해지다가, 1871년 독일의 하인리히 슐리만이 유적발굴에 성공하면서 역사로 증명됐다. 세계에서 가장 유명한 고고학 유적지임에

필로파포스 언덕에서 입재식을 갖는 스님들. 멀리 파르테논 신전이 보인다.

도, 초창기 고고학의 미비로, 무차별적인 발굴이 이뤄져 훼손이 크다고 한다. 이곳에서는 스파르타가 트로이에게 보낸 목마가 재현돼 있어 관광객들의 눈길을 사로잡는다.

스님들은 또 에페소와 아스펜도스 지역에서 고대 로마 도시의 전형을 볼 수 있는 유적을 만났다. 에페소는 기독교인들에게는 사도 바울이 방문했던 곳으로 유명하다. 현재 도시의 20퍼센트가량이 발굴돼 있는데, 곧게 뻗은 대로나 주택들로 봐서 대도시였음을 짐작할 수 있다. 기원전 1500년부터 1000년 사이에 세워졌다고 알려진 이곳에서 원형극장과 경기장, 체육관, 도서관 등의 흔적을 확인할 수

메테오라 니콜라우스 수도원을 찾은 스님들은 세라핌 수사와 이야기를 나눴다.

있다. 에페소 유적 가운데 가장 눈길을 끄는 곳은 거대한 고대 원형 극장과 셀수스 도서관이다. 셀수스 도서관은 135년 셀수스 폴레마이아누스를 기리기 위해 세워졌다. 그의 아들은 아버지가 죽자, 도시에 묘지를 조성하고 싶었지만 정부의 불허로, 시신을 땅 깊숙이 묻고 그 위해 도서관을 지었다고 한다. 도서관 입구에는 3개 문이 조성돼 있는데, 문 좌우로 지혜, 운명, 지식을 상징하는 여성상들이 세워져 있다. 원형 극장은 2만 5,000명 이상을 수용할 수 있는 대규모로, 3층 구조에 높이가 총 18미터에 달한다. 영화 속에서 한 번쯤 봤을 법한 검투사들의 싸움이 벌어진 현장이기도 하다.

에페소 고대도시 유적을 둘러보는 스님들.

　터키 토로스산맥을 넘어 남쪽 지중해와 맞닿아 있는 안탈리아 인근 아스펜도스는 로마 원형 극장의 원형을 확인할 수 있는 곳으로, 요즘도 이곳에서는 여름이면 음악회가 열린다. 원형 극장 특유의 울림 덕분에 공연 중에 따로 스피커를 설치하지 않아도 될 정도라고 한다.

　터키에는 기독교의 흔적도 보존돼 있다. 수도 앙카라에서 남동쪽으로 150킬로미터가량 떨어져 있는 카파도키아는 화산 폭발로 인해 독특한 지형을 형성한 곳이다. 숨어 있다는 뜻의 파샤바계곡에는 뾰족한 기암 위에 지붕을 얹은 듯한 버섯 모양의 바위를 볼 수 있다.

에페소 셀수스 도서관.

만화 〈개구쟁이 스머프〉에서 스머프들이 살았단 버섯 모양의 집의
모티브가 됐다고 한다. 잘 부서지는 석질의 특징을 살려 암석에 굴
을 파서 만든 집도 흔하다.

특히 이곳은 로마에 공인 받기 전 숨어 살면서 만든 기독교인의
지하 도시를 만날 수 있다. 12일 스님들이 찾은 곳은 '데린구유'다.
지하 60미터까지 파 내려가 도시를 만들었는데, 현재 개방된 곳은
지하 3층으로 약 30미터 깊이다.

지하 1층에는 말이나 양들을 풀어 먹이를 줬던 공간이 마련돼 있
고, 지하 2층에는 주방과 크고 작은 방이 있다. 지하 3층에는 십자가

로마 원형 극장의 모습이 잘 보존돼 있는 아스펜도스 원형 극장.

모양의 교회도 조성돼 있어 신앙생활을 함께 했음을 보여준다. 이
밖에도 학교, 식당, 강당 등이 만들어져 있어, 1만 5,000명가량 이곳
에서 생활했다고 한다.

　지하 도시를 둘러본 스님들은 박해를 피해 땅 속 깊이 내려가 고
집스럽게 자신의 신앙을 유지한 당시 기독교인들의 모습에 혀를 내
둘렀다. 지각 스님(남해 용문사)은 "기독교 이슬람교인이 각자 신앙
갖고 사는 모습과 우리와 다른 자연환경으로 인해 형성된 지역 특유
의 문화를 느낄 수 있어 좋았다"고 말했다. 또 "한 곳만 바라보다 보
면 우물 안 개구리처럼 되기 쉬운데 문명기행을 통해 여러 나라 문

카파도키아 지하도시 데린구유는 지하 30미터까지 개방돼 있다.

화 접하면서 이해하는 폭도 넓어졌다. 스님 먼저 깨어 있어야 다른 사람들도 깰 수 있지 않겠냐"고 소감을 말했다.

덕숭총림 방장 설정 스님은 "1,500년~2,000년 전에 척박한 땅에서 자기 종교를 위해 1만 5,000명에 달하는 사람들이 지하 생활을 하며 신앙심을 고취시키고 지켜낸 모습이 놀랍다"고 말했다. 이어 "동서양의 종교가 지금까지 내려오면서 수많은 형태로 변화했는데 그 과정에서 자기 종교를 위해 목숨도 맞바꾸는 신앙심이 오늘날 기독교를 세계 종교로 만든 것 같다. 그런 철저한 신앙심이 기독교인이 자기 신앙을 위해 신력 다하는 전통을 만들지 않았나 생각한다"고 말했다.

그러나 스님은 "자기 신앙에 대한 철저함은 좋지만 고집스럽고 집착하는 모습은 솔직히 이해하기 어려웠다"고 했다. 터키는 국민의 95퍼센트 이상이 이슬람교를, 그리스는 정교회를 국교로 삼는다. 국경을 이웃하고 있는 까닭에 문명 교류가 이뤄질 법도 한데, 종교에 관해서는 철저히 분리돼 있는 점이 불가사의하다는 것이다. 이어 "종교 역사를 되돌아보면 유일신 믿는 이슬람교와 기독교 대립 역사는 결국 문명의 충돌이 아닌 자기 신앙에 대한 고집스런 집착과 배타로 인한 것이 아닌가 하고 생각된다"고 말했다.

스님은 "신앙은 결국 인간의 행복과 평화 자유를 위해 만들어진 것"임을 역설하며 "현재 종교간 대립으로 행복과 자유, 평화와 동떨어진 현실이 안타깝다. 서로 이해하고 존중하는 날이 와야 된다. 그 시기를 앞당기는 것이 우리의 역할이다"고 밝혔다.

⦿ 설정 스님과 함께한 그리스 · 터키 문화 탐방(2015)

인천 ➡ 이스탄불 ➡ 아테네(파르테논 신전, 에렉티온 신전, 디오니소스 원형 극장, 니케아 신전, 포세이돈 신전) ➡ 메테오라 ➡ 차나칼레 ➡ 트로이(트로이 목마, 소극장 오데온) ➡ 에페소(고대 원형 극장, 셀수스 도서관, 하드리아누스 신전, 아르테미스 신전) ➡ 파묵칼레(석회봉 언덕, 온천 족욕, 히에라폴리스) ➡ 안탈랴(이울리 탑, 하드리아누스의 문, 구시가지) ➡ 아스펜도스 ➡ 카파도키아(괴레메 골짜기, 우치히사르, 파샤바 계곡, 데린구유) ➡ 이스탄불(그랜드바자르, 히포드롬 광장, 블루모스크 사원, 돌마바흐체 궁전) ➡ 이스탄불(보스포러스 해협 유람선, 성 소피아성당, 톱카프 궁전) ➡ 인천

▣ 터키

지중해 연안 지방의 전형적인 온난성 기후대에 속하긴 하지만 독특한 지형으로 인해 변화무쌍한 기후대가 나타나곤 한다. 흑해 연안부의 따뜻한 기후를 즐길 수 있는가 하면, 고산들로 가득한 산악 지대에서는 1년 내내 새하얀 설경을 경험할 수 있다.

유럽 대륙과 아시아 대륙 사이에 위치하며 에게해, 지중해, 마르마라해, 흑해를 접하고 있다. 보스포루스 해협, 마르마라해, 다르다넬스 해협을 경계로 아시아 지역인 아나톨리아와 유럽 지역인 트라케로 나뉜다. 터키는 공식 국가 종교가 없는 세속 국가로, 터키 헌법에서는 양심과 종교의 자유를 규정하고 있지만, 전체 인구의 98퍼센트가 무슬림이다. 수도는 앙카라.

◉ 차나칼레의 트로이

세상에서 가장 아름다운 여인 헬레나를 두고 스파르타와 트로이 사이에서 10년 동안 계속된 영웅과 신들의 전쟁 이야기, 호머의 서사시 《일리아스》에 묘사된 트로이 전쟁은 수 세기 동안 인구에 회자되었으나, 1871년 독일의 부호 하인리히 슐리만이 유적 발굴에 성공하기 전까지는 전설로만 치부되었다. 어린 시절 아버지가 들려준 트로이 전쟁 이야기에 깊은 영향을 받은 슐리만은 평생 트로이 유적 발굴에 힘쓴 결과 49세 되던 해 유적 발굴에 성공해, 트로이 전쟁이 신화나 전설이 아니라 실제 역사임을 입증했다. 이로써 트로이는 세계에서 가장 널리 알려진 신화이자 가장 유명한 고고학 유적지가 되었다.

◉ 파묵칼레의 히에라폴리스

히에라폴리스는 파묵칼레의 언덕 위에 세워진 고대 도시다. 기원전 2세기경 페르가몬 왕국에 의해 처음 세워져 로마 시대를 거치며 오랫동안 번성했다. 기원전 130년 이곳을 정복한 로마인은 이 도시를 '성스러운 도시(히에라폴리스)'라고 불렀다.

이곳에는 로마 시대의 원형 극장, 신전, 공동묘지, 온천욕장 등 귀중한 문화 유적이 남아 있다. 원형 극장은 최대 1만 5,000명을 수용할 수 있는 규모였으며, 1,200기의 무덤이 남아 있는 거대한 공동묘지도 있다. 서아시아에서 가장 큰 공동묘지 유적 중 하나인 이곳에는 지금도 수많은 석관이 뚜껑이 열리거나 파손된 채 여기저기 널려 있다. 테르메라고 하는 온천욕장은 온욕실과 냉욕실은 물론 스팀으로 사우나를 할 수 있는 방, 대규모 운동 시설, 호텔과 같은 귀빈실, 완벽한 배수로와 환기 장치까지 갖추고 있었다. 1354년 대지진으로 도시 전체가 폐허로 변했으나, 1887년 독일 고고학자 카를프만이 발견한 이후 발굴 및 복원 작업이 진행되었다. 아름다운 자연과 역사유적을 동시에 갖춘 이곳은 1988년 유네스코 자연유산 및 문화유산으로 지정되었다.

◉ 이스탄불의 히포드롬 광장

3세기 초에 건설된 원형 경기장 히포드롬 광장은 영화 〈벤허〉의 전차 경주 장면의 배경이 된 곳으로도 유명하다. 203년 로마 셉티미우스 세베루스 황제가 통치하던 시대에 검투 경기장으로 처음 지어졌다. 이후 10만 명 정도 수용하는 전차 경기장으로 바뀌었고, 비잔틴 제국의 중요한 국가 행사가 개최되었다.

현재 이스탄불 시민들이 즐겨 찾는 공원으로 변신한 히포드롬 광장에는 유서 깊은 기둥이 세 개 있다. 광장 북쪽에는 이집트 카르나크 아몬 신전에서 가져온 '이집트 오벨리스크'가 있고, 광장 한가운데에는 기원전 5세기 페르시아군을 물리친 그리스인들이 전승 기념으로 세운 청동 기둥이 큰 뱀들이 서로 엉켜 있는 모습으로 서 있다. 광장 남쪽의 오벨리스크는 콘스탄티누스 대제 때인 4세기에 처음 세워졌으나 제4차 십자군의 침입 당시 파괴되어 현대에 복원한 것이다. 또한 광장 북쪽 끝에는 19세기 말

독일 황제 빌헬름 2세가 오스만 제국의 술탄 압둘 하미드에게 선물한 분수대가 있다.

▣ 그리스

그리스의 역사는 고대에서 근대에 이르기까지 그리스인이 살았던 지역의 역사에서부터 현재 그리스의 역사까지 폭넓은 범주를 지닌다. 역사상 그리스인이 거주하거나 통치했던 지역은 많은 변화가 있었기 때문에 특정 시기 그리스의 역사에서 다루어지는 지역 역시 변화가 심하다.

최초로 초기 그리스어를 사용하는 부족이 펠로폰네소스반도에 거주하기 시작한 것은 기원전 3000년에서 기원전 2000년 사이로 추정된다. 고대 그리스의 문명은 이집트에서부터 파키스탄의 힌두쿠시에 이르기까지 광범위하게 전파되었다. 오늘날 그리스인의 대부분은 1821년 독립한 그리스와 키프로스에 거주하고 있다. 수도는 아테네이다.

◉ 아테네의 파르테논 신전

아테네의 수호 여신 아테나에게 바친 신전으로, 아크로폴리스에서 가장 아름답고 웅장한 건축물이다. 기원전 448년부터 기원전 432년까지 16년에 걸쳐 완성되었다.

도리스 양식의 최고봉으로 일컬어지는 파르테논 신전은 얼핏 직선과 평면으로 보이지만 실제로는 곡선과 곡면으로 이루어져 있다. 기둥의 간격을 균일해 보이도록 시각 효과에 따라 다르게 조절하는 등 사람들의 착시까지 감안한 과학적인 건축법을 이용했다. 힘과 무게를 지닌 장중함을 자랑하는 파르테논 신전은 2,500년 동안 서구 건축의 모델이자 원형이 되어왔다. 이 신전은 여러 세기를 거치면서 비잔틴 교회, 라틴 교회, 이슬람 모스크 등으로 사용되었다. 1687년 아크로폴리스를 공격했던 모로시니 제독 치하의 베네치아 공국 때는 터키인들이 화약고로 사용하기도

했다. 당시 베네치아인의 폭탄 하나가 파르테논에 터지면서 신전의 본전이 파괴되기도 했다. 이러한 손상을 보다 못한 유네스코는 첫 번째 세계 문화유산으로 삼아 보호하고, 유네스코를 상징하는 마크로 쓰게 되었다.

아크로폴리스

'높은 도시'를 뜻하는 아크로폴리스는 해발 156미터의 언덕에 세워졌다. 아테네의 황금기라 불리는 페리클레스 시대(기원전 495~429)에 현존하는 파르테논, 에렉티온, 아테네, 니케 신전이 지어졌고, 기원전 510년 무렵 온 그리스의 성역이 되었다. 그러나 15세기에 아테네가 오스만터키의 지배하에 들어가면서 그 종교적 지위를 잃었고, 1687년 베네치아와의 전쟁 때 베네치아군의 포격을 받아 건조물들이 크게 손상되었다. 1987년 유네스코 세계문화유산에 등록되었다.

디오니소스 원형 극장

유적으로만 남아 있는 디오니소스 원형 극장은 아크로폴리스 남쪽에 위치한다. 아크로폴리스 주변에는 두 개의 극장이 있었는데, 오데온 극장과 디오니소스 극장이다. 우리가 서구 세계에서 알고 있는 개념의 '연극'은 고대 아테네에서 시작되었다.

아크로폴리스 남쪽 절벽에 위치한 디오니소스 극장은 돌로 지은 최초의 극장이었다. 최대 1만 7,000명의 관객이 앉을 수 있을 정도로 커서 아테네에서 가장 중요한 연극 경연 대회였던 '디오니시아'를 개최했다. 4세기 중반까지는 나무로 된 벤치였으나, 이후 더 많은 관객을 수용할 수 있도록 돌로 된 관람석을 도입했다.

디오니소스 극장에서는 기원전 5세기의 뛰어난 극작가인 아이스킬로스, 소포클레스, 에우리피데스, 아리스토파네스 등 오늘날 서양 연극의 창시자라고 알려진 희곡 작가들의 작품이 공연되었다. 이후 그리스인과 로마인에 의해 개조되고 증축되어왔다.

동유럽 문화 탐방을 다녀와서

혜총 스님(감로사 주지, 실상문학상 이사장)

수행자에게는 순례 그 자체가 하나의 수행이다. 새로운 환경과 사람들, 이색적인 문화 속에 자신을 드러내놓고 거량하는 것이다. 때로는 침묵하기도 하면서.

어릴 적부터 모셨던 자운 대율사 큰스님께서도 기회 있을 때마다 해외 순례를 권장하셨다. 큰스님의 깊은 뜻을 모두 헤아리기는 어려우나 종단에서 해외 순례를 기획한 의도와 크게 다르지 않으리라 생각한다. 특히 현응 스님이 교육원장으로 부임하면서 그동안 불교권 지역을 대상으로 이루어진 해외 순례 프로그램에서 나아가 순례지를 동유럽으로까지 확대한 것은 세계일화를 이루려는 종단의 의지를 올곧이 반영한 듯해 매우 고무적이며, 인솔 법사로서도 큰 영광이 아닐 수 없었다.

2017년 5월 12일, 골굴암 적운 스님, 교육부장 진각 스님, 조계종 총본산성역화사업추진위원회 이석심 총괄본부장, 교육차장 박용규 등 50인의 순례단은 동유럽의 주요 국가인 오스트리아와 헝가리, 독일, 체코로 길을 나섰다. 순례의 모든 내용을 담지는 못하지만 이번 순례에서 느낀 소회를 간략하게나마 기록으로 남긴다.

세계사에 문화적 위업을 이룬 나라, 오스트리아

오스트리아 수도 빈은 아름다운 도나우강을 따라 자리 잡고 있으며 동유럽과 서유럽 사이의 관문 역할을 하는 도시다. 1558~1806년에 신성로마제국의 중심지였다. 중부 유럽의 지리적 이점 때문에 정치, 경제, 교통의 중심지로서 세계사에 위대한 문화적 위업을 이루었으며 건축과 음악으로 유명하다.

우리 순례단은 오스트리아 최대의 고딕 양식 건물인 슈테판대성당을 찾았다. 성당 이름은 그리스도교 역사상 최초의 순교자로 기록된 성인(聖人) 슈테판에서 딴 것이다. 이 성당은 옛 건물이 가득 들어찬 구시가지의 중심부에 있다. '빈의 혼(魂)'이라고 부를 정도로 빈의 상징으로 꼽힌다. 공사 기간이 65년이나 걸렸으며 건물의 길이가 107미터, 천장 높이가 39미터에 이르는 거대한 사원이다. 높이 137미터에 달하는 첨탑과 25만 개의 청색과 금색 벽돌로 만든 화려한 모자이크 지붕이 눈에 띄었다. 그러나 수도자의 경건한 모습보다 붐비는 관광객들을 위한 관광 자원으로서의 역할이 더 큰 것 같아 오늘날 서구 종교의 현주소를 보는 듯했다.

다음으로 인상 깊었던 곳은 시민을 위한 최초의 공원인 빈 시민 공원이었다. 1820년에 조성되어 빈에서 가장 오래된 공원이다. 한때 귀족들이 사교의 장소로 사용하던 곳이었으나 현재는 빈 시민들의 편안한 휴식처로 이용되고 있다. 눈에 띄는 건물은 아테네의 신전을 본떠서 만든 테세우스의 신전이 유명하고 온몸이 금색으로 된 음악가 요한 슈트라우스의 조각상이 눈길을 끌었다.

또한 빈의 남서쪽 교외에 있는 화려하고 아름다운 쉰브룬 궁전은 오스트리아의 화려한 과거를 대변하는 듯했다. 마리아 테레지아 여제를 비롯한 수많은 왕들이 정무를 보던 곳으로 나폴레옹에게 점령당했을 때는 나폴레옹군의 사령부로 사용되기도 했다. 한때 유럽을 호령했던 왕가의 사람들은 보이지 않지만, 잘 정비된 화단과 정원, 분수, 정교한 조각상 등으로 꾸며진 아름다운 궁전의 모습을 보려는 이들의 발길이 끊이지 않고 있다.

유명한 성당과 교회, 오페라관 등이 즐비하며 미술사 박물관, 자연사 박물관 등 30개 이상의 박물관이 있어 화려한 역사를 증명하고 있다. 하지만 빈은 무엇보다 수 세기 동안 음악적으로 세계 중심지였다. 하이든, 모차르트, 베토벤, 슈베르트, 브람스, 요한 슈트라우스 등 많은 서양 음악가들이 이곳에서 찬란한 빛을 발했다.

그것을 증명이라도 하듯 빈의 남쪽에 위치한 '중앙묘지'에는 수많은 음악가들이 잠들어 있어 매년 200만 명에 달하는 세계 각국 관광객들의 발길이 끊이지 않고 있다.

240만 제곱미터(약 73만 평) 부지에 유택 35만 기가 들어선, 오스트

2일째. 오스트리아 빈 중앙묘지. 유네스코 세계문화유산으로 하이든, 모차르트, 베토벤, 슈베르트, 브람스, 요한 슈트라우스 등 수많은 음악가들이 잠들어 있다.

리아에서 가장 광대한 묘지이자 유럽에서도 두 번째로 큰 묘지이다. 세계인들이 공동묘지인 이곳을 성지 순례하듯 들르는 이유는 2001년 지정된 '유네스코 세계문화유산'이어서가 아니다. 유명한 음악가들이 한곳에 잠들어 있기 때문이다.

제2문으로 들어서면 보리수와 플라타너스가 늘어선 아름다운 가로수 길이 나 있다. 이 길을 따라 200미터가량 올라가면 왼쪽으로 '음악 신동' 볼프강 아마데우스 모차르트(1756~1791) 기념비가 나온다. 레퀴엠 악보와 하프를 안고 있는 그의 아내 콘스탄체의 청동상이 서 있는 이 비를 중심으로 일대에 다른 음악가들의 묘지가 자리

한다. 악성(樂聖) 베토벤, 가곡의 왕 슈베르트, 브람스, '왈츠의 아버지' 요한 슈트라우스 1세와 그의 아들 '왈츠의 왕' 요한 슈트라우스 2세 등 시대와 나라, 민족을 초월해 인류의 귀와 마음을 행복하게 해주고 있는 거장들이 이웃하며 후세 사람들을 맞는다.

거장들의 묘는 그렇게 화려하지는 않지만 그들의 생애를 상징하는 조형물들로 장식되어 있어 음악사에 남긴 발자취를 다시금 생각해보게 한다. 베토벤과 모차르트 등 음악가들의 묘소를 돌아보면서 문득 이들도 부처님의 제자요 보살이라는 생각이 들었다. 얼굴색이 다르고 시대가 달라도 그들이 이루어낸 음악적 업적은 지금까지도 인류의 마음에 큰 위안을 주고 있지 않은가.

순례에 나선 우리 50명의 스님들은 현수막을 앞세우고 목탁을 치면서 광명진언을 독송했다. 엄숙하고 장엄하게 염불한 후 영가법문도 마쳤다. 아마도 스님들이 이곳에 와서 영가법문을 내린 것도 역사상 최초가 아닐까 싶다.

이 밖에 호엔잘츠부르크성 등 바로크 양식의 건축물이 많으며 가톨릭 문화의 중심지인 잘츠부르크를 방문해 음악의 신동이라 불리는 모차르트의 생가와 보석가게, 꽃집, 옷가게 등과 레스토랑, 커피숍 들이 늘어선 게트라이데 거리, 잘츠부르크 대성당(돔 성당) 등을 관람했다. 대성당에서는 6,000개의 파이프가 든 유럽에서 가장 큰 규모의 파이프 오르간이 인상적이었다.

동유럽의 중심 국가, 헝가리

헝가리는 오랫동안 공산주의 국가로 있다가 1989년 공산주의가 무너지면서 발전을 거듭하고 있는 동유럽의 중심 국가이다. 헝가리의 수도 부다페스트는 마치 서울의 강남, 강북처럼 다뉴브강(도나우강)을 중심으로 '부다'와 '페스트' 지역으로 나뉘어 있다. '부다'와 '페스트'는 각각 다른 별개의 도시로 지내오다 세체니 다리가 세워지고부터 '부다페스트'라는 하나의 도시로 통합되어 발전해오고 있다.

헝가리 부다페스트 거리에는 그림을 그려서 파는 사람들이 많았다. 뿐만 아니라 거리에서는 불교용품을 파는 곳도 쉽게 찾아볼 수 있다. 그것을 보면서 이미 불교 국가가 됐구나 하는 생각이 들 정도였다.

독일 드레스덴

베를린에서 남쪽 약 189킬로미터 지점에 위치한 드레스덴은 '독일의 피렌체'라고 불릴 만큼 아름다운 도시이다. 1711~1722년에 건립된 바로크 양식의 츠빙거 궁전을 비롯하여 왕성(王城), 드레스덴 미술관 등 유명한 건축물과 회화 등 많은 문화재가 있다.

프라우엔 교회(Frauenkirche)는 독일어로 '성모 교회'를 의미한다. 종 모양의 석조 돔이 인상적인 18세기 바로크 양식의 걸작이었으나 제2차 세계대전 중 연합군의 폭격으로 파괴되었다. 잔해는 그대로 방치되어 공습 당시의 참상을 증언하고 평화 운동을 상징하다가 독일이 통일된 후 본격적으로 재건이 시작되어 2005년 10월 30일 재

축성식을 거행하고 과거의 모습을 되찾아 60여 년 만에 드레스덴 시민 곁으로 돌아왔다. 재건 과정에서 전쟁 때 적대했던 국가들이 서로 힘을 합쳐 복구를 도운 화해의 상징이기도 하다.

드레스덴은 제2차 세계대전 당시 대공습으로 파괴되었으나, 옛 왕궁 마구간 외곽을 둘러싸고 있는 아우구스투스 거리 옆의 슈탈호프 벽만은 기적적으로 전화를 모면했다. 슈탈호프 벽에는 길이 101미터, 높이 8미터의 마이센 자기 타일로 만들어진 '군주의 행렬' 벽화가 남아 있는데, 무려 2만 5,000여 개의 타일이 사용됐다고 한다.

또한 독일 곳곳에서 철혈 재상이라 불리는 오토 폰 비스마르크(Otto Eduard Leopold von Bismarck, 1815~1898)의 동상을 만날 수 있다. 그를 기리는 수백 개의 동상이 독일 전역에 세워진 데는 그가 독일 통일의 주역이기 때문이다. 그는 인간의 힘과 원력이 얼마나 위대할 수 있는가를 보여준다.

미국에서 남북전쟁이 막 시작되었을 무렵, 독일에서도 통일을 위한 움직임이 있었다. 독일은 이 무렵, 수십 개의 작은 나라로 이루어진 '독일 연방'이었다. 독일 연방의 작은 나라인 프로이센에 어릴 때부터 통일의 꿈을 키워온 사람이 있었으니, 그가 바로 비스마르크이다.

오토 폰 비스마르크는 독일 연방 의회의 프로이센 대표였다. 1862년 프로이센의 왕 빌헬름 1세(Wilhelm Ⅰ, 1797~1888)가 비스마르크에게 프로이센의 수상이 되어 나라의 통일을 당부했는데, 이때 비스마르크는 의회에 나가 자신의 생각을 말했다. "현재 독일의 통일은 연설이나 다수결로 되는 게 아닙니다. 오직 철(군대의 힘, 무력)과 피(병

독일 드레스덴에서.

사들의 희생)로써 할 수 있습니다." 그래서 프로이센 국민들은 그를
'철혈 재상'이라고 불렀다.

　이후 비스마르크는 군대를 키워 오스트리아, 덴마크, 프랑스를 완
전히 무너뜨린 후 하나로 통일된 독일제국을 이룩했다. 한 사람의
큰 원력이 위대한 역사를 새롭게 써 내려감을 보여주는 사례가 아닌
가 싶었다.

아픈 역사를 간직한 나라, 체코
　체코는 우리나라와 마찬가지로 아픈 역사를 간직한 나라이다.

300년가량 합스부르크의 지배를 받아오다가 제1차 세계대전을 계기로 오스트리아로부터 분리 독립을 추구한다. 다시 오스트리아를 비롯한 동맹국이 제1차 세계대전에서 패하자 슬로바키아와 연계하여 체코슬로바키아로 독립함으로써 기나긴 합스부르크의 지배를 끝낸다.

1930년대에는 독일 나치로부터 영토 할양을 요구받고 제2차 세계대전 후에는 구소련의 힘을 빌려 해방되었으나 1948년 소련에 의해 공산당 정부가 들어선다. 공산당의 통제와 폭압을 견디지 못한 체코인은 1968년 '프라하의 봄' 혁명을 시도했으나 소련에 무참히 짓밟히고 만다. 그러다가 소련이 개혁 개방으로 돌아서면서 체코도 공산 체제에서 해방되어 1988년 공식적으로 시장 제도를 도입하고, 민주화 이후 갈등이 있던 슬로바키아와 평화적으로 분리하면서 마침내 1993년 공화국으로 탄생한다.

질곡의 역사를 간직한 체코이지만 지금은 아름다운 자연환경과 함께 도시는 여유롭고, 사람들은 평화를 맘껏 향유하는 듯 보였다. 프라하 거리의 수많은 카페와 카렐교, 블타바강, 그리고 유럽에서 가장 아름다운 동화 속 마을이라는 체스키크룸로프 등은 오래도록 기억에 남아 있다.

체스키크룸로프는 체코 남보헤미아주의 작은 도시이다. 체스키는 체코어로 '보헤미아의 것'을 의미하며 크룸로프는 '강의 만곡부 습지'를 의미한다고 한다. 중세의 아름다움을 그대로 간직하고 있는 마을이다. 순례단은 프라하성 다음으로 체코에서 가장 큰 성인 체스

체스키크롬로프, 중세의 아름다움을 그대로 간직하고 있는 마을이다.

키크룸로프성과 체스키크룸로프 골목을 자유롭게 거닐며 그곳 사람들의 일상을 돌아보았다.

그다음으로 기억에 남는 방문지는 사람의 뼈로 성당 내부 전체를 장식한 일명 '해골 성당'으로 불리는 쿠트나 호라(Kutna Hora) 성당이다.

프라하에서 자동차로 1시간 정도 떨어진 조그만 마을, 쿠트나호라 마을에 있는 이 성당은 성당을 온통 사람의 해골과 뼈로 장엄해 놓았다. 입이 다물어지지 않을 정도의 광경이었다. 약 4만 명의 뼈와 해골로 만들어졌다고 한다. 중세에 불어닥친 흑사병과 전쟁으로 죽

체코 해골 성당. 약 4만 명의 뼈와 해골로 만들어진 성당으로 중세 흑사병과 전쟁으로 인해
죽임을 당한 시신으로 만들어진 성당이다.

은 수만 명의 시신을 더 이상 매장할 수 없자 한 맹인 수도자가 죽은
이의 뼈와 해골로 성당을 만들 생각을 했다고 한다. 지금도 유골을
발굴 중이고, 성당은 보수 작업이 한창이었다. 어마어마하게 많은 해
골들로 실내를 장식하고, 그것도 모자라 해골 및 인골을 쌓아둔 무
덤 같은 것들이 가득했다.

원래는 조그만 성당이었는데 예수의 묘지가 있다는 예루살렘의
골고다 언덕에서 어떤 신부가 흙을 가져와 납골당에 뿌린 이후, 소
문을 듣고 많은 유럽 귀족들이 여기에 묻히길 원했고, 또 한편으로

는 유럽에 흑사병이 창궐했을 때 많은 사람들이 여기 모여 기도하다가 죽어갔다는 슬픈 역사를 간직하고 있다.

긴 윤회의 역사 속에서 보면 그 해골들 또한 우리의 부모 형제가 아닌가. 부처님께서 길가의 뼈 무더기를 향해 경배하셨듯이 우리 순례단 또한 다를 바 없었다. 몹쓸 병을 만나고 험악한 전쟁의 재난을 맞아 자신의 의지와 무관하게 쓰러졌을 원통한 영가들을 위해 뭔가 해야 했다.

기둥과 재단, 천장 등 성당의 모든 공간을 빼곡하게 채운 해골바가지를 보면서 우리 일행은 목탁을 치면서 영가천도 의식을 진행했다. 부디 억울한 죄업의 굴레를 벗어버리고 훨훨 날아 극락왕생하시기를 기원했다. 소납은 또한 성당 수리비조로 약간의 헌금도 했다. 모양은 성당이라고 하지만 슬픈 영혼들이 모셔진 납골당이 아닌가.

체코의 거리에서도 느꼈지만 오스트리아와 헝가리, 독일, 체코를 순례하면서 이미 불교문화가 유럽에 적지 않게 전파되고 있음을 알 수 있었다. 오히려 텅 빈 성당이 동양의 대표적인 정신문화인 불교를 부르는 듯했다.

쇠퇴하는 가톨릭과 개신교에 비해 불교의 확산은 놀라울 정도였다. 거리마다 불교 용품을 파는 상점을 쉽게 볼 수 있다는 것은 대중 속에 이미 불교문화가 파고들었다는 방증이다. 이토록 유럽 사람들이 불교에 심취하고 불교를 찾는 것은 서양 문화나 서양의 물질문명이 궁극적인 행복의 귀의처가 될 수 없다는 인식에서 출발하고 있지 않나 하는 생각이 들었다. 한편으로는 서구 종교가 진정한 안식처나

귀의처 역할을 하지 못하고 있음을 의미한다 하겠다.

오히려 우리나라 사람들은 물질문명과 서구문화를 흠모하는 경향이 있는 데 반해 유럽 사람들이 동양의 불교문화에서 길을 찾고 있는 것을 보면서, 우리 교단과 승려들의 역할과 책임이 더 엄중하다는 생각이 들었다. 우리 불교계도 대중 속에서 대중의 참다운 귀의처로서 역할을 다하지 못한다면 미래에 지금의 텅 빈 유럽 성당이나 교회가 되지 말라는 법이 없음을 반면교사로 삼아야 할 것이다. 아마도 이것이 이번 순례를 통한 가장 큰 소득이 아닐까.

또한 이번 동유럽 탐방을 통해 불교를 해외에 널리 전파하고자 힘쓰는 것도 중요하지만, 오늘날 우리 불교도들이 부처님 말씀대로 실천하면서 계율을 수지하고 불교의 본래 모습을 잃지 않고 살아가는 것이 무엇보다 중요한 과제라는 생각이 들었다.

나무아미타불!

⊙ 혜총 스님과 함께한 동유럽 문화 탐방(2016)

인천 ➡ 빈(성 슈테판 대성당, 쇤부른 궁전, 중앙묘지) ➡ 부다페스트(세체니 다리, 영웅광장, 어부의 탑, 중앙시장) ➡ 잘츠부르크(모차르트 생가, 돔 성당) ➡ 체스키크룸로프(스보르노스티 광장, 에곤실레 아트센터, 체스키크룸로프성) ➡ 드레스덴(츠빙거 궁전, 프라우엔 교회, 브릴의테라스) ➡ 프라하(바츨라프 광장, 화약탑, 시계탑, 구시가지) ➡ 쿠트나호라(성 바르보르 성당&이탈리안 궁정) ➡ 프라하(스트라호프 수도원 도서관, 블타바강 유람선, 성 비트 대성당, 프라하성 역사관, 황금소로, 카프카 집필 장소, 달리코르카 탑, 프라하성 근위대 교대식, 왕실 정원, 로레타 성당, 카를교, 존 레넌 벽, 발트슈테인 정원) ➡ 인천

▣ 오스트리아

현재 오스트리아의 근원은 합스부르크 왕가 시대로 올라간다. 당시 오스트리아는 신성 로마 제국에 속해 17~18세기 유럽의 주요 강대국 중 하나였다. 1804년 나폴레옹이 프랑스 황제로 즉위해 프랑스 제1제국 성립을 선포하자 이에 대항해 황제 프란츠 2세가 오스트리아 제국을 수립했다.

오스트리아는 유럽의 중앙에 위치해 여러 나라와 국경이 맞닿아 있다. 서쪽으로는 스위스와 리히텐슈타인, 북쪽으로는 독일과 체코, 동쪽으로는 헝가리와 슬로바키아, 남쪽으로는 이탈리아와 슬로베니아가 있다. 스위스 쪽으로는 알프스산맥과 도나우강이 흐른다. 수도는 빈.

빈의 쇤부른 궁전과 정원

오스트리아 빈의 남서쪽 교외에 있는 합스부르크가의 여름 별궁으로, 합스부르크 왕조 600년의 역사를 간직한 유서 깊은 곳이다. 마리아 테레지아를 비롯한 많은 왕이 이곳에서 정무를 보았고, 나폴레옹에게 점령당했을 때는 나폴레옹군의 사령부로 사용되기도 했다. 한때 유럽을 호령했던 왕가의 사람들은 보이지 않지만, '아름다운 샘(Schonner Brunnen)'에서 유래한 쇤부른이라는 이름에 걸맞은 빼어난 모습을 보려는 이들의 발길이 끊이지 않고 있다.

쇤부른 궁전은 1700년 황제의 수렵용 소궁전이 있던 자리에 완공되었다. 마리아 테레지아 여제 때 대대적인 개축을 했는데, 개축 규모가 워낙 커서 애초의 모습이 거의 남아 있지 않을 정도이다. 알력 관계에 있던 이웃 나라 프랑스에 국력을 과시하려는 의도도 있어, 프랑스 베르사유 궁전에 견줄 만큼 화려하고 아름다운 궁전이 탄생한 것이다.

궁전은 부드러운 황색의 외벽이 인상적인 거대한 3층 건물로, 방이 1,441개나 된다. 바로크 양식의 건물에 화려한 로코코 양식의 실내 장식을 해 전체적으로 화려하면서도 따뜻한 분위기이다. 궁전 뒤로는 광대한 프랑스식 정원이 펼쳐져 있다. 화단과 분수, 정교한 조각상이 어우러진 아름다운 정원은 궁전과 함께 세계 문화유산으로 지정되었다.

잘츠부르크의 모차르트 생가

1756년 1월 27일 '음악의 신동' 볼프강 아마데우스 모차르트가 태어난 집으로, 잘츠부르크에서 가장 번화한 게트라이데 거리 9번지에 있다. 모차르트는 12세기 무렵 지어진 이 건물 3층에서 태어나 17세이던 1773년까지 살았다. 1917년 국제모차르테움(Mozarteum)협회에서 인수한 뒤 모차르트 기념관으로 사용 중이다.

잘츠부르크에서 가장 유명한 명소로, 1층에는 모차르트가 사용했던 침대, 피아노, 바이올린, 자필 악보, 서신 등이 있고, 2층에는 유명한 오페라 〈마술피리〉를 초연할 당시 사용했던 것과 같은 소품들이 전시되어 있다. 3층과 4층에서는 모차르트의 가족들과 잘츠부르크에서 생활하던 당시의 모습이 각각 소개되어 있다. 건물 안에는 모차르트 CD와 각종 기념품을 파는 기념품 판매점과 카페가 있다.

▣ 독일

고대에 여러 게르만족이 살던 독일 땅은 게르마니아로 알려져 있었으며, 100년 이전 관련 기록이 남아 있다. 10세기부터 게르만족의 땅은 1806년까지 존속한 신성 로마 제국의 중심부를 이루었다. 16세기에 북독일은 루터교회가 로마가톨릭으로부터 분리된 종교개혁의 핵심부로 자리 잡았다. 1871년 프랑스-프로이센 전쟁 중에 독일은 최초로 통일을 이루어 근대적인 국민 국가가 되었다. 제2차 세계 대전이 끝나고 1949년 동독과 서독으로 분단되었으나, 1990년에 통일되었다. 수도는 베를린.

▣ 헝가리

헝가리는 서쪽으로는 오스트리아, 북쪽으로는 슬로바키아와 우크라이나, 동쪽으로는 루마니아, 남쪽으로는 세르비아와 크로아티아, 슬로베니아와 국경을 맞대고 있다. 폴란드, 체코, 슬로바키아와 함께 비셰그라드 그룹의 일원이자, 유럽 연합의 정회원국이다. 헝가리의 주민은 대부분 우랄족에 속하는 헝가리인이다. 수도는 부다페스트.

부다페스트의 세체니 다리

도나우강의 진주로 알려진 부다페스트에 가장 먼저 만들어진 다리이다. 당시 이 다리는 경제와 사회 발전의 상징이었다. 이후 1945년 독일군에 의해 폭파되었으나 다리를 만든 지 100년이 되던 1949년에 다시 개통되었다. 세체니라는 이름은 이 다리에 공헌한 세체니 백작을 일컫기도 하지만, 밤을 밝히는 전구의 모습이 마치 사슴처럼 보인다고 하여 붙인 것이다. 그리고 다리 난간에는 혀가 없다고 전해지는 사자상이 있다. 지금은 부다페스트의 야경에서 빼놓을 수 없는 아름다운 다리로 자리하고 있다.

▣ 체코

중앙유럽에 위치한 공화국으로, 1993년 체코슬로바키아로부터 분리되었다. 서쪽으로는 독일, 남쪽으로는 오스트리아와 슬로바키아, 북쪽으로는 폴란드와 닿아 있다. 2004년 5월 1일 유럽 연합 정회원국이 되었다. 서슬라브족에 속하는 체코인이 전체 인구의 약 90퍼센트를 차지한다. 수도는 프라하.

체스키크룸로프성

1992년 유네스코 세계 문화유산에 등재된 체코의 유서 깊은 도시 체스키크룸로프에 있다. 체코에서 프라하성 다음으로 큰 성이다. 고딕 양식

최초의 성은 13세기 전반 영주의 명으로 블타바강이 내려다보이는 돌산 위에 건립되었다. 14세기 들어 현재 남아 있는 가장 오래된 건물인 르네상스 양식의 흐라데크를 증축했고, 16세기에 지붕의 둥근 탑과 회랑 등을 증축했다.

1680년대에 에겐베르크 가문의 요한 크리스티안 1세가 바로크식으로 성을 개축했고, 뒤를 이어 슈바르젠베르크 가문의 후손들이 성을 광범위하게 수리했다. 1950년 체코 정부가 성을 인수해 일반인들에게 성 내부를 공개했다. 성안에는 영주가 거주하던 궁전과 예배당, 바로크식 극장 등이 있는데, 각각의 건물들은 정원으로 길게 연결되어 있다.

프라하의 시계탑

프라하 구시가지 광장에 위치한 천문 시계로, 1410년 프라하 시청사의 요청으로 시계공 미쿨라스와 하누쉬, 그리고 수학자인 얀 신델이 합작해서 만들었다. 완성된 시계가 너무 아름다워 당시 동유럽으로 관람 온 귀족들이 하누쉬에게 자신의 나라에도 제작해 달라는 요청이 쇄도하자, 이를 알게 된 프라하 시의회는 천문 시계를 독점하기 위해, 새벽에 장정 다섯 명을 보내 양팔과 양다리를 포박하고 불에 달군 인두로 시계공의 눈을 지져버렸다고 한다. 이후 슬픈 마음을 안고 마지막으로 시계탑에 올라간 하누쉬가 손을 대자 시계는 그대로 작동을 멈추었고, 400년이 지난 1860년에야 다시 움직이기 시작했다고 한다. 전해 내려오는 그럴듯한 이야기지만, 1410년 카단의 시계공 미쿨라스와 카를 대학의 천문학 교수였던 얀 신델이 시계 장치와 글자판을 만들었고, 1490년 이를 수리한 하누쉬가 아래쪽 시계판을 설치했다는 것이 진실이라고 한다.

사막 · 바람 · 침묵의 스핑크스가 내린 설법

진광 스님(대한불교조계종 교육원장 직무대행)

내 사랑하는 벗이여! 하늘 위에서 바라보는 중동의 땅은 온통 회색빛 사막의 향연입니다. 사막이 아름다운 것은 그 안에 오아시스와 별이 빛나고 있기 때문이라지요? 당신도 저 사막 어딘가의 허공이나 바람이었으면 좋겠습니다.

저 아래 어딘가에 파울로 코엘료의 소설《연금술사》속 주인공인 산티아고 소년이 '신비의 돌'을 찾아 순례를 할 것이고, 생텍쥐페리의《어린왕자》는 바오밥 나무 아래에서 여우와 이야기를 나누고 있을 듯합니다.

중 · 고등학교 세계사 시간에 책을 통해 보았던 이집트 문명의 현장과 유적들을 만나러 가는 여정은 그 자체로 가슴 뛰는 설렘과 행복이 아닐 수 없습니다. 사막의 모래바람과 스핑크스가 들려주는 이야기가 자못 기대와 흥분을 자아내고, 그 안에서 무엇을 배우고 느낄지 궁금해집니다.

피라미드, 신심(信心)의 결정체

먼저 카이로 가자 지구의 피라미드 앞에 섰습니다. 사막 위의 신기루인 양 5,000년의 세월을 이겨낸 세계 7대 불가사의라는 말이 실감 날 정도로 신비롭고 위대한 건축물이 아닐 수 없습니다. 혹자는 외계인이 만든 것이라고 합니다.

많은 이들이 당시 파라오의 장생(長生)을 위한 인간의 헛된 욕망의 상징이자 수많은 사람들의 노역에 의한 결과물로 봅니다. 그러나 나는 당시 모든 이의 삶과 비원(悲願)이 빚어낸 위대한 정신이라고 생각합니다. 지도 법사인 혜국 스님께서도 "깨달음의 여정이자 수행의 결정체"라고 말씀하십니다.

사막의 석양에 물들어가는 피라미드 앞에는 전설의 동물인 스핑크스가 침묵 속에 지난 역사와 세상의 비밀을 말하는 듯합니다. 사막의 바람이 전하는 말에 귀를 기울이고 스핑크스의 침묵의 언어를 통해 시공을 넘어 오늘에 이르는 삶과 진리의 눈을 가지게 됩니다. 다시 일어나 새로운 길과 희망, 그리고 깨달음의 세계로 나아가는 나를 보게 됩니다.

이집트 문명의 원천 나일강

나일강은 남에서 북으로 거꾸로 흐르는 강으로 유명합니다. 적도 남쪽의 고원지대에서 발원하여 아프리카 북동부를 지나 알렉산드리아의 지중해로 흘러가는 총 6,650킬로미터의 대장정입니다. 나일강 하류의 델타 삼각지의 비옥한 토지가 바로 이집트 문명의 원천이라 할 수 있습니다.

1970년 아스완하이 댐이 완공되면서 람세스 2세의 석상이 있는 아부심벨 신전은 수몰 위기에 처합니다. 이에 유네스코와 전 세계의 도움으로 현재의 위치로 옮겨놓았습니다. 세계문화유산의 보존을 위한 아름다운 사례가 아닐 수 없습니다.

이집트 역사상 가장 위대한 군주인 람세스 2세의 아부심벨 신전과 왕비인 네파르테리의 하토르 신전은 그 조각과 벽화가 단연 압권입니다. 그의 치세기에 아이러니하게도 모세가 유대 민족을 이끌고 출애굽을 하게 됩니다.

아스완에서 버스를 타고 4시간여 달려 옛 이름이 테베(Tebe)인 룩소르에 도착했습니다. 가는 길에 옛 토기에 물을 가득 담아 길거리에 놓아두어 갈증 나는 이웃에게 시원한 물을 함께 나누는 모습이 인상적이었습니다.

룩소르는 마치 우리나라의 경주와 같은 고도(古都)로 아문(Amun) 신을 섬기는 카르나크 신전과 룩소르 신전이 자리하고, 강 서안(西岸)에는 왕가의 계곡과 핫셉수트 장례전, 그리고 멤논의 석상이 있는 곳입니다. 이곳을 보고 나면 그리스나 로마 문명의 유적은 그 아류인지라 눈에 안 찬다고들 합니다. 이집트 문명의 정수와도 같은 곳이지요. 몇 날 며칠을 보아도 질리지 않는 문명의 보고(寶庫)가 바로 이곳 룩소르입니다.

2018년 4월 1~11일까지 조계종 교육원에서 진행한 승려해외연수 '혜국 스님과 함께하는 이집트 이스라엘 요르단 문명 기행'. 이집트 카이로 피라미드 앞에서 입재식을 하다.

룩소르에서 밤기차로 카이로 기자역까지는 꼬박 9시간이 걸립니다. 창밖의 야경과 일출 풍경을 바라보며 김광석과 당신이 좋아하는 김현식의 음악을 듣는 즐거움으로 여행은 더욱 여행다워집니다. 그리운 이에게 엽서 한 장을 쓰는 것도 행복한 일이겠지요. 문득 당신과 함께한 모든 것에 감사하게 됩니다.

쓰레기 속에서도 연꽃이 피어나길

카이로에 도착해 나일강변을 거닐다 이집트 고고학 박물관을 찾았습니다. 60만 점의 유물을 소장한 세계 최대 박물관으로 하루 종

기원전 2600년경 약 20년에 걸쳐 축조된 세계 7대 불가사의 중 하나인 이집트 카이로의 가자 지역에서 가장 크고 오래된 쿠푸왕의 피라미드.

일 보아도 질리지 않는, 그야말로 이집트 문명의 보고이자 정수와도 같은 곳이지요. 그런데 이집트인의 죽음만이 보이고 삶의 모습이 보이지 않아 아쉽기만 합니다. 죽음은 삶을 위한 것이지 삶이 죽음을 위할 수는 없다고 생각합니다.

오후에는 카이로 외곽의 쓰레기 더미 위에서 고단한 삶을 살아가면서도 그들의 신앙과 열정을 간직한 콥트 기독교인 거주지와 그들이 세운 모카탐 동굴을 방문하였습니다. 석회암을 뚫어 2만여 명이 예배를 볼 수 있는 동굴 교회의 의자에 앉아 잠시 좌선한 채 많은 생각을 하게 됩니다.

그 앞에서 만난 이슬람 복장의 기독교인 할아버지는 자신의 손목에 선명하게 새겨진 십자가와 예수의 이름을 보여주며 행복한 미소를 짓습니다. 파리가 날리는 가운데 그가 건넨 콩죽과 빵을 넙죽 받아서 함께 맛있게 먹었습니다. 나는 이곳 쓰레기 더미 위에서 연꽃이 피어나기를, 제2. 제3의 모세와 요한, 그리고 예수가 나오기를 마음속으로 빌었습니다. 아니, 다음 생에는 이곳에 태어나 불법을 홍포하기를 서원하여보았습니다.

아쉬운 것은 나일강변의 은수자(隱修者) 초기 사막교부의 삶과 수행 현장을 둘러보지 못한 것입니다. 마치 수선납자의 모습과도 유사한 그들의 삶과 수행은 오늘의 우리에게도 암시하는 바가 많고 유용하리라 믿습니다. 다음번에는 꼭 한 번 그 현장을 찾아 함께하고 싶습니다.

특히나 이곳에는 아파트 같은 곳에서 교민과 유학생들이 한 달에 1~2회 모여 법회를 본다는 이야기를 들었습니다. 혜국 스님께서도 "미리 연락되었으면 설법이라도 해줄 것"이라며 아쉬워했습니다. 이역만리에서 신심과 원력으로 살아가는 불자들에게 우리는 과연 무엇을 하였는지 부끄럽기만 합니다.

아듀, 이집트…

마지막으로 알렉산드리아로 향했습니다. 알렉산더의 동방원정으로 세워진 고대 도시로, 세계 최대 도서관이 있었던 곳입니다. 또한 클레오파트라의 왕궁이 있었으며 고대 세계 7대 불가사의 중 하나인 파로스의 등대가 있었던 곳으로 유명합니다. 무엇보다 지중해의 푸른 바다로 인해 사랑스러운 곳입니다. 마치 유럽의 어느 해변 도시에 온 것 같은 기분입니다.

히잡을 두른 어린 소녀들이 함께 사진을 찍으며 싱그러운 미소를 짓고, 어린아이의 천진한 눈동자가 아름다우며 사랑스럽기만 합니다. 역시 사람이 꽃보다 아름답고 성스럽다고 생각하지 않을 수 없습니다. 사람만이 희망이고 깨달음이며 전부라고 할 수 있습니다. 아듀! 알렉산드리아여. 이집트여, 내 사랑이여!

나의 여정과 작지만 소중한 깨달음을 당신과 함께할 수 없어 아쉽기만 합니다. 다음에 다시 소식 전하기로 하고 이만 줄입니다.

인간을 위한 종교가 필요한 때

진광 스님(대한불교조계종 교육원장 직무대행)

여기는 세계문화유산인 고대 대상 무역로의 중심이었던 페트라 유적지입니다. 알렉산드리아에서 비행기로 요르단의 수도인 암만으로 들어와 다음 날 곧바로 세계문화유산인 페트라 유적을 보러 왔습니다.

우리에게는 드라마 〈미생(未生)〉의 마지막 장면의 무대로, 세계인에게는 스티븐 스필버그의 영화 〈인디애나 존스〉 최후의 성전 편의 배경으로 유명한 곳입니다. 또한 영화 〈아라비아의 로렌스〉 촬영 무대이기도 합니다. 특히나 드라마 〈미생〉의 마지막 장면에 페트라의 알카즈네 신전을 배경으로 중국의 대문호 루쉰(魯迅)의 소설 《고향》 중 한 대목이 내레이션으로 흘러나오던 장면이 인상적이었습니다.

"희망(希望)이란 본래 있다고도 할 수 없고, 없다고도 할 수 없다. 그것은 마치 땅 위의 길과 같은 것이다. 본래 땅 위에는 길이 없었다.

이집트 카이로 교외의 콥트교 초기 기독교 유적인 모카땅 동굴의 내부 벽화.

한 사람이 먼저 가고 걸어가는 사람이 많아지면 그것이 곧 길이 되는 것이다."

이렇듯이 나 또한 아무도 가지 않는 길을 감으로써 최초(最初)이자 최고(最高)의 길을 창조하고 싶습니다. 내 삶과 수행이 하나의 이정표가 되고 희망의 지표(指標)로 남고 싶습니다. 당신 또한 당신의 길 위에서 항상 하듯이 말이에요.

개인적으로는 옛날 배낭 여행 당시 비싼 입장료(현재 9만 원 정도)로 인해 게스트 하우스에서 읽은 '창수 씨의 조언'에 따라 새벽 5시이전에 담을 타넘어 몰래 도둑구경을 하였던 일명 '창수성지순례'의추억이 깃든 곳입니다. 혹여 베두인족이나 관리인에게 붙잡히면 "절대 한국인이라고 말하지 말고 일본인이라 말하십시오. 국가 망신입

이집트 룩소르 카르나크 신전으로 들어가는 입구의 양편에 늘어선 스핑크스 석상들.

니다!"라는 글귀가 생각나서 미소 짓곤 합니다.

그날도 페트라 유적은 눈이 부실 정도로 아름답고 경이로웠습니다. 나바테아 왕국의 수도였던 페트라는 향료 교역의 중심지였습니다. 나바테아인은 아라비아반도 내륙에서 해안에 이르는 대상 무역로를 독차지하며 크게 번성하였으나 무역로가 바뀌자 점차 쇠퇴하였습니다.

그러다가 1812년 스위스의 요한 루트비히 부르크하르트가 이 도시의 유적을 발견하게 되어 세상에 알려지게 되었습니다. 영국의 시인 존 버건(John William Burgon, 1813~1888) 신부는 이 도시를 가리켜 "영원한 시간의 절반만큼 오래된, 장밋빛처럼 붉은 도시"라고 노래했다 합니다.

페트라의 수많은 건축물 중에서도 단연 최고는 역시 장밋빛 사암

요르단 암만에서 페트라 유적으로 가는 길목에 있는 요르단의 그랜드캐니언으로 불리는 계곡 위 전망대에서 한 스님이 계곡을 굽어보고 있다.

을 깎아 만든 신전이자 무덤인 알카즈네 피라움(파라오의 보물)입니다. 높이 40미터, 너비 28미터의 정면 모습은 웅장하고 예술적으로도 아름답기 그지없습니다.

알카즈네 신전 앞에 앉아 수많은 관광객과 낙타, 마차 등을 바라보며 상념에 잠깁니다. 세월과 인생의 무상함과 영욕을 느끼기에 딱 좋은 곳입니다. 바로 곁의 두 쌍둥이 소녀와 가족들은 행복한 한때를 보내고 있습니다. 문득 고향과 그리운 벗들이 눈물 나게 그리워지는 것이 나도 이제 조금 늙어가는 것 같습니다. 그대와 함께 이 풍광을 바라볼 수 있었으면 좋았을 것을.

신전에서 더 들어가면 로마시대의 원형 극장과 목욕탕, 극장, 장터, 무덤 및 주거지 등이 나옵니다. 주변 어느 동굴이 바로 창수님과

요르단 페트라의 로마시대 원형 극장 유적과 동굴.

제가 이른 새벽에 들어와 숨은 채 MP3를 들으며 3시간 동안 숨죽여 기다리던 성지(?)입니다.

페트라 인근의 마을 집에서 눈썹이 길고 아름다운 어린 소녀를 보았습니다. 마치 낙타 눈썹처럼 길고 아름다워 금방이라도 두 줄기 눈물이 흘러내릴 듯합니다. 이들이 자라 어른이 된 세상은 좀 더 평화롭고 아름다운 일로 가득 찼으면 하고 빌어봅니다.

암만으로 돌아오는 길에 사막에서는 호수인 양 신기루가 펼쳐집니다. 많은 이들이 이런 신기루에 속아 절망하고 괴로워했을 겁니다. 현실 또한 사막의 신기루처럼 참이 아닌 거짓과 허상의 신기루를 좇아다니곤 합니다. 그러니 정신 똑바로 차리고 그르쳐 가지 말아야

페트라 유적의 좁고 가파른 절벽으로 둘러싸인 시크 협곡을 따라 걷고 있는 스님들.

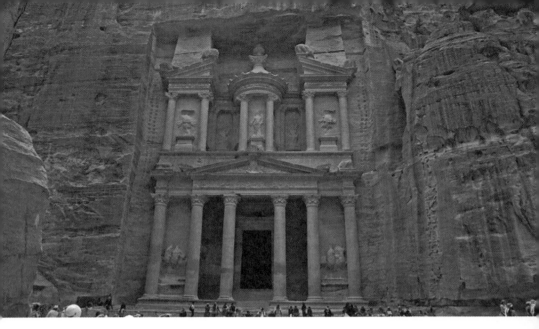

요르단 페트라 유적의 백미인 알카즈라 신전의 장엄하고 아름다운 모습. 영화 〈인디애나 존스 : 최후의 성전〉과 드라마 〈미생〉의 촬영지로 유명하다.

하겠습니다. 다 놓아버리는 '방하착(放下著)'과 그르쳐 가지 않는 '막착거(莫錯去)'의 정신이 필요한 때입니다.

사막의 일몰과 석양은 신비롭고 아름답기만 합니다. 이제 곧 눈이 시리도록 아름다운 별들이 떠올라 밤을 밝히겠지요. 사막 어딘가의 오아시스에서는 또 누군가의 생명이 태어나고 죽어가듯이. 그렇게 사막의 밤은 낮보다 아름답습니다. 이런 순간이면 어린왕자를 만나러 무작정 사막 한가운데로 들어가고 싶어집니다. 여우랑 보아뱀이랑 바오밥 나무도 만나러 말입니다.

요르단의 수도 암만에서 지금은 갈 수 없는 시리아 다마스쿠스와 팔미라 그리고 알레포를 그려봅니다. 그리고 아직도 분쟁 중인 이라크의 바그다드를 생각해봅니다. 언제나 그곳에 다시 가볼 수 있을지 모르겠습니다. 정치와 종교가 인간을 언제까지 무참하게 할는지 도무지 모를 일입니다.

꿈에도 그리운 시리아의 다마스쿠스여! 세계문화유산인 우마이야 모스크와 시장, 그리고 내가 묵었던 숙소의 주인 할아버지와 가족들은 무사히 잘 있는지 모르겠습니다. 이란에서 만난 이라크 바그다드의 할아버지는 지금도 살아 계실까요? 부디 살아 계셔서 다시 만날 수 있기를 간절히 빌고 또 빌어봅니다.

언젠가 알레포 숙소에서 6~7명의 의대 대학생들과 이야기를 나눈 적이 있답니다. 그때 한 한의대 본과 여학생의 말이 생각납니다.

"저는 한의학이 의학이나 의술을 떠나 일종의 카운슬링이라고 생각합니다. 침으로 환자의 질병을 고치는 것이 아니라 환자의 말을 잘 들어주는 경청과 공감, 그리고 상담을 통한 정신적 치유가 더 중요하기 때문이지요."

그렇습니다. 저는 종교도 그런 카운슬링이자 인간에 대한 서비스라고 생각합니다. 그렇지 않다면 종교가 인간과 사회에 무슨 의미가 있을지 모르겠습니다. 이젠 종교가 인간을 위해 어떻해야 하는지 스스로 묻고 답해야 합니다.

세계의 대다수 종교는 사막 지대에서 출현했습니다. 열악한 상황에서는 뭔가 이상향을 꿈꿀 수밖에 없었겠지요. 그렇게 출현한 종교가 신의 위세를 빌려 인간 위에 군림함으로써 오늘의 비극을 초래하게 되었다고 생각합니다. 인간의, 인간에 의한, 인간을 위한 종교가 필요한 때라고 믿어 의심치 않습니다.

이제 내일 아침이면 한번도 가보지 못한 미지의 땅, 이스라엘 예루살렘으로 들어갈 것입니다. 이스라엘을 갔다 오면 다른 중동 이슬람 국가를 들어갈 수 없어 저 또한 엄두를 못 내고 말았던 기억이 납니다. 그런데 드디어 그곳을 방문한다고 하니 긴장과 함께 짜릿한 전율과 환희가 일어납니다.

　마침내 이스라엘 예루살렘으로의 입성을 앞두고 설레는 마음에 도무지 잠을 이룰 수가 없습니다. 3년 전 〈조선일보〉와 나눈 인터뷰에서 받았던 도발적인 질문, "스님은 기독교 성지 순례 가면 안 되나요?"에 드디어 그 답을 하게 되었습니다. 다음에는 예루살렘에서 소식을 전하겠습니다.

예루살렘에서 만난 예수와 부처의 길

진광 스님(대한불교조계종 교육원장 직무대행)

기나긴 밤의 어둠을 이겨낸 자에게 아침은 오는 것입니다. 드디어 꿈에 그리던 이스라엘 예루살렘으로 입성(入城)하는 역사적인 아침이 밝았습니다. 오늘 아침은 전혀 새로운 새 날, 새 아침입니다.

사실 중동의 정세가 불안하고 어지러워서 걱정이 이만저만 아니었습니다. 만약 문제가 생기면 이스라엘을 빼고 터키의 이스탄불로 대체하려고까지 했으니까요. 또한 많은 스님들이 불안한 나머지 순례를 포기하기까지 했습니다.

요르단 쪽 킹 후세인 국경을 넘어 이스라엘의 알렌비 국경까지 넘어가는 데만 2시간 넘게 지체했습니다. 이스라엘을 통과하는 데 또한 시간 이상 걸려 간신히 국경을 넘을 수 있었습니다. 그러나 의외로 그렇게 위험하지도 힘들지도 않은 듯합니다. 일종의 기우(杞憂)였던 셈이지요.

국경 지대의 요단강은 이름과 달리 조그만 도랑인지라 실망하지 않을 수 없었습니다. 양쪽 고원지대가 언젠가 지각변동으로 갈라져 분지를 이루어 해발 −250미터 정도 되는 곳이 바로 이 지역입니다. 그곳에 −430미터의 세계에서 가장 낮은 사해(Dead sea)가 자리합니다.

사해에 들러 한국식 도시락으로 점심을 먹고 사해 체험을 했습니다. 염도가 33퍼센트이고 미네랄이 다량 함유되어 진흙 팩을 하면 관절염 등에 좋은 것은 물론이거니와 가만히 있어도 물에 둥둥 뜨는 곳으로 유명한 곳이지요. 모두들 어린아이인 양 신나서 뛰어들어 체험하느라 정신이 없습니다.

예수가 어린 시절을 보낸 나사렛으로 가서 수태고지 교회와 성 요셉 교회 등을 둘러보았습니다. 한국 가톨릭교회에서 보낸 한복 입은 성모 마리아와 예수 그림이 이채롭습니다. 또한 요셉 동상의 무릎을 만지면 관절염이 낫는다고 하도 매만져 반질거리는 것이 재미있습니다.

가나라는 마을에서 열린 결혼식에서 물을 포도주로 바꾼 첫 기적을 기념하는 교회를 둘러보고는 여리고 마을을 지나 저녁 무렵 드디어 이스라엘의 심장부이자 유대, 이슬람, 기독교의 성지인 예루살렘에 입성하였습니다.

예루살렘의 야경과 새벽 일출과 더불어 드러나는 예루살렘 성벽과 황금돔 사원은 눈이 부시도록 아름답기만 합니다. 그러나 오랜 세월 영욕과 살육의 역사가 점철된 핏빛 선연함이 깃들어 있습니다. 유대의 역사를 알아야 비로소 그것을 이해할 수 있습니다.

이스라엘 예루살렘의 '통곡의 벽'에서 기도 중인 유대인들의 모습과 국기가 보인다. 유대인들이 성전이 파괴된 것과 나라 잃은 설움에 통곡하던 것에서 유래한다.

　창세기 이후 아브라함이 정착한 땅에 다윗과 솔로몬이 성전을 건립하면서 예루살렘의 역사는 시작되었습니다. 이후 바빌론의 유수를 겪고 로마의 지배를 받으며 철저히 파괴되었고 유대 민족은 '디아스포라' 유랑의 길을 떠납니다.

　이후 이슬람의 지배를 받아오다 십자군 전쟁으로 잠시 회복되었지만 오스만 투르크의 지배로 근대까지 이르게 됩니다. 제1, 2차 세계대전을 겪으며 홀로코스트 대학살을 경험한 유대인은 시온주의의 영향으로 1948년 마침내 유대 이스라엘을 건국합니다. 그 후 4차례의 중동 전쟁을 겪으며 지금의 이스라엘로 자리매김합니다.

　예루살렘은 다윗과 솔로몬의 유대 성전이 있었기에 유대의 성지

이스라엘 예루살렘의 홀로코스트 박물관 입구에서 이스라엘 여군과 함께. 이스라엘은 여성도 군대에 복무해야 한다.

가 되고, 무함마드가 승천한 바위가 있어 지금의 황금돔 사원이 있는 이슬람의 성지이자, 예수가 태어나고 못 박혀 죽은 곳이기에 기독교의 성지입니다. 그러나 기독교가 관리하는 성지는 그 어느 곳에도 없고, 대개는 로마 가톨릭과 프란체스코 탁발수도회나 동방정교회에서 공동 관리하고 있습니다.

심지어 유대 민족은 예수를 메시아로 인정하지 않으며 기독교는 유대인을 예수를 십자가에 못 박히게 한 원흉으로 보아 심한 멸시와 박해를 하였습니다. 또한 황금돔 사원은 무슬림이 아니면 입장할 수 없어 유대인들은 '통곡의 벽'에서 통곡하며 기도하고 있습니다.

예루살렘에서는 먼저 홀로코스트 기념관을 참배하였습니다. 나치

예루살렘 성곽이 바라다보이는 언덕 위에서 회향식을 하며, 삼귀의와 반야심경 그리고 축원과 발원문을 봉독하였다.

에 의해 600만 명이 대학살 당한 참상은 차마 눈 뜨고 볼 수 없을 정도인지라 눈물과 분노를 동반하게 됩니다. 그러나 유대인이 왜 그런 고통을 당해야만 했는지도 한번 되돌아보아야 한다고 생각합니다. 연기(緣起)와 공성(空性)에 대한 이해를 통한 화해와 관용이 필요하기 때문입니다.

빌라도의 법정에서 십자가형을 언도 받은 채 십자가를 짊어지고는 골고다 언덕을 올라 처형당한 길을 따라 순례를 합니다. 출국 전에 본 영화 〈패션 오브 크라이스트〉를 떠올리며 그 길을 함께합니다. 12군데의 유적을 따라 오르면 예수가 죽고 다시금 부활했다는 예수 승천교회에 닿습니다.

그런데 이곳은 로마 가톨릭 교황청과 프란체스코 탁발선교회, 그리고 동방정교회 등 8개 기관이 공동 관리 중입니다. 기독교 성지 그 어디에도 기독교는 없습니다. 그것은 기독교의 뒤늦은 태동과 관련이 있을 듯싶습니다. 마치 불교가 태동하고 융성했던 인도에 불교가 없는 것과 같습니다.

다시금 '통곡의 벽'을 참배하니 저 멀리 황금돔 사원과 대비되어 통곡의 벽에 모인 유대인의 아픔과 한이 뼈저리게 느껴지고 가슴에 와 닿습니다. "고지가 바로 저기인데 예서 말 수는 없는데……" 아마도 그런 마음일 겁니다. 통곡의 벽에서 벗어나, 시온산에 올라가서 예수와 12사도가 최후의 만찬을 하였던 마가의 다락방과 다윗의 가묘 그리고 베드로 교회를 돌아보았습니다.

점심 식사 후 예수가 태어난 베들레헴으로 향했습니다. 예수탄생교회를 참배하며 말구유간에서 태어난 예수의 삶과 죽음을 생각해봅니다. 알려지지 않은 성장기는 차치하고서라도 광야에서 40일간 금식하며 악령의 유혹을 이겨낸 예수는 불과 3년여의 짧은 생애를 통해 인류의 위대한 정신이 되었습니다. 순교자 혹은 인류의 죄를 대속한 이로서의 예수가 아니고 만약 부처님처럼 80년을 살았다면 어떠했을까요? 물론 예수도 기독교도 없었을 겁니다. 아니, 어쩌면 그보다 사도 바울의 신학이 지금의 기독교를 가능케 했으리라 생각합니다.

베들레헴에서 돌아오는 길에 이스라엘에 의해 설치된 그 말로만 듣던 팔레스타인 지역의 장벽을 보았습니다. 어느 날 갑자기 나타나 몇 천 년 전 자기네 땅이라며 빼앗더니만 이젠 안전을 위해 분리 장벽을 설치한 채 감시와 통제를 하는 현재 이스라엘의 현실을 봅니다. 불현듯 우리 DMZ 휴전선 장벽이 떠올라 동병상련의 마음을 느끼게 됩니다.

돌아오는 길에 예루살렘의 전경이 바라다보이는 언덕 위에서 혜국 스님을 모시고 회향식을 가졌습니다. 한국에서 준비해온 노란 리본을 매달고는 세월호 참사 희생자와 홀로코스트 희생자를 위한 추모제를 함께하였습니다. 바람에 흔들리는 노란 리본 사이로 눈물과 한이 서린 예루살렘은 지금 이 순간에도 통곡하고 있는 듯합니다. 언제쯤 이곳에 진정한 평화와 행복이 함께할 수 있을까요? 그날이 하루 빨리 오기를 한 마음 한 뜻으로 기원해봅니다.

중국 당대의 서역 개척가인 장건(張騫)이 황하를 표현한 웅혼한 문장이 생각납니다.

곤륜산(崑崙山)을 타고 흘러내린 차가운 물 사태(沙汰)가 사막 한가운데인 염택(鹽澤)에서 지하로 자취를 감추고, 지하로 잠류하기를 또 몇 천 리, 청해(青海)에 이르러 그 모습을 다시 지표로 드러내어 장장 8,800리 황하(黃河)를 이룬다.

유대와 기독교, 그리고 이슬람의 장구한 역사와 과정이 마치 황하와 같다는 생각이 듭니다. 지금 불교는 어느 곳에 어떤 모습으로 우리와 함께하고 있을까 궁금하기만 합니다.

이제 다시금 예루살렘을 떠나야 할 시간입니다. 당신과 함께 와서 이 모든 순간을 함께했으면 좋으련만 그럴 수 없어 마음 아픕니다. 그러나 당신은 언제나 저와 함께 영원하리라 믿어 의심치 않습니다. 당신은 사막의 허공과 바람으로, 이곳의 자연과 사람들 속에 항상할 것이라고 생각하니까요!

언젠가 내가 온 세상을 떠돌 적에 당신이 이메일로 전해주었던 문수보살의 게송이 생각납니다.

오랫동안 티끌 세상에 있으면 본래의 일을 잃어버리나니, 부디 본분의 일을 잊지 말고 속히 청산으로 돌아오시게나!

(舊來塵土中 昧却本來事 不忘本分事 速還靑山來)

언하(言下)에 느끼는 바가 있어 바로 귀국해 청산에 들어 용맹정진을 했었지요. 지금도 그때처럼 당신의 죽비와 같은 경책 소리가 들려오는 듯합니다.

그때 그 마음으로 이제 다시금 돌아가려 합니다. 다시금 당신을 만났을 때는 더욱 맑고 향기로운 수행자의 모습으로, 결코 욕되거나 부끄럽지 않은 몸과 마음이기를 바라마지 않습니다.

내 마음속에 예루살렘을 간직한 채 몸은 비록 이곳을 떠나지만 언제, 어디서나 항상 함께하리라 믿습니다. 그대의 예루살렘은 어디인가요? 오, 예루살렘! 내 아름다운 순간의 꽃이여, 화두여, 깨달음이여!

할 이야기는 태산이나 바다 같지만 이제 이만 줄입니다. 제 작은 편지가 당신의 삶과 수행에 있어서 작지만 소중한 의미가 되었으면 하는 바람입니다.

⦿ 혜국 스님과 함께한 이집트 · 이스라엘 · 요르단 문명 기행 (2018)

인천 ➜ 카이로(피라미드, 스핑크스) ➜ 아부심벨(아부심벨 대신전, 하토르 신전) ➜ 아스완(아스완하이댐, 미완성 오벨리스크) ➜ 룩소르(멤논의 거상, 카르나크 신전, 왕가의 계곡, 룩소르 신전, 핫셉수트 장제전) ➜ 카이로(모까탐 동굴교회, 이집트 박물관, 예수 피난 교회, 모세 기념 교회) ➜ 알렉산드리아(로마 원형 극장, 카이트베이 요새, 카타콤베) ➜ 페트라(페트라 시크길, 엘카즈네 사원, 로마 원형 극장, 왕들의 무덤, 나타비안 유적) ➜ 사해 ➜ 예루살렘(마가의 다락방, 다윗왕의 가묘, 베드로 통곡 교회, 통곡의 벽, 구시가지, 십자가의 길 14처소, 홀로코스트 기념관) ➜ 나사렛(나사렛 빌리지, 마리아 수태고자 교회, 성 요셉 교회) ➜ 암만(느보산 순례, 모세 기념교회와 놋 뱀 상) ➜ 아부다비 ➜ 인천

▣ 이집트

이집트만큼 풍부하고 잘 보존된 과거를 소유하고 있는 국가도 드물다. 스핑크스와 피라미드 같은 이집트 유산은 고대 유물의 상징이다. 문명은 5,000년이 지났어도, 현대의 여행자들에게 이집트는 박물관 이상의 의미를 가져다준다. 이집트의 국민은 이집트를 방문하는 여행자들에게 우호적이고 친절하다. 관광객 대부분은 피라미드를 보러 이집트를 찾겠지만, 그 유물들만큼이나 매혹적인 이집트인들에 대한 추억을 가지고 돌아올 것이다. 수도는 카이로.

◉ 카이로

쿠푸 피라미드

기원전 2600년경 약 20년에 걸쳐 만들어진, 세계 7대 불가사의 중 하나이다. 기자 지역에서 가장 오래되고 큰 피라미드이다. 높이가 146.5미터에 달하며 두 개의 입구가 있다. 하나는 가짜 통로로 통하는 입구이며, 또 하나는 현재 사용되는 입구이다. 입구를 통과하여 오르막길을 따라가면 좁으면서 길고 높은 회랑이 나오는데, 이 끝에 파라오의 무덤이 있다.

스핑크스

쿠푸왕의 아들인 카프레왕이 조성한 길이 60미터, 높이 20미터의 피라미드이다. 이것은 같은 돌을 쌓아 만든 것이 아니라 거대한 석회암을 깎아서 만든 것이다. 제작된 후 한동안 모래에 묻혀 있었으나 훗날 이집트의 투트모세 4세가 왕자 시절 스핑크스 옆에서 잠을 자다 스핑크스가 말하는 꿈을 꾸고 나서 흙을 제거해 세상에 알려졌다고 한다. 스핑크스의 코가 깨져 있는데, 나폴레옹이 대포를 쏘아서 코를 깼다는 설이 전해진다.

◉ 알렉산드리아

카이트베이 요새

카이트베이 요새는 지중해 연안에 있으며, 1466년에 맘루크 왕조의 술탄 카이트 베이가 건설했다. 15세기 알렉산드리아뿐만 아니라 지중해 연안 전역의 군사적 방어 체계에서 가장 중요한 지점이었다. 1805년 무함마드 알리가 요새를 보수하고 현대식 무기를 배치해 본래의 기능을 되살렸으나, 1883년 영국이 알렉산드리아를 폭격해 요새로서의 기능을 상실했다. 20세기 중반부터 본격적인 재건이 이루어졌으며, 1984년에 대규모로 재건한 뒤 관광지로 인기를 얻고 있다.

▣ 이스라엘

아시아 서남부에 위치하며, 서쪽으로는 지중해가 있고, 남쪽으로는 홍해의 아카바만을 인접하고 있다. 성경이 곧 그들의 역사이며 가장 우수한 민족이라고 자부하는 유대인들은 오랜 망명 생활에도 약속의 땅을 잊지 않았다. 요즘 팔레스타인과 잦은 분쟁으로 위험에 빠져 있지만, 기독교인들에게 이스라엘은 마음의 고향이며 한번은 밟아보고 싶은 성스러운 땅이다. 이스라엘은 유대교, 기독교, 이슬람교의 발상지로, 세 종교는 각각의 관습에 따라 예배하고 종교 행사를 치른다. 1948년 이스라엘의 건국 선언문에 의하면, 이스라엘에서는 종교의 자유가 보장되지만, 종교 분쟁 등의 이유로 선교 활동은 금지하고 있다. 각각의 종교는 자체 종교 의회와 법원을 갖고 있으며, 종교 법원은 종교 문제뿐만 아니라 결혼이나 이혼과 같은 개인 문제에 대해서도 판결한다. 수도는 예루살렘.

서쪽의 벽(통곡의 벽)

서쪽의 벽은 성전 산의 서쪽 450미터에 달하는 벽으로, 헤롯이 세운 성벽 중 유일하게 남아 있는 부분이다. 통곡의 벽이라고도 불리는데, 이는 나라를 잃은 유대인들이 이곳에 와서 성전이 파괴된 것과 나라를 잃은 처지를 슬퍼하며 통곡했기 때문이다. 이곳은 유대인들이 기도하는 거룩한 장소이다. 오스만 시대부터 이스라엘은 물론 전 세계에 흩어진 유대인들이 이곳에 순례차 와서 소원이 적힌 쪽지를 벽의 돌 틈새에 끼워가며 기도했다. 로마 시대에 유대인들은 성전이 파괴된 압비월 9일 하루만 성역에서 기도하는 것을 허락받았다고 한다. 그러나 아랍 시대에는 이조차 허락되지 않아 성전에서 가장 가까운 이 통곡의 벽에서 기도하는 풍습이 생겼다.

사해

예루살렘에서 동쪽으로 약 35킬로미터 떨어진 곳에 위치한 사해는 수면이 주변의 지중해보다 398미터나 낮아 지구 표면에서 가장 낮은 곳이다. 남북 길이가 75킬로미터이고, 동서 폭은 긴 곳이 17킬로미터이며, 둘레는 200킬로미터에 이르는 '갇힌 바다'다.
해수의 염분 함유량이 보통 바닷물보다 10배 가까이 높아 물에 들어가면 저절로 뜬다. 인체에 유익한 각종 광물질이 다량 함유되어 있어 전 세계에서 많은 사람이 몰려들고 있다. 이집트의 여왕 클레오파트라도 미용을 위해 노예들을 시켜 정기적으로 사해의 검은 진흙을 가져오게 했다고 전해질 만큼, 이곳 진흙의 미용 효과는 고대부터 알려져 있었다.

▣ 요르단

요르단은 지중해의 동남쪽, 아라비아반도 북서쪽에 위치한 조그마한 나라로, 동쪽으로는 유프라테스-티그리스강 유역의 인류 문명 발상지인 메소포타미아(이락)와 인접하고, 서쪽으로는 고대 인류 문명이 번창했던 나일강 유역의 이집트와 접하는 주요 통로의 요지이다. 또한 세계 3대 단일신 종교인 유대교, 기독교, 이슬람교와 긴밀한 관계를 맺고 있는 나라이다. 수도는 암만.

◉ 암만

마인 온천

요르단의 수도 암만에 있는 마인 온천은 30미터 절벽에서 약 80도의 온천수가 낙하하는데, 내려오는 도중 온도가 낮아져 연중 50도 정도의 알맞은 수온을 유지하는 세계에서 유일한 온천폭포이다. 천연 온천수로 황염이 함유되어 있어 고대부터 피부병 치료로 유명한 인기 관광지이다. 사해 주변 온천들 중에서 규모와 시설 면에서 우수하며 온천 체험을 하기 위해서는 수영복, 아쿠아슈즈, 타월 등이 필요하다.

페트라

페트라는 요르단 남서부 내륙 해발 950미터 고원 바위산에 남아 있는 도시 유적이다. 향료 무역으로 이 일대를 장악했던 아랍계 유목민인 나바테아인이 건설한 고대 도시다. 지리적 이점 때문에 사막 한가운데 붉은 사암으로 이루어진 바위산 틈새에 도시를 건설했다. 뱀처럼 구불거리는 좁고 깊은 골짜기를 따라 한참 들어간 곳에 극장과 목욕탕, 완벽한 상수도 시설이 갖추어진 도시가 숨어 있다. 6세기경 발생한 지진으로 도시 전체가 묻혀 있다가 19세기 초반에 재발견되었다.

페트라로 들어가려면 좁고 가파른 절벽으로 둘러싸인 협곡 시크(As-Siq)를 통과해야 한다. 길이 1.2킬로미터의 시크는 지각 변동으로 거대한 바위가 갈라져 만들어진 길이다. 좁게는 2미터, 높게는 200미터에 이르는 구불구불한 바위틈인 시크는 페트라의 미모에 걸맞은 신비로운 입구가 아닐 수 없다. 코끼리를 휘감은 보아뱀처럼 강하게 굽이치는 시크에는 페트라로 물을 끌어들이기 위한 수로의 흔적이 아직도 남아 있다. 2,000년을 건너온 테라코타 파이프도 눈에 띈다. 자연과 인간이 더불어 만든 고대 세계로 가는 통로를 걷는 것은 페트라 걷기의 하이라이트다.

⊙ 향적 스님과 함께한 서유럽 문화 기행(2018)

인천 ➡ 파리(기메 박물관, 소르본 대학, 팡테온, 뤽상부르 공원, 오페라하우스 주변, 시테섬, 방돔 광장) ➡ 테제 ➡ 디종 ➡ 파리(베르사유 궁전, 몽마르트르 언덕, 샤크레쾨르 대성당, 마레 지구, 루브르 박물관, 샹젤리제 거리, 센강 유람선, 콩코드 광장, 개선문) ➡ 런던(빅토리아 앨버트 박물관, 로열 앨버트 홀, 포토벨로 마켓 거리&코벤트 가든) ➡ 스톤헨지 ➡ 바스(로만 바스, 대성당, 시가지) ➡ 코츠월즈(카슬쿰) ➡ 런던(옥스퍼드, 카팩스 타워, 보들리언 도서관) ➡ 스트랫퍼드어폰에이번(셰익스피어 생가, 12세기 마을) ➡ 런던(런던 탑, 타워 브리지, 국회의사당, 버킹엄 궁전) ➡ 인천

▣ 프랑스

유럽 대륙 서부에 위치한 프랑스는 유럽에서 세 번째로 큰 나라이다. 987년 프랑크 왕국이 멸망하고 카페 왕조가 탄생하면서 국가가 형성되었다. 오랜 전쟁으로 국력이 약해진 상황에서 1774년 왕위에 오른 루이 16세는 재정적 위기에서 벗어나고 국정의 개혁을 이루기 위해 튀르고와 같은 뛰어난 재무 총감들을 등용했지만, 사제와 귀족 등 특권층의 심한 반대에 부딪혔다. 당시 프랑스 국토의 90퍼센트 이상이 왕과 귀족들 차지였으며, 그들은 일반 시민과 농민들을 착취하며 사치만을 일삼았다. 게다가 왕비 마리 앙투아네트가 사치를 일삼아 왕국의 재정을 바닥나게 했다. 귀족과 왕정에 불만을 품은 시민들이 자유 · 평등 · 박애를 부르짖으며 바스티유 감옥을 습격하고 혁명을 일으켜 루이 16세와 마리 앙투아네트를 처형하고, 부르봉 왕조를 무너뜨린 뒤 공화국을 세웠다. 이것이 프랑스 대혁명이다. 이후 절대 왕정과 제정 및 공화정을 반복하다가 1871년 공화 정부가 수립되었다. 수도는 파리.

◉ 파리

루브르 박물관

800년의 역사를 지닌 루브르는 원래 루브르궁이었다. 궁전으로서 중세부터 프랑스 역사상 중요한 사건의 한 부분을 차지했으나, 지금은 미술관으로 더 널리 알려져 있다. 박물관으로서의 역사는 마리 4세가 1671년 1층에 그랜드 갤러리를 연 것을 시작으로 볼 수 있다. 미술과 예술품에 박식했던 그녀는 '고대의 방'과 왕의 데생실과 왕의 회화실을 두었고, 일반인들에게는 공개하지 않았다고 한다. 1747년 왕의 컬렉션들을 감상할 수 있는 '뮤즈의 궁전'으로 불리면서 박물관의 역할이 부각되었다. 레오나르도 다 빈치의 〈모나리자〉를 비롯해 모네, 고흐, 피카소 등 약 40만점에 달하는 미술 작품을 소장하고 있다.

베르사유 궁전

절대 왕정의 상징인 베르사유 궁전은 태양왕 루이 14세의 영광과 권력을 과시하기 위해서 지은 것이다. 그러나 1789년 프랑스 대혁명 이후에는 이상화된 국민의 궁전으로 거듭났다.

프랑스의 공식적인 수도는 파리지만, 프랑스가 유럽을 주도했던 17~18세기에는 베르사유가 수도 역할을 했다. 베르사유궁은 단순히 왕의 사적인 처소를 넘어 프랑스 전역을 관장하는 중요한 정부 기능을 담당했다. 1789년 프랑스 대혁명이 일어날 때까지 100여 년간 절대 왕정이 자리잡았던 명실상부한 정치와 통치의 중심지였다.

베르사유궁은 크게 궁전과 정원으로 구성되어 있다. 궁전이 동쪽을 향해 북쪽과 남쪽에 위치한 두 익랑을 두 팔처럼 길게 내뻗고 있다면, 정원은 서쪽을 향해 길고 커다란 카펫을 펼치고 있다. 원래는 별장이었던 곳을 루이 14세 때 대궁전으로 증축한 것이다.

궁정 의식을 치르거나 외국 특사를 맞을 때 사용되었으며, 화려한 내부 장식을 한 '거울의 방', '루이 14세의 방', '전쟁의 방', '평화의 방' 등이 있다. 프랑스 대혁명으로 가구·장식품 등이 많이 없어졌으나 궁전 중앙부, 예배당, 극장 등을 제외한 주요 부분은 오늘날 역사 미술관으로 일반인들에게 공개하고 있다.

에펠 탑

에펠 탑은 프랑스 혁명 100주년(1889) 기념으로 개최한 만국 박람회를 위해서 만든 파리의 상징물이다. 이것을 세운 프랑스의 교량 기술자 구스타프 에펠의 이름을 따서 에펠 탑이라고 했다. 높이는 320.75미터에 이르며, 3층까지 총 1,652개의 계단이 있고, 2,500만 개의 못이 사용되었다. 총무게는 1만 톤이고 4년마다 도색 작업을 한다. 에펠 탑이 처음 세워졌을 때는 세계에서 가장 높은 건축물이었다. 탑 아래 위치한 샹드 마르스 공원 왼쪽에는 나폴레옹의 유해가 있는 앵발리드와 로댕 미술관이 자리 잡고 있다. 엘리베이터를 타고 전망대까지 올라갈 수 있으며, 건너편 샤이오 박물관에서 보는 에펠 탑의 야경은 정말 장관이다.

▣ 영국

기원전 6세기경 켈트족이 유럽에서 건너와 정착했다. 기원전 55년에는 로마제국의 카이사르가 브리튼섬을 침략해 400년 동안 잉글랜드 지역을 지배했으나 4세기 후반 게르만족의 대이동으로 앵글로색슨족 등이 침략해오자 로마 군대는 철수하고, 켈트족은 웨일스와 스코틀랜드 지방으로 밀려났다. 1558년 왕위에 오른 엘리자베스 1세는 영국 국교회를 확립시키고, 국내 정책을 정비하는 것은 물론 해외 식민 사업을 추진했으며, 스페인의 무적함대를 격파해 해상권을 잡았다. 1922년에는 남부 아일랜드가 자유 국가로 독립해 북아일랜드만 영국의 영토로 남았다. 제2차 세계대전 때는 윈스턴 처칠 총리의 지휘 아래 미국과 연합해 이탈리아, 독일, 일본을 항복시켜 전쟁을 끝냈다.

◉ 런던

버킹엄 궁전

트라팔가 광장 서남쪽에 있는 버킹엄 궁전은 영국 여왕의 런던 공식 거주지이다. 1703년 버킹엄 공작 셰필드의 런던 사택으로 지어졌고, 1761년 조지 3세가 사들여 왕족들이 거주하는 여러 저택 중 하나로 지정했다. 1837년 빅토리아 여왕에 의해 처음으로 왕족의 런던 상주 궁전으로 지정되었으며 1993년 처음으로 대중에게 공개되었다. 2만 제곱미터의 호수를 포함한 17만 4,000제곱미터의 대정원, 다수의 미술품을 소장한 미술관, 도서관 등이 있다. 렘브란트, 루벤스, 카날레토 등의 작품이 포함된 대규모 왕실 소장품을 전시하는 픽처 갤러리(Picture Gallery)를 관람할 수 있다. 버킹엄 궁전은 왕실 근위병 교대식으로 유명하다. 교대식은 격일로 행해지며 오전 11시경에 시작해 약 45분간 진행된다. 장대하고 화려하지는 않지만 정확히 72센티미터의 보폭으로 걷는 근위병들의 모습은 색다른 재미를 제공한다.

타워 브리지

템스강 하류에 위치한 타워 브리지는 빅토리아 스타일로 지은 런던의 상징이다. 배가 지나갈 때 다리가 한쪽 또는 양쪽으로 70도 정도 들어 올려져 선박 운행이 가능하도록 한 도개교(跳開橋)이자 교상이 하중을 견디는 케이블에 매달려 있는 현수교(懸垂橋)를 차용하고 있다. 이 다리는 상부에서 두 개의 수평 통로에 의해 함께 연결된 두 개의 교량 주탑으로 구성되며, 주탑의 측면에서 교량의 매달린 부분에 작용하는 수평 장력을 견딜 수 있게 설계되었다. 두 개의 견고한 탑이 현수 부분의 힘의 수직 부분과 두 통로의 수직 반응을 전달한다. 1886년에 착공해 1894년에 완공되었다. 100년 넘는 시간 동안 자리를 지키고 있는 타워 브리지는 크고 작은 고딕풍 첨탑이 있어 마치 동화 속에 나오는 중세의 성을 연상시킨다. 타워 내부에는 타워 브리지와 관련된 흥미로운 이야기들을 담은 전시관과 빅토리아 시대부터 있었던 증기 엔진실이 마련되어 있다.

영국 박물관

세계 3대 박물관 중 하나인 영국 박물관은 1759년에 설립된 국립 박물관이다. 1759년 한스 슬론 경(Sir Hans Sloane)이 기증한 약 7만 1,000점의 예술품과 역사 유물, 자연사 표본 등을 기반으로 박물관을 설립하였다. 영국이 제국주의로 식민지를 확장하면서 세계 각지에서 가져온 수집품이 늘어나자 박물관은 전시 공간을 꾸준히 확장해 전시실이 100여 개에 이른다. 2000년부터 한국 전시실도 마련되어 250여 점의 도자기와 유물을 전시하고 있다. 7~8세기 통일신라 시대 불상, 13세기 고려청자, 조선 후기 백자, 18세기 김홍도의 〈풍속도첩(風俗圖帖)〉 등이 진열돼 있다.

한국 불교가 가야 할 길

경원 스님(금산 극락사 주지)

3월 26일, 뉴욕 현대미술관에서

1626년 네덜란드주 장관 페테르 미노이트가 맨해튼 인디언족에게 60굴덴(당시 은 0.7킬로그램의 값)어치 방울과 옷감을 주고 차지한 땅, 맨해튼.

맨해튼 미드타운에서 '클리브랜드 대학살'로 불리는 기업의 인수 합병 전쟁에서 승리하여 미국의 근대 사업사를 재벌의 역사로 이끈 미국 석유 산업의 대명사 '록펠러가(家)'의 기부로 세워진 '현대미술의 메카' 뉴욕현대미술관(MOMA)에서 19세기 말부터 현대에 이르기까지 미국과 유럽의 미술품을 보았다. 맨 먼저 가장 인파가 몰려 있는 빈센트 반 고흐(Vincent Willem van Gogh, 1853~1890)의 〈별이 반짝이는 밤〉 앞에서 나도 별처럼 순간 보고 밀려나야 했다. 네덜란드 개혁교회 목사의 아들로 태어나 책방 점원과 선교사를 지낸 가난한 화가의 처절한 내면의 고뇌는 정신병자가 되어 스스로 귀를 자르고 결국 37세에 자살을 택하게 하였다. 그가 죽음을 앞두고 그린 별의 의미를 동생 테오에게 보낸 편지에서 찾아보았다.

> 테오!
> 지도를 보면 검은 점들이 박혀 있어 도시와 마을을 나타내고 있지
> 이 점들이 나를 꿈꾸게 해.
> 타라스콩에 가려면 기차를 타면 되겠지.
> 그런데 별들의 세계로 가려면 어떻게 해야지?
> 죽음이란 관문을 통과해야 한다고 나는 생각했다.

반 고흐가 꿈꾸던 별의 세계는 지금 어디에 있을까?

생과 바꾼 별 속에서 영원한 생명의 빛을 발하게 한 규칙적이고 깊이 있는 붓질이 가슴을 파고 들어와 두 손으로 살포시 누르고 몇 걸음 걷다가 마법에 걸린 듯 빛과 물의 화가 클로드 모네(Claude Monet)의 〈수련 연못〉에 빠져들었다. 수련 연작 중에서 시력을 잃은 말년에 그린 대작의 수련을 좀 더 자세히 볼 욕심에 가까이에 다가가니 너무나 선명하고 활달한 붓질에 숨어 있는 듯하여 열댓 걸음 물러나니 그제야 빛의 흐름과 잔잔히 흐르는 수면 위에 구름과 함께 떠다니던 수련이 '빛이 곧 색채'인 인상주의 화풍의 다양한 표정으로 반겨주었다.

《화엄경》에서 "마음이 화가"라고 하시더니 시력을 잃고도 마음

으로 그린 수련 앞에서 인간의 무한한 능력을 새삼 깨닫고 루트비히 판 베토벤이 청력을 잃고 작곡한 〈운명 교향곡〉의 음률을 나 또한 마음으로 들으며 초현실주의 환상의 화가 아메데오 모딜리아니(Amedeo Modigliani)의 〈나부(裸婦), 커다란 누드〉를 바라보았다. 술을 좋아하던 무명 화가의 붓 끝에서 태어난 관능미 넘치는 미끈한 몸매에 눈을 감고 비스듬히 누워 있는 여인이 벌거벗고 있는데 관조하는 듯한 기품이 풍겨나 놀라웠다.

모딜리아니의 누드 속 여인에게서 성스러운 느낌이 드는 것은 아마도 인간에 대한 존경심으로 모델을 대하고 영혼의 세계를 통찰한 후 확신에 차서 조각에서 익힌 선과 여백의 미를 살려 자신의 피를 말려가며 매우 빠른 붓질로 완성했기 때문 아닌가 싶다. 그리고 무엇보다 나를 매료시키는 눈빛은 소녀 시절부터 존경의 마음과 따뜻한 손길 강렬한 사랑으로 그를 지켜주었던 연인 잔 에뷔테른(Jeanne Hébuterne)의 영원한 사랑이 있었기에 가능했으리라 믿는다.

폴 세잔, 파블로 피카소, 앙리 마티스, 마르크 샤갈 등 세기의 화가들의 작품을 바람처럼 아쉽게 스쳐 지나다가 오방색(청 · 홍 · 백 · 흑 · 황) 선과 면으로 이루어진 피터르 몬드리안(Pieter Mondrian, 1872~1944)의 작품이 나를 확 빨아들여 잠시 섰다. 내게는 너무도 친근한 구도와 색감을 왜 미술사에서는 '신조형주의'이며 금욕적인 '차가운 추상'이라고 했을까? 몬드리안이 곁에 있다면 나에게는 5색이 생명의 순환색이며 우주의 근본 색이어서 전혀 차갑지 않고 5여래(아촉불 · 보생불 · 아미타불 · 북공성취불 · 비로자나불)의 '만다라'로 느껴진다고 말해주고 싶다.

먼 훗날 다시 이 MOMA에 올 수 있다면 그때도 살롱에서 정한 작품 가격에 현혹되어 예술품의 참다운 미를 놓치지 않고 더욱 천진한 마음으로 안복(眼福)을 누리고 싶다.

엠파이어스테이트 빌딩 전망대에서

영화 〈킹콩〉에서 킹콩이 다이내믹한 액션과 환상적인 로맨스를 펼치던 엠파이어스테이트빌딩 86층 전망대에서 바라다본 뉴욕은 환한 빛 속에서도 황홀할 만큼 장엄했다. 저마다 개성미 넘치는 빌딩을 보물찾기 놀이 하듯 이름을 따라 찾다 웨스트 42번가에서 53번가까지 이어진 브로드웨이가 보이자 순간 가슴이 먹먹해졌다.

원래 맨해튼 최남단 배터리 파크에서 중심을 지나 뉴욕 북부 윈체스터 지역까지 이어졌던 50킬로미터의 인디언 길이 바둑판처럼 격자로 구획된 길에 막히고 없어져 비스듬한 저 길만 남은 것이 왠지 눈물의 길처럼 느껴지는 것은 1910년 경술국치(庚戌國恥)로부터 시작된 우리나라의 신작로 뒤에 묻힌 민족의 아픔 때문일까?

내 마음이 이런데 2만 년(혹 4만 년, 10만 년) 전에 거북섬(북미 대륙)에서 평화로운 삶을 살며 유럽인들을 보살펴주었던 아메리카 원주민의 후예들은 어떤 심정으로 저 길을 바라다볼까? 옥수수, 토마토, 감자 등 농작물 경작법을 가르쳐주며 보살펴준 유럽인들이 머스킷총과 병균(괴혈병, 폐렴, 결핵 등)과 위스키 그리고 종교를 앞세워 쳐들어와 목숨과 땅을 빼앗고 황무지인 '인디언보호구역'으로 강제 추방

할 때 저 길을 밟고 떠나야 했던 아픔이 어떠했을까?

스페인의 크리스토퍼 콜롬버스(Christopher Columbus)가 도착한 1492년에 1,300만 명이던 인디언이 1920년에는 35만 명, 지금은 20만 명밖에 안 되며 그중 3분의 1은 '인디언보호구역'에서 거주하고 있다고 하니 총과 종교 앞에서 역사의 흐름은 이렇듯 냉혹한 것인가? '백인 우월주의자'들조차 기품에 눌려 '고상한 야만인'이라고 칭한 시애틀 추장(Chief Seattle)의 연설이 생각났다.

우리가 어떻게 공기를 사고팔 수 있단 말인가?
대지의 따뜻함을 어떻게 사고판단 말인가?

우리로서는 상상하기조차 어려운 일이다. 부드러운 공기와 재잘거리는 시냇물을 우리가 어떻게 소유할 수 있으며, 또한 소유하지도 않은 것을 어떻게 사고팔 수 있단 말인가? (중략) 우리는 대지의 일부분이며 대지는 우리의 일부분이다.

— 시애틀 추장, 《나는 왜 너가 아니고 나인가?》(더숲)에서

세상의 모든 것은 하나로 연결되어 있다고 믿는 숭고한 영혼을 지닌 인디언들이 아스라한 별처럼 소멸되어가는 것을 지켜보아야 했던 추장의 절규가 미국에서 재채기하면 독감이 걸리는 나라에서 사는 나에게는 남의 일 같지 않았다.

글을 모르는 사람에게 조약에 서명하라 강요하고, 돈이 뭔지도 모

미동부해외특별교구 안국선원 큰법당 앞에서 기념 촬영.

르는 사람에게 세금을 내라 하고, 소유를 삶의 수치로 여겼던 인디언의 땅에 무지막지한 대리석 볼라드로 경계선을 박고 들어앉은 저 세계 금융시장의 중심가 월 스트리트는 지금 누구를 위해서 '금융 서비스'를 하고 있을까? 나는 탐욕으로 가득 차서 인간을 향해 '돌진 하는 청동황소상'과 언제든지 싸울 준비가 되어 있는 당돌하고 사나운 눈빛의 '도전적인 소녀상'에서 미국의 앞날을 보았다.

　미국은 이미 '돈의 신'이 만들어낸 미국식 카스트 제도, 즉 백인, 흑인, 황인 그리고 인디언 계급이 있고 백인 세계엔 무형의 장벽이 분명히 있다. 그러므로 미국이 자본주의 강대국으로 세계 속에서 자

유·평등·평화·정의의 올바른 가치를 세우려면 인종을 차별하는 마음을 지워버리고, 미국 건국의 역사를 분명히 알아 열린 마음을 가져야 하며, 도널드 트럼프 대통령도 이민정책을 개방해야 한다. 다른 나라도 아니고 미국이 이민을 막는 것은 미국 역사의 배반 행위이다.

허드슨강 건너를 바라보았다

자유의 여신상 머리에 송곳같이 날카로운 장식이 섬뜩하여 머리에 예쁜 꽃을 꽂고 햇불과 〈독립선언서〉 대신 지혜의 빛과 〈자비선언서)를 든 백의 보살상을 상상해보았다. 아무튼 엠파이어스테이트 빌딩의 전망대는 나에게 절망과 불면의 밤을 선물해주었다.

3월 31일, 하버드대학교에서

1637년 영국의 식민지였던 케임브리지시에 성직자 양성을 위해 세워진 미국에서 가장 오래된 최고 명문 대학. 청교도교회 목사 '존 하버드(John Harvard)'의 이름을 교명으로 한 대학의 하버드 동상과 와이드미 도서관이 있는 북쪽 캠퍼스를 거닐었다.

1900년대 란만, 휘트니, 블룸필드 등 범어학자 인구어(印區語) 비교문법학자들이 문헌을 연구하다 부처님의 가르침을 읽고 스스로 불자가 되어 '하버드 동양학'의 전통을 세운 세계의 석학이 모인 학교답게 동양의 잿빛 승복을 바라보는 눈이 따뜻했다.

그러나 고고학과 동아시아 불교문화 연구에 업적을 세우고 학자와 탐험가를 후원해 고고학적 탐험이란 미명 아래 실크로드의 문화재를 약탈하여 학교 박물관에 감추어둔 하버드대학교와 불교의 관계를 설명하는 것은 결코 만만치 않다. 대학교 소속 포그 박물관(Fogg Museum) 후원으로 '일본 초기 불교미술'을 전공한 '랭닌 워버'는 미술사·고고학을 전공했으면서도 둔황의 벽화에 약품을 발라서 벽화 12점을 몰래 뜯어와 당대(唐代) 양식의 3자짜리 '무릎을 꿇고 있는 보살상'과 함께 1913년 하버드대학교에 기증하였다. 학교와 자신의 학문적 성과만을 위해 중국의 문화재를 파괴시킨 학자를 대접한 대학이기 때문이다.

아무튼 이 사건으로 포그 박물관이 일약 명성을 얻은 것도 사실이다. 또 아서 M. 새클러 박물관(Arthur M. Sackler Museum)에는 3세기 육계(頂髮)에 구멍이 있는 금동불 좌상이 소장되어 있는데, 인도 고대 불상과 같은 방형구가 있어서 불상의 변천사에 대단히 중요한 문화재라 불복장을 연구하는 나는 꼭 한 번 친견해 보고 싶은 마음이 간절하니……. 이렇듯 하버드대학의 박물관과 미술관은 도서관 이상의 권위를 간직하고 있다. 나는 중국 관광객으로 소란스러운 대학의 문을 나오면서 나 자신에게 물었다.

너는 승가대학에서 범어를 배웠는가?

다라니의 확실한 뜻을 알고 외우는가?

불교학의 기초가 되는 범어 연구에 관심이나 있었는가?

미국 불교에 대하여 진지한 고민을 해보았는가?

미국에 있는 우리나라 문화재에 대하여 얼마나 알고 있는가?

다양한 현대의 불교 수행법에 대하여 정리되어 있는가?

밀물처럼 들이닥칠 미국 불교에 대하여 대응할 답은 있는가?

상품화되어가는 불교 문화재와 비즈니스 불교, 관광 불교의 문제점은 무엇인가?

수도 없는 질문이 꼬리에 꼬리를 물고 일어났다.

그래, 답은 늘 질문 속에 있으니 이제부터 내 안에서 그 답을 찾아보자.

4월 1일 프로비던스 선 센터에서

미국의 불교 인구는 약 1.3퍼센트이다. 그 대부분이 아시아 불교 국가에서 이민 간 사람들인데 우리나라 사람들은 불교 6퍼센트, 개신교 61퍼센트를 믿는다.

이토록 열악한 종교 환경에서 원력을 세우고 불교 중흥에 이바지해오신 스님들과 신도님들에게 위없는 존경을 드린다. 몇 년 전 우리 종단에서 미국에 한국 불교가 전해진 지 50년이냐 아니냐를 놓고 갑론을박하다 행사를 취소하는 것을 보고 서글픈 마음이 들었다. 한국을 대표하는 우리 종단이 미국에서 거주하셨던 스님들의 종단을 따져서 무엇을 하겠다는 것인가? 잎을 건들지 않고 줄기 끝의 꽃을 얻을 수 있겠는가? 열매가 익을 때까지 기다렸다 열매를 보고 꽃의 이름을 밝혀도 늦지 않을 것을 꽃 이름부터 따져 무엇 하겠는가?

나는 우리 종단이 미국 속에 한국 불교의 역사를 정리하고자 한다면 적어도 이민 1세대부터 지금까지 불자인 가정을 찾아 가문을 빛낼 공덕비 정도는 세워주어야 하고, 미국에서 포교하시다 제자도 없이 입적하신 스님들의 합동 다례라도 정중히 봉행하여 드리는 것이 우선되어야 한다고 생각한다.

돌이켜보면 한인 개신교의 기득권에 밀리면서도 오직 굳은 신심으로 부처님과 제자들만 바라보고 식당, 세탁소, 신문 보급소 등에서 거친 일을 몸소 하시며 절에서는 공양주부터 주지 소임까지 뼈가 닳도록 정진하셔서 미국 땅에 한국 불교의 뿌리를 심으신 위대한 선각자들이 아니신가? 어렵고 외로울 때 사방을 둘러봐도 먹물 옷 입은

9 · 11 메모리얼 파크 그라운드 제로에서 추모제를 올리는 순례단.

도반 한 명 없는 이국 땅에서 한 생을 오롯이 살아내기가 어찌 녹록했겠는가?

이제라도 우리 종단에서 미국 한인 불교의 뿌리부터 찾아 그분들을 역사에 기록해야 한다. 그리고 미국인들이 불교에 호감을 갖고 접근하는 평등주의 사상과 의례의 융통성, 긍정적인 사회적 평가를 잘 활용해서 제자들을 양성하여 창건주 스님의 입적과 함께 도량이 사라지는 불운을 막아야 한다.

교리, 교단, 의례의 3요소를 지키면서 한인과 백인 위주의 미국 포교도 신중히 검토할 때가 왔다. 미국의 이슬람교는 흑인층의 집단

개종으로 무슬림의 42퍼센트가 흑인 신도이며 흑인의 개종이 가속화되고 있다. 한국 불교 사찰에서는 흑인 신도를 보기가 쉽지 않다. 이 또한 우리도 겉은 노란색이면서 속은 하얀색인 바나나, 참외처럼 마음속으로 백인이 되기를 갈망하면서 인종 차별을 하는 것 아닌가 생각된다. 백인에 대한 지나친 환대나 엘리트주의에 빠져 불교적 소양이 낮은 사람이나 종파와 스승에 매달리지 않는 사람을 공연히 불교 스타로 만들어 우리 종단이 망신당하는 일도 경계하면서 통합적인 미국 불교를 이해해야 한다.

예를 들면 케임브리지 위빠사나 수행 센터의 래리 조젠버그 통찰 수행회(IMS) 지도 법사는 프로비던스 선 센터에서 숭산 스님에게 4년간 간화선 지도를 받고 1년간 재가자로 절에서 수행에 전념하다가 1년 동안 아시아 불교 국가에서 수행한 후 지금은 위빠사나를 가르치고 있다. 그럼에도 이것이 가능한 이유는 미국 불교계에서는 이런 것이 자연스럽게 받아들여지기 때문이다. 이런 점에 대해서도 종단이 간파해 종단의 정체성과 종법이 먼저인가, 아니면 통합적인 미국 불교의 특징을 받아들여야 할 것인가에 대해 벌써부터 진지한 고민을 해왔어야 한다.

나는 하버드대학교에서 우리나라 스님을 보면서 애써 길러낸 인재들이 인연에 따라 모습이 변해가도 종단이 손 놓지 말고 함께 가야 할 방향을 제시해주었으면 하는 바람이 생겼다. 또 프로비던스 선 센터의 성향 선사를 보면서 미국 불교에서 여성 불자의 지위에 대해서도 공식적인 논의장이 열렸으면 하는 생각이 들었다. 성향 선사는 숭산 스님이 도미한 초창기부터 지금까지 일생을 바쳐 스님께서 창종한 '관음선종'을 이끌어가고 있다. 1983년 프로비던스 선원에서 '불교 안의 여성성'이란 제목으로 역사적인 여성 불자들만의 회의를 주관한 대표적인 여성 선사이다.

성향 선사를 덕숭산과 '세계일화대회'에서 만난 기억이 희미하게 있는데, 그녀의 스승을 향한 순결한 구도심은 누구든지 존경심을 일으킬 만한 아름다운 선사이다. 그러나 성향 선사도 한국의 비구니 절에서 삭발하고 행자 수련을 해야 했다면 과연 지금처럼 법의를 입고 버틸 수 있었을까 하는 의문이 든다. 이런 상황은 성향 선사에 대한 문제만이 아니라 미국 여성을 한국 비구니로 탄생시켜야 하는 문제로, 우리 종단의 산고(産苦)임을 깨닫고 해결책을 모색해야 한다.

몇 년 만에 천진불이신 원각 방장 스님과 여러 어른 스님들을 모시고 도반들과 함께 거룩한 숲에서 한 그루 나무로 지내온 미국의 뜻깊은 날들이 청량한 감로수가 되어 나를 씻어주고 키워줄 것임을 믿어 의심치 않으며 교육원 소임자들께 감사드린다.

⊙ 원각 스님과 함께한 미국 동부 문화 기행(2019)

인천 ➜ 뉴욕(뉴욕 현대미술관, 엠파이어스테이트 빌딩, 록펠러센터, 타임스퀘어, 브로드웨이, 불광선원, 원각사) ➜ 맨해튼(컬럼비아대) ➜ 워싱턴(런던 기념관, 한국전 참전용사 기념비, 제퍼슨 기념관, 스미소니언 자연사박물관, 국회의사당 및 백악관 외부) ➜ 코닝(코닝 박물관) ➜ 나이아가라(나이아가라폭포, 시닉터널, 테이블락) ➜ 콩코드(월든 호수, 문수사) ➜ 보스턴(하버드대, 퀸시마켓, 보스턴커먼, 파크 스트리트처치) ➜ 프로비던스(프로비던스 선 센터) ➜ 뉴욕(메트로폴리탄 박물관, 센트럴파크, 자유의 여신상, 9·11 메모리얼 파크, 유엔 본부) ➜ 인천

▣ 미국

미국은 주 50개와 특별구 1개로 이루어진 연방제 공화국이다. 태평양의 하와이주를 제외한 모든 주와 수도인 워싱턴 D.C.는 북아메리카에 있으며, 북쪽으로는 캐나다와 남쪽으로는 멕시코와 국경을 맞대고 있다. 북아메리카 북서쪽에 있는 알래스카주는 동쪽으로는 캐나다와 서쪽으로는 베링 해협을 사이로 러시아와 마주한다. 또한 미국은 태평양과 카리브해에도 해외 영토를 보유하고 있다. 미국은 총면적 기준으로 세계 세 번째이고, 인구도 세 번째로 많다. 세계에서 손꼽히는 다문화 국가이며 세계 각국에서 수많은 이민자가 들어온다.

미국 속의 코리아타운

1903년 하와이의 사탕수수 농장에서 일하기 위해 게일릭호를 타고 첫 이민자들이 떠난 이후, 현재 미국에 살고 있는 한국 교민은 약 500만 명에 달한다. 특히 로스앤젤레스에는 1970년대 이후 한국 이민자가 급증해, 가장 큰 코리아타운이 형성되었다. 현재 뉴욕의 맨해튼 등 미국 곳곳에 코리아타운이 있으며, 이곳에서는 한국 음식과 한국 TV 등 모두 한국 문화로 이루어져 있어, 영어를 몰라도 생활에 불편함이 없을 정도다.

◉ 뉴욕

9 · 11 메모리얼 파크

뉴욕 맨해튼 구세계무역센터 1, 2번 건물 자리에 위치한, 9.11 테러를 추모하기 위해 만든 추모공원이다.

2001년 발생한 9 · 11 테러로 사망한 2,977명과 1993년 세계무역센터 폭탄 테러 사건으로 사망한 6명 등 총 2,983명의 희생자를 추모하기 위해 세계무역센터가 무너진 현장(그라운드 제로Ground Zero)에 지어졌다. 9 · 11 테러 10주년이 되는 2011년 9월 11일 개장했다. 그라운드 제로란 핵폭탄이 폭발한 지점 또는 대재앙의 현장을 뜻한다.

기념 공원은 국제 현상 공모전에서 5,200대1의 경쟁률을 뚫고 당선된 이스라엘 출신의 마이클 아라드(Michael Arad)가 설계했다. 설계 제목은 '부재(不在)의 반추(Reflecting Absence)'이다. 그는 의도가 있는 침묵, 목적을 가진 공백을 만들고 싶었다고 한다.

테러로 붕괴된 두 개의 쌍둥이 건물이 서 있던 자리에 초대형 폭포 두 개를 설치하고 그 안에 거대한 구멍을 뚫었는데, 그 구멍 외곽에 당시 희생자들과 순직한 이들의 이름이 새겨져 있다. 지하에 마련된 메모리얼 뮤지엄은 어마어마한 크기의 박물관이지만 사고를 전해 들은 각국 사람들의 외마디, '사랑한다'는 말을 남기고 숨진 희생자의 음성, 어느 생존자가 신고 뛰었던 피 묻은 하이힐, 소방관이 구조 당시 입었던 타들어간 방화복, 건물 붕괴 당시 깔려 반파된 소방차 등의 음성, 영상, 실물 자료 등이 적재적소에 잘 배치되어 있어 당시 분위기가 그대로 전달된다.

자유의 여신상

자유의 여신상은 프랑스가 미국 독립 100년을 축하하며 변함없는 우호의 표시로 선물한 것이다. 공식 명칭은 '세계를 밝혀주는 자유의 상(Statue of Liberty Enlightening the World)'이다. 무게는 225톤, 지면에서 횃불까지의 높이는 93.5미터에 이른다.

고대 의상 차림으로, 오른손에는 횃불을 높이 치켜들고 자애 가득한 표정을 지으며, 왼손에는 1776년 7월 4일이라는 날짜가 새겨진 〈독립선언서〉를 들고 있는 세계 최대 여성상이다. 자유의 여신상은 뉴욕의 항구인 리버티섬에 있는데, 이민 오는 사람들이 항구에 들어올 때 이 동상을 보며 신대륙에 대한 희망과 꿈을 키웠고 용기를 얻었다고 한다.

자유의 여신상은 뉴욕항에 들어왔을 때부터 1902년까지 항구의 등대로 쓰였다. 당시 여신상 꼭대기의 불빛은 40킬로미터 밖 바다에서도 보였다고 한다. 미국 최초로 '전기를 사용한 등대'라는 기록도 가지고 있다.

1984년에서 1986년까지 총공사비 7,000만 달러를 들여 대대적인 수리를 했다. 깨끗해진 자유의 여신상은 뉴욕뿐만 아니라 미국의 상징으로서 지금도 건재하다.

배터리 공원에서 페리를 타면 자유의 여신상 정면 바로 근처를 지나 부두에 도착한다. 부두는 동상 뒤쪽에 있는데, 그곳까지 공원으로 되어 있다. 좌대 부분에는 미국 이민 박물관, 동상의 역사실이 있으며, 동상까지 가려면 167개의 층계를 올라가거나 엘리베이터를 이용해야 한다. 동상 내부는 비어 있으며 머리 부분에 있는 전망대까지는 168개의 나선형 계단을 이용해야 한다. 전망대에서는 로어 맨해튼이나 뉴저지 사거리가 내려다보이지만, 정원이 30명일 정도로 좁으며, 하루 240명으로 제한되어 있다.

불광선원

불광선원은 뉴욕의 탑판(Tappan)에 위치하고 있다. 회주 휘광 스님과 주지 문종 스님을 비롯한 대중 스님들과 불자들이 합심하여 불교 사찰로서 역할과 교포 2세들의 한국 문화 교육에 힘쓰고 있다. 2002년 법정 스님을 모시고 성대하게 수계식을 거행하는 등 20여 년 동안 많은 스님이 상주해 불자들의 신행 활동에 도움을 주고 있다.

처음에는 조그마한 관음전에서 시작한 불광선원은 나날이 발전해 2009년 새 법당을 신축하였다. 현재 큰 법당에는 약사부처님을 주존불로, 관세음보살님과 지장보살님을 좌우협시불로 모셨으며, 인등기도와 초하루 3일 신중기도, 백중기도와 100일 삼동 결제 기도, 설날과 추석 차례 등 많은 기도가 정기적으로 이루어지고 있다. 특히 교민들 사이에서는 터가 좋은 곳, 정성스레 기도하면 꼭 성과를 얻는 도량으로 소문 나 있다. 현재 매주 일요일 일반부–청년부–중고등부–어린이부로 나누어 정기법회가 행해지고 있으며 교포 2세 자녀들과 미국 현지인들이 한국의 전통을 배울 수 있는 한국 문화 학교도 운영하고 있다.

원각사

미국 동부에 세워진 한국 최초의 사찰이다. 1974년 숭산 행원 스님이 세우고 법안 스님이 이어받았다. 1970년대 동국대 부총장을 지내고 조계종 총무원 부장을 역임한 법안 스님은 집을 사서 조그만 창고를 개조해 법당을 운영하다, 1985년 30만 평에 이르는 땅을 사서 현재의 장소로 이전하였다. 그러나 법안 스님이 20년간 투병하는 바람에 절의 사세가 많이 기울었다. 이후 지광 스님이 2009년에 주지 소임을 맡아 법문을 펼치고 있다.

◉ 보스턴

문수사

문수사는 포회당 도범 스님이 창건한 보스턴 유일의 조계종 한국 사찰이다. 문수사는 유학생들과 지역 한인들을 위해 1992년 2월에 창건되었다. 동·서양의 균형 잡힌 사상의 심화를 통한 법회 활동으로 안정된 문수사는 유학생 중심의 법회와 지역민들을 위한 요가, 참선, 기도 프로그램, 템플 스테이로 제2의 도약을 하고 있다. 보스턴은 미국 동부 제일의 교육 도시이자 미국의 자존심과도 같은 도시이다. 이곳은 한국 커뮤니티뿐만 아니라 지역 사회의 일환으로서 역할을 충실히 하고 있다.

문수사는 지혜의 도량으로서 많은 유학생과 함께하면서 한인 사회의 정신적인 역할을 담당하고 있다. 매년 독립 기념일 퍼레이드에 지역의 일원으로 참석해 많은 호응을 받고 있다. 매주 토요일에는 지역의 중·고등학생들에게 명상 및 요가 프로그램을 실시하고 있다. 기존 한인 커뮤니티와 유학생, 그리고 한국에서 다녀가는 모든 이들에게 안락함과 정신적인 평온함을 함께 나누는 도량으로서 역할을 다하고 있다. 또한 템플 스테이를 통해 현대 사회에 지친 일반인에게 쉼터를 제공함과 동시에 정신적인 스트레스를 해소할 프로그램을 운영하고 있다.

순례자

당신은 꿈 찾는 방랑자
마음의 길 가는 나그네
인생도 사랑도 끝이 없는 길
멀고 먼 고갯길

꿈꾸는 바다에 별 뜨면
불타던 사막도 잠들고
외로운 순례자 거친 발길에
단꿈이 깊어가네

멀고 먼 하늘가 뜬구름
외로운 들판에 무명초
별이여 달이여 어린 잎새여
내 너를 사랑하리
내 너를 사랑하리!

— 길옥윤 작사·작곡 / 범조 스님 노래

◉ 2013년부터 2019년까지 해외순례연수 목록

연도	일정	순례지	지도법사	순례명
2013	4.12~22	인도	지안스님	지안스님과 함께하는 인도성지순례
	9.9~15	중국	고우스님	고우스님과 함께하는 중국선종사찰순례
	9.26~30	일본	보광스님	보광스님과 함께하는 일본고찰순례
2014	3.16~26	인도	지안스님	지안스님과 함께하는 인도성지순례
	4.15~21	중국	혜국스님	혜국스님과 함께하는 중국 선종사찰순례
	5.18~27	티베트	혜총스님	혜총스님과 함께하는 티베트 성지순례
	8.27~9.3	실크로드	설정스님	설정스님과 함께하는 실크로드 불교유적순례
	10.17~23	미얀마	진옥스님	진옥스님과 함께하는 미얀마 성지순례
2015	4.6~15	그리스·터키	설정스님	설정 큰스님과 함께하는 그리스, 터키 문명기행
	4.22~28	중국	월암스님	월암스님과 함께하는 중국 선종사찰순례
	7.1~10	동티베트	정우스님	정우스님과 함께하는 동티베트 불교유적순례
	9.4~11	실크로드	혜총스님	혜총스님과 함께하는 실크로드 불교유적순례
	10.28~11.8	인도	지안스님	지안스님과 함께하는 인도 성지순례
2016	3.28~4.5	캄보디아·라오스	혜국스님	혜국스님과 함께하는 부탄,태국성지순례
	3.28~4.4	태국·부탄	혜총스님	혜총스님과 함께하는 캄보디아, 라오스 성지순례
	8.24~30	중국	원각스님	원각스님과 함께하는 중국선종사찰순례
	9.20~29	실크로드	철산스님	철산스님과 함께하는 실크로드불교유적순례
	10.19~30	인도	지안스님	지안스님과 함께하는 인도성지순례

연도	일정	순례지	지도법사	순례명
2017	3.17~24	부탄	설정스님	설정스님과 함께하는 부탄 불교성지순례
	4.12~18	중국	현봉스님	현봉스님과 함께하는 중국 불교순례
	5.12~21	동유럽	혜총스님	혜총스님과 함께하는 동유럽 문화탐방
	8.11~21	북인도	진옥스님	진옥스님과 함께하는 북인도 불교성지순례
	9.9~16	몽골 · 러시아	지안스님	지안스님과 함께하는 몽골불교/러시아 · 바이칼 순례
2018	3.25~31	중국	보선스님	보선스님과 함께하는 중국 차 문화 기행
	4.1~11	이집트	혜국스님	혜국스님과 함께하는 이집트, 이스라엘, 요르단 문명기행
	6.2~11	서유럽	향적스님	향적스님과 함께하는 서유럽(영국, 프랑스) 문화기행
	9.3~7	일본	원행스님	원행스님과 함께하는 일본불교 문화순례
	10.17~28	인도	지안스님	지안스님과 함께하는 인도, 네팔 부처님 성지순례
2019	3.26~4.4	미국동부	원각스님	원각스님과 함께하는 미국 동부 문화기행
	6.4~14	우즈베키스탄	자현스님	자현스님과 함께하는 우즈베키스탄 불교유적순례
	8.22~9.5	티베트 · 수미산	영진스님	영진스님과 함께하는 티베트 · 수미산(카일라스) 순례
	9.15~27	러시아 · 북유럽	혜국스님	혜국스님과 함께하는 러시아 · 북유럽 문화기행
	10.14~25	남인도 · 스리랑카	지안스님	지안스님과 함께하는 남인도 · 스리랑카 순례
	11.16~24	파키스탄	원명스님	원명스님과 함께하는 파키스탄 순례

◉ 2010년부터 2019년까지 해외순례연수 현수막

고우 큰스님과 함께하는 중국선종사찰순례

這只是萬里長征的第一步

This is only the first step to a long journey!　이것은 단지 만리장정의 첫걸음일 뿐이다!

불기2557년 9월 9일(월) ~ 15일(일)　대한불교조계종 Jogye Order of Korean Buddhism　대승투어 daeseungtour

志安스님과 함께하는 인도성지순례

Truth is one, paths are many!

진실은 하나고, 진실에 이르는 길은 많다! – Mahatma Gandhi

2015년 10월 28일(수) ~ 11월 8일(일)　대한불교조계종 Jogye Order of Korean Buddhism　대승투어 daeseungtour

慧國스님과 함께하는 중국선종사찰순례

尋找禪的黃金時代之路

The journey to the Golden Age of Seon　선의 황금시대를 찾아가는 순례의 길

불기2558년 4월 15일(화)~21일(월)　대한불교조계종 Jogye Order of Korean Buddhism　(주)명보국제항공

雪靖 큰스님과 함께하는 실크로드 불교유적순례

今日我行踏遙作後人程

오늘 걸어가는 나의 발자국, 훗날 뒤에 오는 이의 이정표가 되리니!

불기2558년 8월 27일(수) ~ 9월 3일(수)　대한불교조계종 Jogye Order of Korean Buddhism　비단길여행

혜총스님과 함께하는 티베트 성지순례

옴 마니 반메 훔

그대 가슴에 연꽃같은 진리의 보석 꽃이 피어나기를…

불기2558(2014)년 5월 18일(일)~27일(화)　대한불교조계종 Jogye Order of Korean Buddhism　아제여행사

363

The journey is the reward. 旅程(여정), 그 자체로 보상이다!

雪靖 큰스님과 함께하는 그리스, 터키 문명기행

2015년 4월 6일(월) ~ 15일(수)   대한불교조계종 Jogye Order of Korean Buddhism   아제여행사

同一个世界 同一个梦想, One World One Dream

月庵스님과 함께하는 중국선종사찰순례

2015년 4월 22일(수) ~ 4월 28일(화)   대한불교조계종 Jogye Order of Korean Buddhism   투다트래블 (주)불다통여

慧聰스님과 함께하는 실크로드 불교유적순례

欲窮千里目 更上一層樓

천리 밖까지 바라보고 싶어, 다시 한 층 누각을 더 오르네!

2015년 9월 4일(금) ~ 11일(금)   대한불교조계종 Jogye Order of Korean Buddhism   현대스카이 여행사

頂宇스님과 함께하는 동티벳 불교유적순례

 옴 마니 반 메 훔

그대 가슴에 연꽃같은 진리의 보석 꽃이 피어나기를…

2015년 7월 1일(수) ~ 10일(금)   대한불교조계종 Jogye Order of Korean Buddhism   아제여행사

" 지안스님과 함께하는 인도 · 네팔 불교성지순례 "

世界一花 The Whole World is A Single Flower

불기2557(2013)년 4월 12일(금) ~ 22일(월)   대한불교조계종 Jogye Order of Korean Buddhism   Silkroad

慧國큰스님과 함께하는 부탄, 태국 성지순례

2016년 3월 28일(월) ~ 4월 4일(월)   대한불교조계종 Jogye Order of Korean Buddhism   Silkroad

慧聰큰스님과 함께하는
캄보디아, 라오스 성지순례

2016년 3월 28일(월) ~ 4월 5일(화)   대한불교조계종 Jogye Order of Korean Buddhism   세륜여행사

源覺스님과 함께하는 중국 선종사찰 순례

2016년 8월 24일(수) ~ 30일(화)   대한불교조계종 Jogye Order of Korean Buddhism   아제여행사

鐵山스님과 함께하는 실크로드 불교유적 순례

2016년 9월 20일(화) ~ 28일(수)   대한불교조계종 Jogye Order of Korean Buddhism   휘닉스항공여행사

지안스님과 함께하는 인도 성지순례

2016년 10월 19일(수) ~ 30일(일)   대한불교조계종 Jogye Order of Korean Buddhism   daeseoungtour

靈靖큰스님과 함께하는 부탄 불교성지순례

일시 | 2017년 3월 17일(금) ~ 24일(금)   대한불교조계종 Jogye Order of Korean Buddhism   Silkroad

현봉스님과 함께하는 중국 불교순례

일시 | 2017년 4월 12일(수) ~ 18일(화)   대한불교조계종 Jogye Order of Korean Buddhism   BBS불교방송

혜총스님과 함께하는 동유럽 문화탐방

일시 | 2017년 5월 12일(금) ~ 21일(일) 대한불교조계종 Jogye Order of Korean Buddhism　온두라투어

호담스님과 함께하는 북인도 성지순례

일시 | 2017년 8월 11일(금) ~ 21일(월) 대한불교조계종 Jogye Order of Korean Buddhism 아제여행사

지안스님과 함께하는 몽골불교 / 러시아-바이칼순례

일시 | 2017년 9월 9일(토) ~ 16일(토) 대한불교조계종 Jogye Order of Korean Buddhism　BTN불교TV

보선스님과 함께하는
중국 茶 문화기행
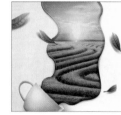
2018. 3. 25 (일) ~ 3. 30 (금)　대한불교조계종 교육원 아제여행

혜국스님과 함께하는 이집트 · 이스라엘 · 요르단 문명기행
The Whole world is A Single Flower 世界一花

2018년 4월 1일(일) ~ 4월 11일(수)　대한불교조계종 Jogye Order of Korean Buddhism　(주)대웅여행사

향적스님과 함께하는
서유럽 문화기행

2018년 6월 2일(토) ~ 6월 11일(월)
대한불교조계종 교육원　(주)대웅여행사

원행스님과 함께하는 일본불교 문화순례
2018년 9월 3일(월) ~ 9월 7일(금)
대한불교조계종 industour(주)인더스투어

지안스님과 함께하는
인도·네팔 부처님 성지순례
2018년 10월 17일(수) ~ 10월 28일(일)
대한불교조계종 Jogye Order of Korean Buddhism 마음여행 실크로드여행사

해인총림방장 벽산당 원각대종사와 함께하는
미국동부 문화기행
2019년 3월 26일(화) ~ 4월 4일(목) 대한불교조계종 교육원 불교TV BTN투어

자현스님과 함께하는
우즈베키스탄 불교유적순례
2019년 6월 4일(화) ~ 6월 14일(금)
대한불교조계종 교육원 industour (주)인더스투어

순례, 세상을 꽃피우다

초판 1쇄 찍음 2019년 8월 30일
초판 1쇄 펴냄 2019년 9월 10일

엮은이.   대한불교조계종 교육원
발행인.   정지현
편집인.   박주혜

사 장.   최승천
편 집.   서영주, 신아름
기 획.   고상현
디자인.   이선희
마케팅.   조동규, 김영관, 김관영, 조용, 김지현
구입문의.   불교전문서점(www.jbbook.co.kr) 02-2031-2070~1

펴낸곳.   (주)조계종출판사
          서울 종로구 삼봉로 81 두산위브파빌리온 232호
          전화 02-720-6107~9 | 팩스 02-733-6708
          출판등록 제2007-000078호(2007. 04. 27.)

ⓒ 대한불교조계종 교육원, 2019
ISBN 979 - 11 - 5580 - 127 - 7 03220